U0511028

让 我 们 中育文 一 起 追 寻

Wer Bin
Ich
und wenn
ja, wie
viele?

Eine

Philosophische

Reise

〔德〕理查德·大卫·普列斯特 / 著
（Richard David Precht）

钱俊宇 / 译

我是谁？如果有我，有几个我？

社会科学文献出版社
SOCIAL SCIENCES ACADEMIC PRESS (CHINA)

由具体到抽象

林正弘[*]

哲学是什么？有人说："哲学把原本容易了解的道理说得令人不知所云，把原本就不易了解的变得更难了解。"这是对哲学的极大讽刺，但不全是诬蔑。哲学家会使用非常抽象的语词，使得概念模糊不清，也会铺陈烦琐而曲折的论述，令人难以掌握要点。尼采曾说过："思想深刻的人会设法尽量把话说清楚，而想要表现得很深刻的人，则会故意含混其词。"不管艰深难懂是否为哲学的"必要之恶"，一本介绍性的入门书理应尽量加以避免。

普列斯特这本《我是谁？》成功地避免了艰深难懂的"必要之恶"或"不必要之恶"。这本书的一大特色是极少使用哲学专门术语，也很少直接引用哲学著作。书中出

---

[*] 林正弘，台湾大学哲学系退休教授，现任东吴大学哲学系客座教授。

我是谁？

现的科学术语远超过哲学术语，所引用的科学理论（包括自然科学及社会科学）也远多于哲学理论。但这并不表示它不是哲学书，而是一本科普书。作者是要借用哲学以外的知识来阐述哲学问题，介绍重要的哲学学说。这样的引介方法不但能够使读者对抽象的哲学学说有具体的了解，也较能充分体会哲学的功能。哲学问题本来就是从知识的追求及日常生活所引发出来的。一个从未看过不公平、不合理的社会现象的人，大概不会去想"正义"的问题，也不会对正义理论感兴趣。一个人在求知过程中若没有遭遇任何困惑（例如：需要做多少试验，才可以让H1N1的疫苗上市？为什么需要如此数量的试验？），大概很难体会归纳法或验证理论为什么必须证成。

　　本书作者在引用科学知识来阐释哲学问题及哲学学说的过程中，一方面详细介绍相关的科学理论，充分呈现科学与哲学之间的关系，但另一方面也清楚指出科学与哲学的不同，科学知识并不能完全解决哲学问题。例如，他从当代脑生理学的知识，谈到笛卡儿的心物二元论，并依据当代的知识加以批评。他一方面指出笛卡儿的哲学思考，在脑生理学的发展过程中所做的贡献，另一方面也指出脑生理学的研究成果，并不能完全回答"自我"及"意识"的哲学问题。

　　本书对所引用的科学理论及哲学学说都有详细而清楚

的解说，读者不必有预备知识。它甚至会讲述科学家及哲学家的生平、趣事及其主要贡献。其中有些与所讨论的问题相干，有些不太相干，但会引起读者的兴趣，扩展读者的见闻。例如，除了人类学家之外，大概很少有人知道1974年在埃塞俄比亚阿法尔三角洲发掘的那具南方猿猴骨骸为何取名"露西（Lucy）"。作者告诉我们这原来跟披头士的约翰·列侬有关。这当然只是一桩茶余饭后的趣闻。但有些趣事则与所讨论的议题密切相关。例如，罗尔斯年轻时在第二次世界大战中的从军经验，对他的政治哲学有深远的影响。

哲学家的学说通常会有基本的立场及架构。如果没有掌握其学说的整体系统，而只零碎地捕捉其对某些议题的看法，则很难充分理解其论述的基础。作者在本书中虽然没有充分解说各重要哲学学派或系统的内容，但对所提到的重要哲学家，不但谈到他们的生平，也会简明扼要地介绍他们的学说。这有助于读者了解各哲学议题之间的关系。

哲学家为了清楚呈现哲学问题，或为了论证的方便，往往会设想一些类似科幻小说或鬼怪影片的情节。其中最著名的是笛卡儿的"魔鬼"及帕特南（Hilary Putnam）的"桶中大脑"。其实，在法律书籍中也常出现捏造的情节，用来区分不同而相近的概念，或用来论述某一条款设置的必要。但在法律书中所捏造的情节，通常是实际上有可能发生的，而哲学家所设想的情节，很多只有逻辑上的可能，实际发生的概率极低。这样的解说或论述方式，尽管在逻辑上并无瑕疵，但会让读者觉得不切实际，初学者会认为哲学与实际生活毫不相干。本书所举的例子，除了极少数（例如笛卡儿的魔鬼）之外，全是实际发生的例子。作者的知识非常广博，所举的例子涉及物理学、化学、天文学、古生物学、生理学、心理学、人类学、政治学、经济学、历史学、文学等领域。他的博学造就了一本令哲学界引以为荣的入门书。

目 录

第二部　我应该做什么？

第三部　我可以期望什么？

前　言

　　希腊的纳克索斯岛（Naxos）是爱琴海上基克拉迪群岛（Kykladen）中最大的一个。岛中央的宙斯山（Zas）有海拔1000米高，山羊和绵羊在清香的原野上吃草及遍地种植葡萄和蔬菜的景象随处可见。20世纪80年代，纳克索斯岛上的阿吉阿娜村（Agia Ana）附近还有一片长达数公里、富有传奇色彩的沙滩。当时沙滩上只有零星的游客搭盖的小竹屋，他们慵懒地在树荫下打盹。1985年夏天，两位刚满20岁的青年正躺在一座岩壁底下。其中一位名叫尤根，来自杜塞尔多夫，另一位是我。我们是几天前才在沙滩上认识的，此刻正讨论着一本我从父亲的藏书里挑出带来度假的书。那是一本破烂不堪、因日晒而褪色的口袋书，封面印着一座希腊神庙和两个穿着希腊服饰的男人。作者是柏拉图，书名是《苏格拉底对话录》。

　　我们热烈交换着彼此甚为浅薄的观点，那氛围犹如烈

我是谁？

日般深深地烙印在我心中。夜晚时分，我们享受着干酪、葡萄酒和甜瓜，离开人群，继续讨论着我们的想法。我们讨论的焦点主要围绕苏格拉底的申辩词。根据柏拉图的说法，那是苏格拉底被控腐化青年的罪名而被判死刑时所发表的。

这篇申辩词曾一度驱离了我对死亡的恐惧，而死亡是个令我非常不安的课题。尤根则不甚苟同。

尤根的长相我已经不记得了。我再也没见过他。就算现在在街上相遇，我肯定也无法认出他来。而据可靠的消息来源指出，那个我没再去过的阿吉阿娜海滩现今已变成了度假胜地，充斥着饭店、栅栏、遮阳伞和付费躺椅。只有苏格拉底的全篇申辩词还留在我的脑海中，而且必定将继续陪伴着我，直到我住进养老院。但不知到时候那申辩词还能不能安抚我畏惧死亡的心灵。

自阿吉阿娜的那几天后，我对哲学的狂热始终不曾减退。从纳克索斯岛回来，我先服了一段不甚愉快的国民役。那正值道德氛围浓厚的时期。北约双轨制及和平运动使人心沸腾，还有像美国考虑在欧洲发动区域性核战争这种在今天让人觉得不可思议的惊险事件。我所服的国民役是担任教区社会福利执事，这当然不是个能激发什么大胆想法的工作。而且当我自内部观察新教教会之后，觉得还是比较喜欢天主教。接下来要做的便是寻求真实的生活，以及为人生的大问题找寻满意的解答。我决定在大学主修哲学。

　　然而，我在科隆大学就读哲学系的一开始就感到失望了。当时我对哲学家原本的想象都是些有趣的名人，过着他们理想中刺激而又始终如一的生活。比如西奥多·阿多诺（Theodor W. Adorno）、恩斯特·布洛赫（Ernst Bloch）或让－保罗·萨特（Jean-Paul Sartre）这样了不起的人物。"大胆的思想与大胆的生活两者结合"的幻景，在我第一眼看到未来的老师时就烟消云散了：他们都是些乏味、身穿棕色或蓝色如公车司机制服的老男人。我想起诗人罗伯特·穆西尔（Robert Musil）也曾对日耳曼帝国时代前卫、从海陆空征服新疆界却留着过时的翘胡子、穿背心戴怀表的工程师们感到惊奇。同样的，科隆的哲学家们在我看来似乎并没有将其内在精神的自由实践于生活中。不过他们之中还是有一位教会了我思考。他教我去问"为什么"，并且不满足于轻率回复的答案。他同时也灌输给我在思路和立论上应该完备无漏洞的观念，以至于每一步都应尽可能严谨地踏在前一步的基础上。

　　我度过了非常精彩的大学生活。记忆里生活充满了好书、随性地相约做饭、一边吃面一边谈话、劣质的红酒、课堂上激烈的讨论和在食堂里一杯接一杯咖啡地挑战着我们的哲学读物，内容包罗了认知与错误、真实的

我是谁？

生活、足球，当然还有为什么会像罗利欧（Loriot）说的那样——男人和女人无法相合等。哲学的美好就在于它不是一个可以念完的系。更精确地说，它甚至不能算是一个系。这样说来，我似乎应该继续留在大学里才对。但是就如同前面曾提到的，我的教授们所过的生活在我看来简直无聊得离谱。而看到大学的哲学如此不具影响力也令我感到沮丧。论文和著述只有同事们会看，并且看的原因多半只是为了和它们划清界限。而我以博士生身份参加的学术研讨会和专业代表会，最终也只是让我原来的幻想（以为参加人员都想达到相互理解的目的）完全破灭罢了。

继续陪伴我人生的只有哲学的问题和书籍。一年前我突然注意到，市面上仅有极少合乎水准的哲学入门书。当然，称得上有趣的、关于逻辑思考和反复辩证的书不少，但是我指的并非此类。我指的也不是那种讲述特定哲学家生平和影响，或介绍其著作的那类聪明的、实用的书。我感到的缺憾是对于重大意义问题并没有系统化的兴趣。大部分所谓系统化的入门书总是介绍一系列的思潮与思想主义，我觉得它们常有太着重于历史、太过庞杂或写得过于枯燥等缺点。

这些书之所以会无趣，其实可想而知，因为大学并不见得是个鼓励发展自我风格的地方。大学教育依然更希望学生们"依样画葫芦"，而非开拓他们的创造力。而哲学作为一个"系"的想法特别让人不舒服的地方，在于它刻意造作的自我设限。当我的教授们在根据康德和黑格尔的理论解释"人的意识"时，与他们仅相隔 800 米的医学院里，同事们正在对脑伤病患进行最有教学价值的示范性实验。短短 800 米在一所大学里却可说是非常遥远的距离，因为两边的教授们活在完全不同的星球上，甚至连彼此的姓名都不知道。

哲学、心理学和神经生物学的知识如何在"意识"这个概念上相互协调？它们的关系是彼此阻碍，还是取长补短？有没有一个"我"存在？什么是感觉？什么是记忆？这些最有趣的问题都完全不在哲学系的教学计划中，而且据我所知这样的情况至今仍没有太大的改变。

哲学并非历史的学科。当然我们有保存遗产的义务，应该不断重访精神生活的古迹并适时加以整修。但是与当代哲学相比，过往的哲学在学术领域还是过度处于主导地位。在此我们应该考虑到，哲学并不像部分人士所想的那样，是奠定在其过往的坚固基础上的。哲学的历史也是时尚和当代的精神潮流、被遗忘或压抑的知识以及许多崭新尝试的历史。而那些新的尝试之所以会显得如此新，是因为许多从前的思想都被忽略了。不过如果把人生比喻成造房子的话，建筑所需要的砖块很少不是从别处取得的。大

我是谁?

多数哲学家的思想都是奠基在前人留下的残壁片瓦上,而不是像他们常以为的建立在整个哲学历史的遗迹上。然而,不仅有许多聪明的见解和观点一再地遗失,同样也有许多奇特和脱离现实的想法不断出现或重生。而智慧与不满之间的内心矛盾也表现在哲学家自己身上。例如 18 世纪的苏格兰哲人大卫·休谟虽然在许多方面都是极其前卫的思想家,但是他对其他民族,特别是对非洲民族的看法却是沙文主义和种族主义的。19 世纪的弗里德里希·尼采可说是最具洞察力的哲学评论家之一,但是他自己对于人的理想形象却是庸俗、傲慢且荒唐的。

不过,一位思想家的影响也不见得只取决于他的观点正确与否。比如方才提到的尼采在哲学上有着非凡的影响,即便他所说的大部分都不像听起来的那样具有原创性;弗洛伊德绝对有资格作为一个代表性的哲学家,也可说是最伟大的思想创始人之一,至于他在精神分析的细节上有许多的错误又是另一回事;还有黑格尔,他在哲学和政治上代表的伟大意义也和他推论中出现的许多荒谬形成了有趣的对比。

纵观西方哲学史,可发现大部分的冲突对立都发生在少数几种界限分明的敌友关系上,如唯物论者和唯心论者(或是依英语的说法习惯:经验主义者和理性主义者)。事实上这些观点虽然总以所有想得到的组合及不断更新的面貌出现，却不停重复。唯物主义相信除了感官能体验的自然环境以外别无其他，没有上帝也没有理想世界。这样的观点首次流行于 18 世纪法国的启蒙时期，而它第二次的大规模兴起是在 19 世纪后半叶，呼应生物学的成功及达尔文的进化论。而今天它达到了史上第三次高峰，与现代脑部研究的成果有关。在唯物主义的几次高峰之间形形色色的唯心主义也曾盛行一时。与唯物论者相反的是，唯心论者不甚相信感官所获得的知识，他们依靠的是独立客观的理性力量和理性的想法。当然，在这两种哲学史标签的背后，时而隐藏着两派哲学家完全不同的动机和概念体系。作为唯心论者的柏拉图，所想的绝对不会和同是唯心论者的伊曼努尔·康德一样。因此我们绝对无法写出一本"诚实"的哲学史：既不能以大哲学家的时间顺序作为逻辑的结构，也不能将其作为哲学思潮史。作者将被迫摒弃许多让事实可信与完整的材料。

因此，这本引导思考人类以及"身为人"之哲学问题的入门书也将不采用历史的角度切入；这不是一本关于哲学史的书。康德曾把人类的重大疑问划分为几个问题："我能知道什么？我应该做什么？我可以期望什么？人是什么？"这些问题同时也为本书的章节划分建构了一个很好的主轴。由于其中最后一个问题可以轻易地透过前三个问题来解答，所以我认为大可舍弃。

我是谁？

"我能对自我有何认识"这个认知理论的典型问题，在今日已不纯粹属于哲学的范畴，它更是脑部研究所关心的课题，而脑部研究能为我们解释认知系统和其认知的可能性。哲学在这里的角色反而比较像是一位帮助脑部研究的顾问，使其在某些状况下更了解自己。尽管它仍然对这些根本的问题起了激发的作用，但具体贡献是什么呢？我单从个人角度选出了一个世代，以其经验来说明。那个世代曾经历过巨大的变革，对现代主义时期具有决定性的影响：生于 1838 年的物理学家恩斯特·马赫（Ernst Mach）、生于 1844 年的哲学家弗里德里希·尼采、生于 1852 年的脑部学家圣地亚哥·卡哈尔（Santiago Cajal）以及生于 1856 年的精神分析学家弗洛伊德，这四位新思想的先驱之间只相隔 16 年，而他们对后世具有极为深远的影响。

本书的第二部分探讨的问题是"我应该做什么"，也就是伦理和道德的问题。在此同样也必须先将前提加以厘清。人类的行为究竟为什么能合乎道德？善或恶到底何者更接近人的天性？诸如此类的问题也不再只有哲学可以提供解答。脑部研究、心理学和行为研究都已经能够也应该提供它们的专业看法。人类若被描述为具有道德能力的动物，而大脑也能以鼓励和肯定来回报其道德行为，那么自然科学的各个学科就应退居幕后。因为今日我们社会所关心的种种实际问题，事实上都在等待一个哲学的答案。从堕胎和安乐死、基因科技和复制医学到环境和动物伦理等，一切都有规范、权衡、说服力或强或弱的论点做决定。它们对于哲学的讨论和思考来说，正提供了一个理想的练习机会。

第三部分"我可以期望什么"讨论的是大多数人一生中最关心的问题，比如幸福、自由、爱、上帝和人生的意义。这些问题都不容易回答，却又都如此重要，值得我们潜心思考。

本书中经常随性摆在一起讨论或对照的理论和观点，在现实中有时候乃是取自几乎互不相关的学术领域。虽然这些来自不同领域的理论或观点可能经常会在细枝末节处互不相容，但我仍然认为用这样的方式把它们联结在一起是有意义的。此外我也将它们和事件的发生地点结合，完成一个小小的世界之旅。比如到笛卡儿于小农舍里创立近代哲学的所在地乌尔姆（Ulm），到康德生活过的科尼斯堡（Konigsberg），到传说中最快乐的人生活的瓦努阿图（Vanuatu）。我也有幸结识了一些书中所提到的人物，比如脑部研究学家埃里克·坎德尔（Eric Kandel）、罗伯特·怀特（Robert White）和本杰明·利贝特（Benjamin Libet）以及哲学家约翰·罗尔斯（John Rawls）和彼得·辛格（Peter Singer）。他们有些人的见

我是谁?

解我曾聆听过,有些人曾与我进行过学术辩论并让我获益匪浅。我相信在这过程中我所认知到的是,对某个理论的取舍不一定表现在抽象的理论比较上,而是在可从它们身上获取的果实上。

"提出疑问"是一个永远都不应该丧失的能力,因为学习和享受是让人生圆满的秘密。只有学习而不享受将使人憔悴,只有享受却不学习则会使人愚笨。倘若能够激发读者乐于思考、锻炼思考,那么本书的目的就达到了。还有什么比因为自我认知的提升而能更加自信地生活来得有成就感呢?好比能够导演自己的生活,或如尼采一样,他曾希望能成为自己人生的"诗人"(虽然他自己没能实现):"能够用艺术家的眼光细察自己的处境,这是一个很美好的能力,即使是身陷苦楚、疼痛和不舒服的境遇中。"

说到诗人,这篇前言若是不交代一下本书书名的话就不完整了。本书书名出自一位伟大的哲学家之口。说得更精确点,他是我的好朋友、作家盖伊·海明格(Guy Helrrunger)。我俩有时喜欢出门耗时间。一天夜里,我们都喝多了,我开始有点担心他(虽然他酒量其实比我大很多)。当他站在路中央高声说着醉话时,我问他还行不行。这时他睁大眼睛,歪着头,用沙哑的声音回答:"我是谁?如果有我的话,那么有几个我?"当场我就知道,他还没有醉到不省人事的地步，也还能自己一个人走回家。然而，他提出的问题却像现代哲学和脑部研究的箴言一般，在这个对于"自我"和"经验的连续性"存在着根本怀疑的时代里，烙印在我的脑海中。我对盖伊的感谢更甚于对很多其他人，当然不仅是由于这本书的书名，还加上我是因为他才认识了我的妻子，要是没有她，我的人生将不会是现在这个幸福的状态。

第一部

我能知道什么？

第 1 章

宇宙中聪明的动物：
何谓真理？

　　曾经，在闪烁着无数星系的宇宙一隅，出现了一颗星球，而居住在星球上的聪明动物发明了认知。那是"世界历史"上最傲慢也最虚假的一分钟，却只有一分钟。在大自然的几次呼吸之后，这颗星球便荒芜了，而那些聪明的动物必须死亡。可能有人会如此撰写一篇寓言，却无法充分描绘人类的知性在大自然中显得多么可悲、模糊而短暂、无意义又无所谓；过去历劫以来，并没有知性这个东西，而当知性消失以后，一切也仿佛未曾发生过。因为知性的使命从不曾逾越人类的生活。知性是属于人类的，也只有它的拥有者和创造者才会如此激情地对待它，仿佛它是世界的轴心一般。倘若我们可以和蚊子沟通，那么我们将知道，就连蚊子也是同样激情地遨游空中，并且感到

我是谁?

飞翔着的世界中心就在它里头。

人是聪明的动物,却也完全高估了自己。因为他的知性不是用来理解重大真理的,而只能应付生活琐事。哲学史上几乎找不到第二篇文字,以如此诗意却不假辞色的笔触,让人类在镜子前面自我检视。这段最美丽的哲学作品的开场白撰于 1873 年,题为 "非道德意义下的真理与谎言"(Uber Wahrheit und Luge im auβermoralischen Sinne)。作者是一位年轻教授,刚满 29 岁,任教于巴塞尔(Basel)大学的古典语文学系。

不过尼采并没有发表这篇关于聪明又傲慢的动物的文章。当时他甫遭重大打击,因为他写了一本关于希腊文化基础的书,被批评者斥为没有科学根据的无稽之谈,而事实也的确如此。他成了人们口中小时了了的失败者,其古典语文学家的声誉也一落千丈。

然而他的前途原本是不可限量的。尼采 1844 年出生于萨克森的小镇洛肯(Röcken),他在萨勒(Saale)河畔的瑙姆堡(Naumburg)长大,是众人眼里天资过人且勤奋好学的学生。父亲是路德派的牧师,母亲也是非常虔诚的教徒。尼采四岁时,父亲离开人世。不久后他的弟弟也过世了。其后举家迁往瑙姆堡,而尼采就在一个除他之外全为女性的家庭中成长。他的天才在小学和后来的主教中学

（Domgymnasium）都受到注目。尼采后来又进入一所著名的寄宿学校普夫达中学（Schulpforta），接着于 1864 年到波恩（Bonn）大学研究古典语文学。他虽然也开始研究神学，不过念了一个学期就放弃了。他原本想为了母亲而当个牧师，只可惜他并没有信仰。那个曾经在瑙姆堡被称作"小牧师"（Kleiner Pastor）的虔诚的牧师之子已经抛弃了信仰。他的母亲、牧师的住所和信仰本身都变成了囚禁他的牢狱。虽然他逃了出来，但这个转变终其一生都在折磨他。一年后，尼采跟着他亦师亦父的教授转往莱比锡（Leipzig）就读。这名教授非常看重尼采，甚至推荐他任职巴塞尔大学的教授。1869 年，时年 25 岁的尼采取得非教席教授的职位，而大学也顺利授予他所欠缺的学位、博士证书以及教授资格证书。尼采在瑞士结识了当代的学者和艺术家，其中包括理查德·瓦格纳（Richard Wagner）和夫人柯西玛（Cosima）。他先前就曾于莱比锡见过他们。尼采十分欣赏瓦格纳，甚至在 1872 年受其热情激昂的音乐影响，写出了同样热情的失败之作《悲剧的诞生：源于音乐的灵魂》（*Die Geburt der Tragodie aus dem Geist der Musik*）。

　　尼采的作品旋即乏人问津。音乐所谓的"戴奥尼索斯精神"（Dionysisch）和造型艺术所谓的"阿波罗精神"（Appolinisch）两者的对立，其实早在浪漫时期之初就很有名，也被认为是不符史实的大胆空想。再说，当时欧洲学界所关心的是另一个重要得多的悲剧的诞生。一年以前，极富学术盛名的英国神学暨植物学家达尔文出版了《人类起源》，指出人类是从动物演化来的。虽然人类可能是从低等生物形态演化而来的想法至少已存在 12 年了（达尔文在他的《物种起源》中就曾预示人类也可能是个"典型的例子之一"），这本书还是大受欢迎。19 世纪 60 年代，许多自然科学家得出相同的结论，将人类和不久前才被发现的猩猩归为同一类。直到第一次世界大战前，天主教和基督教不断抨击达尔文及其支持者，而尤以德国为甚。但自始就很清楚的是：已经改变的世界观不可能再回到从前，而作为人类创造者和带领者的上帝已经死了。自然科学纷纷打着实事求是的人类新形象庆祝他们的胜利：人们对于猿猴的兴趣已经超越了对上帝的。上帝以自己的形象创造人类的这个崇高真理自此一分为二：那个崇高的真理似乎不足采信，而人类或许其实只是聪明的动物。

尼采非常热衷于这个新世界观。他后来曾写道："我们需要的是一个关于道德、宗教、美学的想象和感知的化学，犹如我们在文化和与社会大大小小的交流里抑或在孤独中体验到的一切感动的化学。"19 世纪的后三分之一，许多科学家和哲学家都在探讨这个所谓的"化学"：一个没有上帝存在的生物学。不过尼采本身完全没有参与其中。他关心的是另一个问题：实事求是的科学见解对于人类的自我认识有什么意义。它让人类更伟大或是更卑微？人类是失去了一切，还是因为更清楚自己而有所得？就在这时，他写就了一篇关于真理与谎言的文章，这也许是他最美的作品。

关于人类是变得更伟大或更卑微，尼采的回答总是依当下的气氛和情绪而定。他状况差的时候（他的状况经常不好）便显得沮丧、愤恨，发表世界是肮脏负面的看法。相反地，要是他情绪高亢，则激昂地怀抱着"超人"（Ubermensch）的梦想。他那如鹏鸟展翅高飞的想象力和书中无比强大的自信，与他矮小、微胖、柔弱的外表形成强烈的对比。为了修饰给人柔弱印象的五官，使自己看起来更阳刚些，他蓄起了两撇有如大毛刷的胡子。但是自童年起就体弱多病的身体让他看起来还是很虚弱，而他也确实经常感到虚弱。他有深度近视、胃病和严重的偏头痛。35 岁时的他已经觉得自己像个报废的躯壳，并辞去了在巴塞尔的教职。一般猜测，尼采后来更感染了梅毒，而这似乎让他濒临绝境。

1881 年夏天，就在尼采离开大学两年后，他意外发现了自己心目中的天堂：位于瑞士上恩加丁（Oberengadin）的一个名叫锡尔斯·玛丽亚（Sils Maria）的小地方。那里绝美的风景立刻吸引住他，也激发了他的灵感。往后几年他不断重游旧地，在那里独自漫步，激荡出新的热情激昂的想法。其中还有许多是他于冬季在拉帕洛（Rapallo）和地中海岸、热那亚（Genua）和尼斯（Nizza）完成的。从这些著作中大致可以看出尼采是个很聪明的、文学造诣很高并且毫不留情揭露西方哲学疮疤的批评家。他弃自己的新知识论和伦理学于不顾，醉心于不成熟的社会达尔文主义，且经常流于模糊不明的俗气。他的文章表现越是慷慨激昂，就越像是费尽力气却扑了个空。他经常写到的"上帝已死"，其实大多数人在当时早已从达尔文和其他人那里得知了。

1887年，尼采倒数第二次来到锡尔斯·玛丽亚欣赏白雪皑皑的山峰，从以前的作品里重新发现"聪明的动物"这个题目，也就是人类认知的局限性。他引发论战之作《道德谱系学》（*Zur Genealogie der Moral*）开头就说："我们对自己并不熟悉，我们这些所谓认知者，不熟悉的对象竟是自己。这是其来有自的。我们既然从未找寻过自己，那么我们又如何会有找到自己的一天呢?"他在提到自己时经常使用复数，就如同在描述一种很特别的物种一样，而他自己是做这种描述的第一人："我们的珍宝就位于我们的认知的蜂巢。我们总是熙熙攘攘，作为天生的飞行动物和精神的采蜜者，我们关心的其实只有一件事，就是能带些收获回家。"然而对他来说，所剩的时间不多了。两年后尼采在都灵（Turin）精神崩溃。于是他母亲到意大利去接他，将他带往耶拿（Jena）的精神疗养院。当时尼采 44 岁。后来尼采住进了母亲家，此时的他已经无法写作。8 年后母亲过世，而已严重疯癫的尼采则搬到了他一直都不甚喜爱的妹妹家中。1900 年 8 月 25 日，尼采于魏玛（Weimar）过世，得年 55 岁。

尼采的自信心很强，那是因为他在著作中一再对自己洗脑："我明白自己的命运，它有朝一日将会把我的名字和伟大事件的记忆联结在一起。"的确，尼采在过世后被公认为 20 世纪影响力最大的哲学家。然而他的不寻常或伟大之处又是什么呢？

尼采最大的成就在于他无情却又充满热情的批判。在他之前，不曾有任何一位哲学家如此激烈地指出人类如何狂妄无知地以自己的逻辑和事实（人类这个物种的逻辑）去评断所生存的世界。这些"聪明的动物"相信，他们享有得天独厚的地位。而尼采却坚决主张人类其实只不过是动物，因此人类的思维也像动物一样，受限于本能和直觉，受限于原始的意图和有限的认知能力。在他看来，西方大多数哲学家所认为的"人类是独一无二的，像一种自我认知的高效能电脑"的看法是不正确的。因为人类真能认识自己和客观事实吗？他难道真的有这样的能力吗？大多数哲学家在此之前不曾存疑。有些哲学家甚至不曾问过自己这个问题。他们不假思索地认为，人类的思维就是普世的思维。他们认为人类并不只是聪明的动物，更是完全不同层级的生物。他们有系统地否定人类继承自动物界的特征，即使这些特征打从他们早上站在镜子前刮胡子直到下班后躺在床上都如影随形。他们将人和动物之间的鸿沟越挖越深，认为人类的理智和理解力、思考和判断力是唯一可以被接受来评价所处之自然环境的标准。对他们而言，"单纯"身体的部分是完全次要的。

为了确定他们对于"人类是卓越的"这个想象正确无误，哲学家们必须假设上帝为人类配备了不同凡响的认知系统，透过它，人类便可以阅读"大自然"这本书中关于世界的真理。但是如果上帝真的死了的话，那么这个认知系统也不可能有多么高明。因为这个认知系统势必只是个自然的产物，而如同所有自然产物一样，它也不会是完美无瑕的。尼采在叔本华（Arthur Schopenhauer）的著作里就读到了这样的观点："我们只不过是一时的、有限的、短暂的、梦境的、如幻影一般稍纵即逝的生物罢了。"而对这些生物而言，拥有"可理解无尽、永恒、绝对关系的智慧"又有什么用呢？人类精神的认知能力，就如叔本华和尼采所预知的，与演化的要求有直接关系。人类的认知仅限于物竞天择的演化所产生的认知系统。就像其他所有的动物一样，人类也根据其感官和意识所允许的看法为自己塑造世界。因为有一点是确定的：我们的认知完全取决于我们的感官。凡是我们听不到、看不到、感觉不到、尝不到或触摸不到的东西，我们也不会察觉，它们也不会出现在我们的世界中。即便是再抽象的事物，也必须以某种记号形式让我们读到或看到以后，我们才能够加以想象。若想对世界获得完全客观的印象，人类则需要超人的感官系统去接收所有可能的感官知觉：拥有老鹰敏锐的眼力、熊可闻出几公里外味道的嗅觉、鱼的侧线系统和蛇的地震感应系统等。然而这些都不是人类能做到的，因此一个对事物全面且客观的观点也不可能存在。我们的世界永远不会是它"如实"的样貌，也不会是狗和猫、鸟和甲虫的世界。就像水族箱里的鱼爸爸会对鱼儿子这样说："儿子啊，世界就是一只装满水的大箱子。"

尼采对于哲学和宗教的犀利眼光告诉我们，人类大部分的自我定位是多么过度夸张（虽然他自己也为世界带来了新的过度夸张和复杂不清）。人类的意识不是靠迫切地追问"何谓真理"构成的。更重要的问题是：什么对于我能存活下去和继续前进是最好的？对这两者没有助益的，大概也没什么机会在人类的演化过程中扮演要角。虽然尼采隐约希望，也许正是这个自我认知能让人类聪明些，甚至可以把人变成真正扩大了认知感官的"超人"。但是，"谨慎"在这里显然还是比"慷慨激昂"来得稳当。因为虽然自尼采以来，人类在对于人的意识以及我们之后还会看到的"化学"的认识上已有长足的进步，但

我是谁？

即使是最精密的测量系统和最敏锐的观察也改变不了一个事实：人类不可能拥有绝对客观的认知能力。

但是这真的有那么严重吗？倘若人类果真能完全了解自己，会不会反而是更糟糕的情况呢？我们是否真需要一个盘旋在我们头顶上自由而独立的真理呢？有时候道路本身也是一个很美的目标，尤其当它是一条有如引导我们通往自己的蜿蜒之路。尼采曾在《道德谱系学》中说："我们从未找寻过自己，那么我们又如何会有找到自己的一天呢？"所以我们只能努力试着在现阶段能力所及的条件下找寻自己。我们应该走哪一条路，用什么方法呢？而我们最终找到的会是什么样貌？如果我们所有的认知能力都受限并且反映在我们所属的脊椎动物的大脑上，那么我们最好还是从大脑着手吧。而第一个问题就是：大脑是从哪里来的？为什么它会是现在这个样子？

第2章
天空中的露西：
我们来自何处？

    我在这里要说三个故事。第一个故事是这样的：1967年的2月28日，时间正值美军以凝固汽油弹轰炸北越并喷洒橙色落叶剂（Agent Orange），首波学生示威抗议在柏林进行，"第一公社"① 刚部署完毕，切·格瓦拉（Che Guevara）正开始在玻利维亚中央高地展开游击战。就在这一天，保罗·麦卡特尼（Paul McCartney）、约翰·列侬（John Lennon）、乔治·哈里森（George Harrison）和林戈·斯塔尔（Ringo Starr）四人把自己关在伦敦的艾比路录音室（Abbey Road Studios）里。

    录音的成果是一张名为"花椒军曹寂寞芳心俱乐部"（Sgt. Pepper's Lonely Hearts Club Band）的唱片，其中一首

---

① "第一公社"于1967年1月1日，由昆策尔曼（Dieter Kunzelmann）率领一群"德国社会主义学生联盟"（Sozialistischer Deutscher Studentenbund）的成员在西柏林成立。主要诉求为"彻底拒绝资本主义制度"。（如无说明，本书脚注均为译者注）

我是谁？

歌名叫"天空中的露西戴着钻石"（Lucy in the Sky with Diamonds）。由于歌名和其超现实的歌词意境，许多披头士的歌迷至今仍相信约翰·列侬是在旅行途中写下这首歌的，而歌词中描写的缤纷梦境则是在向迷幻药（LSD）① 致敬。其实真相更单纯且更感人一些。露西原本是列侬的儿子朱里安（Julian）的同班同学，而朱里安亲笔为爸爸画了一幅画，画的是班上的露西，并取名为"天空中的露西戴着钻石"。

接着是第二个故事。唐纳德·乔汉森（Donald Johanson）于1973年和一组国际研究团队来到遍地尘土而又干燥、距离哈达市（Hadar）不远的埃塞俄比亚高地，当时他还是个未满30岁的年轻人。乔汉森是位著名的黑猩猩牙齿研究专家，不过在他看来，这个名声更像是一个诅咒，因为他关于黑猩猩牙列的博士论文已经写了三年，也到所有欧洲的博物馆研究了人猿头骨，对黑猩猩的牙齿其实兴趣全无了。然而像他拥有这般知识的人，对于一些比他更有名气的法国和美国同行来说，有着很大的价值。想找寻人类化石的人，需要一位牙齿方面的专家协助，因为牙齿经常是保存得最好的出土物，而人类的牙齿和黑猩猩的牙齿十分相近。乔汉森本人很庆幸能有机会参

---

① LSD 是 Lysergic acid diethylamide（麦角酸二乙胺）的简写。恰巧也是 Lucy in the Sky with Diamonds 的缩写。

与此行，因为对这位康涅狄格州哈特福德市（Hartford）的瑞典后裔来说，学术发展这条路其实并不符合他的本性。乔汉森的父亲在他两岁时过世，所以他幼年是在贫困的环境中度过的。邻居中有一位人类学家对小乔汉森而言亦父亦友，启发了他对远古和早期历史的兴趣。后来乔汉森果真也在大学主修人类学，步了他邻居的后尘。他自己后来的成就和影响当然比他邻居要大得多，只是当时那个顶着深色头发、高瘦腼腆的年轻人还没料想到。此刻的他正身处人称阿法尔三角洲炽热的荒漠中。他在阿瓦什河畔（Awash）扎营，在石堆和尘土中找寻着远古生物的遗骸。不久后他便找到了几块不寻常的骨头：一块是胫骨的上部，另一块是大腿骨的下部，而这两块骨骸可以完美地拼凑在一起。乔汉森判定这副膝盖骨骸是来自一个身长约90 厘米、直立行走的灵长类动物，距今 300 多万年。这是个惊人的重大发现！因为当时没有人知道或料想到，早在 300 万年前就已经有类似人类的生物能够直立行走了。但是谁会相信他这个默默无闻的黑猩猩牙齿专家的发现呢？他只有一个选择：他必须把整副骨骸完整地找出来！虽然这次没有时间了，但是一年后乔汉森又回到了阿法尔三角洲。1974 年 11 月 24 日，他和一名美国学生汤姆·格雷（Tom Gray）来到一处遗址。返回营地之前，他又绕了一段路。就在途中的碎石堆里，他发现了一块手臂的骨骸，其周围还有手骨、脊椎骨、肋骨及头骨的碎块，全都来自同一副远古的骨骸。

这个事件和我的第三个故事有关，是一个生活在今日埃塞俄比亚地区的矮小女人的故事。

她以直立方式行走，她的手虽然比现代成人略小，形状却出奇地相似。这名女子身材颇为矮小，她的男性血亲有可能长到 140 厘米高。以她的身高来看，她算是十分强壮有力的。她的骨骼结实，手臂相当长，她的头与人猿的头类似，却不同于人类，她的颌骨严重突出，颅顶平坦。据推测她的毛发与其他非洲人猿一样是深色的，不过这当然无从证实。我们也很难评断她的智力程度。她的大脑尺寸几乎等同于一个黑猩猩的大脑，但是我们无从得知这个脑子里实际的运作情况。她死亡时年约 20 岁，死因不明。318 万年以后，这副"AL 288 – 1"① 成为当时出土的最古老且尚称完整的近似人类的骨骸，而这名年轻女子属于阿法南方古猿（Australopithecus afarensis）。Australopithecus 意为"南方猿猴"，而 afarensis 指的就是位于阿法尔三角洲的发现地。

这两位研究员驾着他们的越野汽车飞也似的赶回营

---

① AL 是 Afar Locality 的缩写。"AL 288 – 1"为这副在阿法尔发现之骨骸的学名。

地。"我们找到了！"只听格雷远远便高喊："天啊，我们找到了，我们整副都找到了！"他们陶醉在欢欣鼓舞的气氛中。"发现后的第一个晚上我们都没睡。我们彻夜畅谈，啤酒一瓶接着一瓶。"乔汉森日后回忆道。他们欢笑着，他们跳着舞。就在此刻，这三个故事关联起来：埃塞俄比亚的夜空下，卡式录音机里大声传来一遍又一遍的"天空中的露西戴着钻石"。不知不觉中，"露西"成了这副完整度达 40% 的骨骸的代名词。而露西·欧唐诺（Lucy O'Donnell），朱里安·列侬的同班同学，或许与有荣焉，因为她的名字和整个远古和早期历史最出名的发现有关。

乔汉森的露西证明了一件原本就被认为可能性很大的事："人类的摇篮"确实位于非洲。以个体发生研究构成的种系发生学的图像，维系创世神话于不坠。就算我们节制想象力，以较理性的态度来看，当我们谈到这个所谓人类的摇篮时，还是会希望能够清楚指出人类和动物之间的界限，不仅把地点确定出来，同时还指出人类是什么时候从东非大裂谷这个巨大地理子宫中诞生，带着石斧直立行走，渐渐长成会说话的猛兽猎人。不过，那第一个也是唯一一个选择直立行走、使用工具和进行狩猎的灵长类动物，真的就是同一个物种，同样的人类吗？

人猿第一个具代表性的出土化石源于约 3000 万年前。

我是谁？

关于这种早期猿猴，我们其实一无所知。一些不完整、破损的下颌以及两三块颅骨，大概就是科学家们推论依据的全部材料了。对于较后期古猿的分类工作，差不多也像是在黑暗中摸索。由于后来森林渐渐稀疏，广阔的大草原出现，古人类学才有机会进行更好的研究。距今约 1500 万年前，巨大的力量将非洲东部的地壳拱起并向上推挤，使其突出海平面近 3000 米。大陆板块隆起，形成了 4500 多公里长的裂缝，也为完全不同的地表植被提供了环境条件。东非大裂谷的形成是造就新的灵长类动物（也就是人类）的重要环境因素。著名的古人类学家理查德·李基（Richard Leakey）推测说："倘若东非大裂谷在另一个时间和地点发生的话，人类这个物种很可能就根本不会出现了。"

在这条大沟渠的西部，肥沃的原始丛林给性喜攀爬的猿猴提供了理想的生活空间。相反的，四五百万年以前，在东边那些新形成且变化丰富的环境中，因森林消失而形成的半沙漠、热带草原、小河谷丛林和沼泽中，有一些如南方古猿类的人科动物首先选择了直立的行走方式。它们当中有些渐渐绝种，有些则继续演化。就在距今约 300 万年前，南方古猿类分成了许多著名的物种，其中有一种是可能食素、具有坚硬颅骨和巨大颧骨的粗壮南方古猿（Australopithecus robustus），绝迹时间约于 120 万年前。

另一种则是颅骨较轻、牙齿较小的非洲南方古猿（Australopithecus africanus）。非洲南方古猿目前被视为能人（Homo habilis），也就是人类家族（Familie Homininae）第一个代表性物种的原始种。不过能人至少还可再分为两种，其血缘关系也还十分可议。

南方古猿类的大脑是典型猿猴的大脑。如所有的灵长类动物一样，它们的眼睛位于头颅前方。这意味着猿猴总是只能目视单一方向。它们必须转动头部才能扩展视野。一个可能的结果是，灵长类总是一次只能处于一个意识状态。由于它们无法同步感知不同的事物，因此这些事物总是只能依序进入意识当中。这样有限视角的特性在哺乳动物中是不多见的，更不用说在其他动物种类，如苍蝇或章鱼这些视野极为宽广的动物中。在视力方面，所有猿猴类都属中等，它们的视力比马或犀牛等好，比起鹰类却差得多。如大多数的脊椎动物一样，灵长类的感知系统也有左右之分。"左边"和"右边"的概念也影响着它们对世界的体验和它们的思考。水母、海星和海胆则不同，它们的感知并不是由两个半边所组成，而是环状的。灵长类也不像其他许多动物如鲨鱼一样对电波具有感受力。灵长类的嗅觉很差，狗、熊甚至许多昆虫都远远优于它们。它们的听觉不错，但还是比狗和熊等动物逊色很多。

距今约 300 万年前发生在少数灵长类动物身上的惊人

变化，至今仍是科学界的一大谜团。因为在相对而言极短的时间内，它们的脑部尺寸就大了 3 倍。如果南方古猿的脑容量为 400 克~550 克的话，距今约 200 万年前的能人已有 500 克~700 克的脑容量。180 万年前出现的海德堡人（Homo heidelbergensis）和直立人（Homo erectus）之脑容量已达 800 克~1000 克。而约于 40 万年前出现的现代人智人（Homo sapiens），已有 1100 克~1800 克的脑容量了。

从前的科学家喜欢用猿人所面对的新挑战来解释其脑容量的剧增。大裂谷的热带草原的生存条件迥异于过去的雨林，而南方古猿和早期人属适应了这些条件。这样的说法到这里尚无问题。然而脑部以如此快速的增长来因应环境条件的改变，既史无前例也绝非常态。动物配合环境并不值得惊奇，它们会变大或变小，但是它们的脑部容量却不会突然暴增。即便是今日生活在热带草原的猿猴也绝不比生活在雨林地区的同类来得聪明，但在早期人属身上却发生了极不寻常的变化：他们的脑部生长速度比身体更快，而就目前科学已知的，只有两种动物发展出了这样的过程，即人类和海豚。

人类脑部特殊的发展机制是在 20 世纪 20 年代由法国人艾米尔·德沃（Emile Devaux）及荷兰人路易斯·波尔克（Luis Bolk）发现的。他们两人不约而同地发现，人类于出生时尚未完全成熟，而人猿于出生时却已大致长成。

人类停留在胎儿阶段的时间比人猿长得多，且在这段时间仍保持相当的学习力。脑部研究今日已能证实上述这项推论了。所有其他哺乳动物的脑部在出生后的成长速度都比身体慢，而人类在出生后却有一大段时间脑部的生长速度还与在母体内时一样。人类脑部长成后的大小明显超过了其他人猿，这个继续增长的过程对小脑和脑部皮层特别有帮助。而脑部皮层内主要是一些对于空间方向感、音乐感和专注力特别重要的区域。

上述是目前已知的脑部增长过程。不过它在 300 万年前究竟为何如此开始，对此依然只有十分模糊的推测。虽然我们很清楚发生了什么，但对其原因还是所知太少。因为我们不能以适应环境去解释一个如此重大的改变，即使我们认定为了在热带草原上生存必须做特别大的转变和适应，但此认定并不是没有争议的。直立的行走方式会改变逃遁行为是毋庸置疑的；家庭组织在热带草原上的共存方式不同于在雨林中也是可能的；主要食物内容的改变也是可想而知的。但是像脑部容量增大三倍如此根本的转变，却是绝对无法以此作为解释的。因为人类的脑部太过复杂而精密了，所以不至于发生这种从外部强加而来的改变。一位不来梅（Bremen）的脑部研究学家杰哈德·罗斯（Gerhard Roth）写道："人类之所以有一个特别大的前额叶皮质区，绝对不是因为急需要它。说得贴切点，它是人类平白得到的配备。"

这样说来,人类的脑部不仅是对于环境要求的反应结果。本书第一章曾说到,我们脊椎动物的脑部是适应演化过程之结果,我们得承认的是,这其中确切的关联性仍旧非常不清楚。这个"最佳化"可以说是在一个至今仍不明原因的情况下发生的。此外,虽然我们远祖的头部长成了高效的运转机器,它们却有很长的时间没有善加运用。因为在南方古猿进化成能人和直立人时,脑部虽以惊人的速度增大,却显然并未立刻带来什么文化上的成就,例如对不同工具的使用。即使到了100万年前,脑部的增长已大致完成时,那些拥有高效能脑部的人科动物在漫漫数十万年的光阴中,除了一把简陋的石斧,几乎已没有其他贡献了。4万年前才刚绝迹的尼安德特人所使用的工具依然算是简单而不够完善的,虽然他们的脑部容量甚至稍稍超过了现今的人类!

人类脑部的容量和特性,对于现代人及其独一无二的文化,无疑具有决定性的意义。然而人类为何这么晚才开始应用脑部所提供的技术革新能力呢?答案是可想而知的:显然脑部尚有大量比技术革新更重要的其他功能必须完成。即使是今日仍和南方古猿一样使用原始工具的人猿,聪明程度也显然比只能使用简单的石头和树枝强得多。人猿的智力绝大部分是运用于应付复杂的社群生活。

就算对人类而言，与同类的相处也是日常生活中最大的挑战（参考《屠龙者的剑》）。即使如此，我们还是只应用到脑部容量的极小部分，因为只有在不知道该怎么办时，智力才会派上用场。就算是让灵长类研究学家用望远镜来观察爱因斯坦，像他们今天观察猿猴一样，他们大部分时间也不会有什么特别的发现。爱因斯坦一般作息里的睡觉、起床、穿衣、吃饭等行为并不会用到他的天才，因为绝佳的灵感和创意在这里根本无用武之地。

人类的脑部确实不简单，但是它也不是一台随时设定在最高阶运算的国际象棋计算机。大部分时间它都是运转在较低阶的，而这也使人类顺理成章地和远祖归在同一列。一些根深蒂固的本能和行为模式，如争战与侵略、生物冲动、家庭与群体观念等，都是人类和猿猴（特别是人猿）的相同之处。我们越了解动物的生活，就越能认知自己，越能在我们脑部蜿蜒错杂的曲线中看出 2.5 亿年哺乳动物发展的痕迹。

尼采所谓"聪明的动物"原来真的是动物，而它们独一无二的认知能力依然是个谜。有些 19 世纪初浪漫主义时期的哲学家曾赋予大自然进程一个意义，并把人类置于这个发展进程的终点。也就是说，人类是被创造出来了解宇宙运行的。他们自我膨胀地认为，大自然在人类的体内意识到了自己的存在，在现实中当然没有证据显示人类

我是谁？

和其行为就是演化的目的。姑且不论这种对历史过程的假设，单单"目的"这个概念本身就很有争议性了。"目的"属于一个非常人性的思考范畴（难道蝾螈会有目的吗），它和"进步"或"意义"一样，都与只有人类才有的"时间"概念密不可分。而"自然"所涉及的却是物理学、化学和生物学等学科。用"意义"这个概念为例，它与"蛋白质"便有截然不同的特性。

尼采所说的聪明动物中那些较为聪明且对这些有所了解者，也就不再把研究精神花费在"客观事实"这个巨大的整体问题上。他们给自己提出的疑问是：我究竟能够知道些什么？而这个"知道"和"能够知道"又是如何作用的呢？哲学家喜欢称之为"认知的转向"，转向我们对自我和世界理解的基础。若是您想了解这一点，那么请随我作一趟关于我们的"认知基础"之旅，而这些认知基础的重要部分，其实是我们和乔汉森的露西共有的。让我们和露西一起翱翔宇宙，一个几乎比从前哲学家所能想象的更加刺激而有趣的宇宙。让我们探索自己的感觉和思想，来一趟深入脑部内部之旅！

第3章

心灵的宇宙：
我们的脑部如何运作？

世界上最复杂的东西是什么？这个问题不容易回答。然而，在自然科学的眼中，答案其实很清楚，那就是人类的脑！不可否认，从外观上来看，脑并不特别起眼。它重不过3磅，形状像个充了气的核桃，浓稠度可比一颗半熟的鸡蛋，但其中含藏的也许是全宇宙最复杂的机制。1000亿个神经细胞在脑里反复发出信号，产生多达500兆条连接。一个有名的比喻是，这个数字相当于亚马孙雨林区所有树叶的总和。

直到约120年前，脑的内部活动仍是个谜。当时那些曾对脑部进行论述或猜测的人，充其量只是拿着手电筒探照整个夜空。正因为如此，史上第一位指出脑部总体运作流程及其根本机制的人现今却几乎无人认识，才令我们惊讶。如果要客观推举出20世纪最重要的学者和思想家的话，就绝不能漏掉圣地亚哥·拉蒙·卡哈尔（Santiago

Ramón y Cajal）。然而书店里竟然连一本关于他的德文传记都找不到。

　　卡哈尔于 1852 年出生于西班牙纳瓦拉省（Navarra）的阿拉贡（Petilla de Aragón），比尼采年轻 8 岁。在他童年时期，达尔文正在伦敦附近的道恩市（Down）撰写他的巨著《物种起源》。当时并没有人想到，卡哈尔自己后来也会和生物学结缘。他小时候立志成为画家。为了研究人的身体，年轻时的他还曾和父亲一起到废弃的墓园挖掘尸骨。卡哈尔的父亲在萨拉戈萨（Saragossa）一所医院的解剖部门担任外科医师。卡哈尔对骨骼的研究终于从绘画走向解剖学。伟大的达尔文曾经因为对解剖尸体感到恶心而中断学医，然而卡哈尔研究尸体时却充满狂热。他 21 岁便成为医生。由于特别醉心于尸体和骨骼，他决定从军。1874 ~ 1875 年，他随着一支远征队来到古巴，在当地罹患疟疾与结核病。回国后他到了萨拉戈萨大学医学院担任助理医师，并于 1877 年取得马德里大学的博士学位。在瓦伦西亚大学教授"描述解剖学及解剖总论"期间，他逐步发现了脑的奥秘。为什么从来没有人深入研究人类的脑呢？在此之前，只有脑部区域基本解剖分布的研究而已。卡哈尔制订了一个挑战性很高的计划：他要了解脑的运作过程，并建立一个所谓"理性心理学"的新科学。他在显微镜下一点一滴观察人脑的细胞组织，并把所有看到的都描绘下来。1877 年，他转任巴塞罗那大学组织和病理学教授，1892 年再转到西班牙最大也最重要的学府马德里大学任教。此外，他还于 1900 年获得"国家卫生中心以及生物研究中心"主任一职。

我们可以在一张照片上看到卡哈尔坐在他在马德里的书房里，背后是堆积如山的藏书；他蓄着蓬乱的胡子，右手支颐凝望着一副人体骨骼。在另外一张照片中，他身穿东方色彩的长罩衣，头戴马格里布的帽子，坐在他的实验室里，身体姿势和前一张照片差不多。他有一双深邃的深色眼睛。人们可能真的会以为他是个画家，而不会料到他其实是位科学家。上了年纪的他，脸上出现了明显阴沉的表情，看起来像是好莱坞电影里会出现的可疑坏蛋、一个与魔鬼打交道的科学家。事实上卡哈尔完全不是个阴沉的人，他的同侪都十分看重且喜爱他。他是个谦逊、慷慨、充满温暖幽默感而又泰然自若的人。

卡哈尔的研究对象仅止于死去的人和动物的脑。对活体脑部的研究在 19 世纪末尚未成熟。这当然是份十分艰巨的工作，因为在完全不能观察脑部活动过程的情形下，又该如何知道脑部是怎么运作的呢？不过卡哈尔还是完成了惊人之举。如果真要说他具有什么魔幻特质的话，那就是他将死亡的神经细胞"唤醒"的奇妙能力。他幻想自己是个讨人喜爱的钟楼怪人，因为他描述在显微镜下的脑部细胞运作过程，就好像亲眼见到它们工作一样。在他的文章和著作中可以读到他以活泼的笔调描写了一件生气勃勃的事：这些神经细胞能感觉、行动、希望和死亡。一个神经细胞以它所形成的纤维组织向四周"探索"着，"为的是找到另一个神经细胞"。卡哈尔就是以这样的方式描写脑的细微结构，为脑神经系统的现代研究奠定了基石。他在多年的研究生涯里一共写了 270 篇学术论文和 18 本书。这些著作使他成为有史以来最重要的脑研究学者，并于 1906 年荣获诺贝尔医学奖。

卡哈尔的研究之所以如此重要，乃是因为脑神经细胞的外观与一般身体的细胞全然不同。它们奇特、不规则且带有许多细小突起的外形，是以前的科学界完全无法捉摸的。卡哈尔将这些细胞绘成非常精确的图像，它们是一些有奇特蜘蛛网结构的细致素描，而大部分的图看起来都像是小局部的海藻。虽然没有一个重要且至今仍通用的概念是由他亲自命名的，但是从未有人像他一样把脑部神经系统的元素描写得如此详尽。他描绘并解释了神经细胞、神经元，以及神经元两端长短不一的纤维——轴突。轴突的分枝——树突（Dendrit），首次清楚呈现在世人眼前。至于树突末端神经细胞的信息交流处，他则以与他成就相当的英国同事查尔斯·斯科特·谢灵顿（Charles Scott Sherrington）所用的突触（Synapse）来命名。透过无比精密的研究，卡哈尔可说是发现了脑神经细胞的"字母"。但是相应的脑部语法或其神经元所使用的语言，以及他所谓神经元转换电路的工作等，都是他必须借助想象力另外构思出来的。

卡哈尔的许多推测都在后来被证实为正确无误。其中最重要的，就是神经流在通过脑部和背脊时总是只能以单一方向流动。一个神经细胞可经由突触与另一个神经细胞进行信息交流。但是这些神经线路都是单行道，而每个信息流的方向也总是不可逆转的。当然，卡哈尔无法用死亡的脑来展示突触如何传递信息，因为这些脑部已没有任何静电或化学的活动。但是他知道确实有信号传递发生。德国生理学家奥托·勒维（Otto Loewi）于 1921 年首次证实神经脉冲如何借由化学的传导物质从一个突触转移到另一个。不过卡哈尔却无缘亲眼见到。

卡哈尔于 1934 年去世，享年 82 岁。在他去世后的 30 年间，当欧洲、美国和澳大利亚的科学家都在研究脑中电子化学信号传导的基本机制时，其他人则致力于对个别的脑部区域作更进一步的解释。脑部中何者负责什么工作？原因又是什么？这当中尤以美国人保罗·迈克尔莱恩（Paul MacLean）于 20 世纪 40 年代提出的模型特别著名。他将人类脑部作了清楚的划分。由于人类是从较低等的动物形态演进而来，因此迈克尔莱恩将人的不同脑部区域划归演进的不同阶段。根据他的理论，脑部其实是由"三个脑"组成的。第一个是"物种发展的古代爬虫类脑"，主要由脑干和间脑组成。爬虫类脑是脑部"最低等"的形态，里面有与生俱来的本能，后天学习力低，对所有社会行为均不适用。第二个是"早期哺乳类脑"，相当于边缘系统。在这里面不仅有本能和情感，迈克尔莱恩认为更是自然界第一次尝试发展出意识和记忆的所在。第三个是"进阶哺乳类脑"，相当于脑部新皮质，为理智、理解力和逻辑思考的所在地。进阶哺乳类脑的运作与较原始的脑部区域互不相干。由于迈克尔莱恩认为这三个脑的划分是非常严格而清楚的，因此在边缘系统与新皮质之间应该只有极少的联结，而感觉与理智也应该是被严格分在不同的脑中才对。这也似乎是我们很难用理智来控制感情的原因。

迈克尔莱恩对于脑部的整理工作在当时很受欢迎，而这些理论也不难理解。如同两千年来哲学家区分动物的本能、高尚的情感和人类聪明的理性，迈克尔莱恩也理所当然地将脑部分成三部分。只不过，迈克尔莱恩这个至今在许多教科书里仍可读到的理论其实是错误的：脑部里并没有三个各自独立工作的脑！而"这三个脑是从爬虫类演进到人类的过程中逐一形成"的这个单纯想法也不正确，因为即使是爬虫类也已经具备了和人类相似的边缘系统，而它们也同样拥有类似哺乳动物所具备的"端脑"，只是相对而言比较简单罢了。最重要的是，脑干、间脑、小脑和脑部各部分之间的联结其实是非常密切的，它们并不像迈克尔莱恩所主张的只是简单地叠在一起而已。它们之间紧密而复杂的联结具有重要的意义，因为只有这个联结才能解释我们本能、感觉、意图、思想等真正运作的方式。

过去百年来脑部学者对我们脑部所做的推测中，许多都没有通过时间的考验。事实上，法国生理学家佛洛昂（Jean Pierre Marie Flourens）（后来成为达尔文的坚决反对者）早在 19 世纪 20 年代就已断定脑部的运作方式并非各自为政。他将实验动物（主要是鸡和鸽子）的各个脑中部分一个一个地取下，以便观察哪些功能因而丧失。他很惊讶地发现，结果并非个别的能力减弱，而是许多能力突然同时变差，约莫如同斯坦利·库布里克（Stanley Kubrick）的电影《2001 太空漫游》（*Odyssee 2001*）中那台名叫赫尔（HAL）的计算机，虽然每关掉一个电源按钮它都变得较为缓慢而笨重，但智力却并未因此而明显降低。佛洛昂发现，关于脑部区域的传统看法是错误的。也就是说，它们并非各自只负责如计算、说话、思考或记忆等特定的功能。不过他却得到另一个极端的结论，认为脑中所有区域都共同负责所有的功能。因此，介于佛洛昂和卡哈尔之间的世代，则着眼于根据基本功能去寻找脑部的区域和中心，并加以分类。有志之士纷纷绘制脑部地图。最震撼的发现要数法国解剖学家保罗·布罗卡（Paul Broca）和德国神经医学家卡尔·韦尼克（Carl Wernicke），他们不约而同地找到了一个人类的语言中心：于1861年发现负责发声的"布罗卡区"和于1874年发现负责语言理解的"韦尼克区"。

今天，脑部被分为脑干、间脑、小脑和大脑四个部分。脑干位于头部中央的最底部，由中脑、脑桥和末脑（骨髓的延伸）组成。脑干连接感官印象，调节我们的心跳、呼吸、新陈代谢等自动机能及眨眼、吞咽、咳嗽等反射动作。间脑位于脑干上方，是一个较小的区域。其组成部分有丘脑上部、下视丘、底丘脑和上视丘。间脑扮演的角色主要是个中间站和情绪鉴定者，能察觉感官印象并继续传达至大脑。间脑是一个布满神经和激素的敏感系统，控制着我们的睡眠、苏醒、痛觉、体温调节以及本能，例如性行为。小脑主要影响我们的行动能力及运动学习能力。小脑在其他脊椎动物身上比在人类身上要显著得多，尤其是鱼类，其运动过程在某方面看来比人类身上的要求更高。人类的小脑还有其他方面的任务，包括认知功能、语言、社会行为和记忆等，不过这些任务都是在无意识下进行的。大脑位于其他三个区域的上方。人类的大脑比其他脑部区域的体积总和还大三倍以上。大脑还可划分成好几个区域，而这些区域又可分成"较简单的"感应区和"较高等的"联合区。人类所有精神智力方面的高等工作都非常（但不止于）仰赖"联合皮质区"的作用。

我们脑部的工作成效视我们生活的经历而定，这一点康德早就知道了。他在主要著作《纯粹理性批判》的导言中便开宗明义地写道："我们一切的知识都始于经验，这是毋庸置疑的。因为若不是透过一些对象的话，那会是什么激起我们的认知能力呢？这些对象触动我们的感官，有的自己引发想法，有的刺激我们的理解力，让我们去比较、联想或区分这些对象。未经处理的感官印象便是如此被处理成对于对象的认知，也就是所谓的经验。"我们的注意力能决定我们的感觉和思想，而反之我们的感觉和思想也决定我们的注意力。人类总是一次只能处理一件事，就算有时候每件事的间隔非常短，所谓的"多重任务处理"（Multi Tasking）也并不表示能同时专注于不同事物，只不过是能快速来回切换而已。在这种情况下，我们注意力的有效范围经常受限。其原因不只是我们的生物性知觉能力，还有我们的容纳和处理能力。毋庸置疑的是，人类仅仅使用脑部神经细胞的极小部分，但想要扩大这个极小部分却也绝对是困难的。由于我们的注意力只足够大脑进行有限的活动，因此对一项活动的专注必定会牺牲掉另外一项。我那四岁的儿子奥斯卡对于动物有极大兴趣，能毫无困难地列举恐龙的名称和分辨海狮与海豹，却仍然无法轻松地自己穿件 T 恤。因此，限制我们学习能力的并不是我们神经细胞的数量，而是我们注意力范围的大小。

无论如何，我们今天已经大致知道注意力如何形成，以及我们在认知时会产生哪些神经化学方面的现象。今天我们之所以能够认识大脑的种种运作过程，并确认个别脑部区域的功能，必须归功于许多脑部研究测量仪器进步的技术。卡哈尔还来得及看到德国精神病学医师汉斯·博格（Hans Berger）于 1929 年发明的"脑电波测量法"。透过这项发明，脑部学者终于能够测出脑中流动的电流电压。到了 20 世纪 50 年代，电极改良了，利用敏锐的微电极可以观察到单一神经元的活动。接下来就是对磁场的探索。如同所有的电流一般，脑中的电流也会形成一个磁场。精密的磁场感应器从 60 年代以来就测量着这些磁场并计算脑中的电源。"脑磁波测量法"正是用这个方式指出脑部此刻特别活跃的所在。70 年代和 80 年代又出现了其他方法来测量甫于脑中发现的神经化学作用。从 90 年代开始，脑部研究终于拥有了美丽的脑部彩图。今天，所谓的"成像处理"，如"X 光电脑断层成像"和"核磁共振成像"等让我们能清楚窥见脑内的运作。从前只能显示静电和化学作用的地方，现在可利用新的方法测量脑中的充血状况并提供高解析度的照片。也因此科学界才能首次尝试去研究"边缘系统"，也就是我们情绪与感觉的根源。

不少脑部研究学者对这些新的可能性感到无比兴奋，进而相信他们的研究早晚会让哲学甚至心理学等领域关门大吉。对此，西雅图华盛顿大学的脑部学者威廉·卡尔文（William Calvin）便以"大楼管理员的梦想"[①] 做了一个很恰当的比喻。卡尔文认为，管理员对于其身处的阴暗地下室感到不舒服，因此他很想向上一跃，最好直接跃上明亮的屋顶阁楼。而想从脑内的细胞和蛋白质轻松跃进哲学领域的那些脑部学者们也差不多就是这样。然而"蛋白质"和"意义"这两个概念之间的鸿沟太大了，就算脑部研究领域知道自己在揭开脑部中心和脑部功能方面已有所进步，但产生精神、意义和理解力的机制却依然成谜。目前我们未知的部分仍然比已知的多得多。而我们对大脑的认识越深，就越感觉到大脑的复杂。

其实，最大的谜在于"意识"的个人组成，也就是我们非常主观的体验。为什么有些事物会带给我们特定的感受？这依然是我们最大的秘密。个人的感觉和爱好是无法用一般神经化学的知识来解释的。无论是测量仪器或心

---

① "大楼管理员的梦想"为卡尔文著作《大脑如何思考》第三章之标题。

理咨询，都不能探究并且呈现这些体验的性质。当路易斯·阿姆斯特朗（Louis Armstrong）有一次被问到什么是爵士乐时，他的回答十分贴切："要是你还得问的话，那么你永远也不会懂的！"主观的经验状态总是外人无法进入的，即使对脑部研究领域来说亦是如此。因为核磁共振成像虽然可以显示在播放爵士乐时脑部某些特定的情绪中心会产生较高的供血量，但它既不能显示爵士乐带给我的感觉，也无法解释为什么我会有这样的感觉。

尽管如此，脑部研究的科学仍然是我们认知以及自我认知的基础，其原因是显而易见的。相对于哲学，今日的脑部研究提供了更多刺激而有趣的动力。问题只在于，我们是否能够在完全不借助哲学的情况下处理这些问题。毕竟对脑部的研究是一种十分奇特的冒险，因为严格来说，人类的脑部正试着探索人类的脑部，也就是一个系统在试着了解自己。脑部同时扮演着研究主体和研究客体两个角色，这形成了一个棘手的状况。而脑部学者们难道不也和两千年以来以思考的方式了解自己的思考的哲学家一样吗？虽然他们所采用的是另一种方法！长久以来，研究人类精神的主要方法，都是以思考的方式探索自己，并尽可能地观察自己的思考行为；而把这个方法发挥得最淋漓尽致的一刻，就是在距今约 400 年前的一个值得纪念的冬夜里……

第4章

三十年战争中的一个冬夜：
从何得知我是谁？

　　这个场景给人颇为温馨舒适的感觉：一个向外突出的大型瓷砖壁炉，旁边坐着一个 23 岁的男子，身着帝国军人的冬季制服。他有一张很容易让人想象的脸，因为这张脸并不陌生。从著名的荷兰肖像画家佛朗斯·哈尔斯（Frans Hals）的一幅晚期作品中可以看到：一双深色大眼，其中一只眼如卡尔·达尔（Karl Dall）[①] 一样下垂，宽嘴薄唇，嘴角带着一丝笑意，蓄有短髭，深色长发及肩，脸上透着既狡黠又忧郁、既聪明而又有些许疯狂的气息。不过他的脸虽然令人感到如此熟悉，他身处的场景却十分模糊。因为按这名男子自己所写，他其实不是坐在壁炉旁边，而是坐在壁炉里面。对此人们可以有许多的想象空间。而事实上"里面"这个词也确实引起了诸多讨论。

---

　　①　卡尔·达尔生于 1941 年，为德国知名电视节目主持人、歌手和喜剧演员。脸部特征为右眼眼皮下垂。

我是谁？

也许他所指的是个洗澡间或是一个在当时很常见的桑拿烤箱？但是他怎么会是衣着整齐的呢？或者有没有可能是壁炉太大了，大到让人可以放一把椅子进去坐着？或许他是把整个房间加上房间里的巨大火炉一起称作他的"壁炉"，因为它们提供了御寒的功能。外头确实很冷，时值1619 年的冬季，而这个场景的地点是离乌尔姆不远的一个农舍里。我们还是让这名男子自己来说吧："我当时身在日耳曼，尚未结束的战争将我召唤到那里去。当我从皇帝加冕典礼现场回到军队时，乍到的寒冬将我滞留在一处驻地。由于我在那儿没有可逍遥的娱乐，也庆幸没有烦恼或消遣作为干扰，因此我整天独自关在一个温暖的小房间里，清闲地与自己的思想进行对谈。"

"与自己的思想对谈"背后其实有着一个挑战性很高的目标：当外面这场即将彻底摧毁欧洲的三十年战争爆发时，这名男子想追求安静、秩序和清晰。他要追求关于自己和世界绝对与最终的确定性。他第一步先规定，只要不是清晰明白的事，都不认为那是真的。他也怀疑一切可疑的事物。人不能相信自己的眼睛和其他的感官，因为人太容易出错了。带着怀疑的心，他慢慢向前摸索。即便是思想也不可以不经审查就加以采信，因为恶灵有可能影响我做出错误结论。等一等！难道就没有什么是绝对不容怀疑的吗？因为就算我怀疑一切，我还是不能怀疑"我在怀疑"以及"我是那个怀疑的人"这两件事啊！而如果我知道当我在怀疑的时候正在怀疑，那么我必定想着我在怀疑。也就是说，有一个不容怀疑的确定性，一个高于所有其他原则的首要原则：我思故我在（cogito ergo sum）。当他想到这句话并且脱口而出时，壁炉里的火还没熄，但是哲学的世界却已经完全改观。

这位在三十年战争开始时的一个初冬夜晚为哲学带来革命性改变的人是谁呢？他的名字就是勒内·笛卡儿（René Descartes）。他出身于一个贵族家庭，父亲是位于雷恩（Rennes）布列塔尼省（Bretagne）最高法庭的法官。他的母亲于 1597 年（也就是生下他的第二年）就去世了，因此笛卡儿是由外祖母带大的。8 岁时他进入一所耶稣会学校就读，虽然这并不是一个好玩的经历，但是当他 16 岁离开那里时，已具备了杰出的古典学以及数学知识。这名天资优异的学生在普瓦捷（Poitiers）大学学习法律，然后申请进入巴黎一所只招收年轻贵族的学院，把错过的年少生活弥补回来。他在那里学习击剑、跳舞、骑术、社交礼仪和其他不可不学的东西，却完全不知道要用它们来做什么（直到两年后他才有机会让其中一项技艺派上用场：他在一场对决中击败并刺死了对手）。22 岁时，他追随荷兰统帅莫里斯·冯·欧拉年（Moritz von Oranien）从军，踏上冒险旅程。他在那期间学到许多自

我是谁？

然科学方面的知识，至于军人的生活则乏善可陈。随后不久，他游经丹麦和德国，并再次入伍从军，这次跟随的是马克西米里安·冯·拜恩（Maximilian von Bayern）。笛卡儿参与了这支军队攻取布拉格的战役，并在当地参观了天文学家约翰尼斯·开普勒（Johannes Kepler）的工作室。他顿时清楚自己想成为什么：一名为黑暗的科学界带来光明的启蒙者。他充满自信地梦想着一个清晰、符合逻辑和"普遍的方法来探索真相"。而他，笛卡儿，便身负找到这个方法的使命。

1620年4月，24岁的笛卡儿在乌尔姆遇见了数学家约翰尼斯·福尔哈伯（Johannes Faulhaber）。笛卡儿于反掌之间就解出了一道非常复杂的数学题。他自己曾大言不惭地写道：那道数学题能让当代最聪明的人举白旗投降，而他即将成为能为每个问题都找到一个简单又聪明的解答的人。他在乌尔姆农舍静思的一年后便放弃了军旅生活。他到洛雷托（Loreto）去朝圣，并游历了日耳曼、荷兰、瑞士和意大利。他于1625年迁往巴黎，结交了当地的知识分子。虽然经常是晚会的座上客，但是他的社交圈并不算大。5年以后，他离开巴黎，搬到了繁荣的荷兰。当时荷兰正弥漫着全欧洲最自由的思想和宗教气氛，而笛卡儿正想利用这个环境来完成构思已久的巨著。他开始深居简出，唯一的交流是频繁的书信，特别是和女士们的信件往来。他一心想完成他的《论世界》，却并未付梓。1633 年他得知意大利同行伽利略（Galileo Galilei）关于宇宙和世界的新科学观点被教廷驳斥。即使是对于笛卡儿这样一个相信上帝（一个他试着证明为最高原则的、相对抽象的上帝）的人来说，天主教会也是个危险的敌人。虽然荷兰比意大利或法国自由开放，笛卡儿仍然谨慎而迅速地搬家。他发表了关于几何、代数和物理的文章，并成为极具声望的数学家。直到 1637 年他才出版了那本书，那本在 8 年前想象整个世界缩小成一个有壁炉的农舍并想出著名的"我思故我在"的书。这是一本适合大众阅读的小书，名为《论正确运用理性和科学性的真理探究的方法》。为了安全起见，这本书以匿名出版，不过背后的作者是谁依然很快就流传开来。笛卡儿享受着来自四方的赞誉，然而他高傲的态度和极度的猜疑，使他在面对任何批评时都非常敏感。他的下一部思想类似的著作在莱顿（Leiden）和乌特勒支（Utrecht）遭受非议，而笛卡儿的猜疑更逐渐扩大成为妄想症。他曾多次考虑搬到英国去，也曾仓促避走法国，最后于 1649 年冬季应笔友瑞典女王克丽斯蒂之邀来到斯德哥尔摩。然而这次的停留却让他付出了生命的代价。女王坚持要他早上在一间未经预暖的房间里为她授课。1650 年 2 月，53 岁的笛卡儿终因肺炎病逝。

笛卡儿成就了些什么？首先，他提出了一个方法：只

我是谁？

有通过一步步滴水不漏的验证过程证明为无误的命题，方能接受其正确性。而他也把"我"作为哲学的中心。如果说从前的哲学家总试着找出世界"本身"是如何的，那么笛卡儿便选择了一条完全不同的道路。唯有探究出世界在我的思想前面展现何种面貌，才能发现世界"本身"是什么样子。因为我所知道的世界的一切，并不是透过任何客观的鸟瞰，而是单单透过我脑中的思想。尼采后来将笛卡儿称作"只承认理性才是权威的革命之父"。

笛卡儿给了"从何得知我是谁"这个问题一个答案，那就是：透过我的思想！而这个答案比从前的所有答案都好得多，即便神学家圣奥古斯丁（Augustinus）于 4 世纪就已经提出类似的说法。不过，这个论证后来也显示了一些不足之处，因为他的说法并非如其所说的一样完全没有前提。为了描述我对世界一切事物的怀疑，我必须具备一种充分可行的语言，而笛卡儿并未怀疑语言。他在使用语言时，不曾怀疑过人们也有可能在字词、句子和语法上产生错误。其他的哲学家更批评笛卡儿没有区分知性（Verstand）和理性（Vernunft）。符合知性的是否就必定同时符合理性？这两个意义在这里是不是被混为一谈了？笛卡儿遭受的第三个批评，在于他花了极大的工夫去探究"思"，却没有想出什么来解释何谓"在"。

而这正是一个值得深入探究的问题。笛卡儿是个举足轻重的哲学家，甚至可以说是影响力最大的哲学家之一。虽然他起初曾受到严厉的攻击，却仍是许多关于身体、脑部和精神世界等新观念的创始者。然而他在探索思考方面的杰出表现，从后人的眼光看来更显现出他在对于人的身体看法上的薄弱。因为他认为身体只是头部的累赘附属品罢了！这位精神的机械师用冷酷的口吻对他的读者说，所有生物的身体都只是一个肢体机器、一个自动装置或是精密的推进装置。身体上的器官如同 17 世纪水景花园里的自动给水装置一般运作：神经就是水管，脑部的空间像是储存容器，肌肉可比作机械表里的弹簧，而呼吸就是表内的运动。而这一切都受脑部里的一个小人"松果体"控制。将人类的身体解释为一个物理的机械装置，是当时自然科学界最时兴的方式，也是笛卡儿最擅长的。他几乎在一夕之间被视为身体新观点的思想权威。而在面对他的批评者（大多来自天主教会）时，他感觉自己是客观、时髦和前卫的。倘若笛卡儿活在现今这个时代，他将肯定是位人工智能领域的先驱，或是一名杰出的脑部研究学者。

因此，如果我们想象一下笛卡儿在今天对于心灵和身体的关系大概会有什么想法，那必定会是非常有趣的。要是他今天再一次闭门沉思，并客观清楚地寻找关于人和世界最终的确定性的话，他会对那个 400 年前的另一个自我（alter Ego）说些什么呢？

我是谁?

2007 年春。位于波士顿不远处的一幢粉刷成白色的木造单层楼房,屋前有一大片种着青翠草坪的庭院。在这里住着笛卡儿二世(René Descartes junior)。他坐在客厅的壁炉边,衣着轻便:一件灯芯绒的裤子、格子衫外头套了一件编织毛衣。他舒适地靠坐在沙发里,开始诉说着:

我身处美国。我的事业从法国经过荷兰,最后到了这里。此刻,我刚从纽约一个国家健康中心所举办的专业研讨会回来。趁着新学期还没开始,不会被授课和考试牵绊之际,我有机会好好安静地与我的思想对谈。由于我已决定对一切不够清楚明白、无法缜密探究和呈现的事物存疑,因为这是通往真理唯一的路,因此我首先必须对于未经查验就被哲学带来世上的那些错误的确定性提出质疑。让我们从那个身体和意识被不幸地分割之处开始吧。虽然那并不是由很久以前的那个另一个自我发明的,却根深蒂固地为哲学界所深信。然而唯一真正的事实是:心灵和身体是不容分离的!因为任何想在脑中试着将两者加以区分的人都将徒劳无功。脑部并不是一个把心灵作为软件配备的硬件,这两者是以一个不可分割且至为复杂的方式共同作用的。虽然"我思故我在"这个句子的名气如此响亮,但是当中却不幸地掺杂了一些瑕疵。因为这句话不仅说明只有借助思考才能知道我和我的存在，它还主张思考以及思考的意识两者是存在真正的基础。而由于这个思考应该在严格与身体分开的前提下进行，因此这个句子便强调了精神世界和身体的彻底分离。另一个自我在当时写下的，已经无法得到今日脑部学者的认同："我认知到，我是一个实体。这个实体的整个本质和天性都只存在于思想里，且其存在不需要一个空间，也不依赖任何物质的东西。因此这个我，亦即让我成为我的灵魂，完全与身体不同，即使没有了身体也不会停止成为它要成为的一切。"如果这段话是对的，那么心灵便成了存在于一具机器里的鬼魂。但这并不正确，因为在脑中并没有一个名叫心灵的一个独立的地方。这无稽的程度，大致就像如果我们相信有一个名叫大学的地方，它却独立地存在于大学楼房、街道、草坪和人群之外一样。

相反的，脑部的研究已经知道，不管是感觉还是最高等的精神活动，都无法与生物组织的结构和运作方式分隔开。因此，倘若这是可能的话，那么脑部研究学者就根本无事可做了；他们就不需要去研究脑区、记录静电联结状况和为化学物质命名，因为这些都与心灵毫无关系了。当然，我们也不能单纯用"心灵就是以上所述的相反"来解释心灵。而只是圈选出脑部的一个区域并列出一些物质，然后就号称"这便是人类的心灵"，这也是不够的。人类的意识是身体和它对环境的经验两者的交互作用。为了了解我们的心灵，我们不能只把它限制在我们的脑中，或像笛卡儿一样把它认定是存在于一个与身体分开的空间里，我们还必须学习从我们的整体生物结构去了解它。我们的感官、神经和神经元都与外界，与我们所看、所听、所嗅、所尝和所感觉的进行交流。从何得知我是谁这个问题大约可以如此回答：我知道我是谁，因为我的感官将信号传送到大脑的神经细胞，这些信号以精密复杂的转换电路扩散，其精密程度可让知道我自己的思想和想象我的存在等如此复杂而抽象的概念产生。

以上是波士顿这位现代脑部学者的说法。不过，被他严厉批评的那位三十年战争时代的前辈，在衣袖里还有最后一张王牌。这个脑部学者真的解答了"从何得知我是谁"这个问题吗？为了找出脑部的运作方式，以及描述感官和神经细胞如何为我反射出我自己的形象，我必须思考这些想法。而这一切即使都看似真实，却都还只是存在于我头脑里的想法和想象而已！这么看来，"我思故我在"这个句子还真有几分道理。但是，我们最好别将它理解成我的思考构成了我的存在，或者单单只有思考是重要的，其他一切都毫不相干，因为这是错误的。但是如果我说只有思考能带给我"我存在"的想法，那么这个句子就是正确的！

也就是说，有两条完全不同的道路可达到"我的存在"。我可以从我的思考开始，并质疑我的确定性从何而来。这是笛卡儿的道路，也是近代哲学的道路。这条自我观察的路对哲学有着深远的影响，并将它导向一个反省的思考方法，而这个方法把所有关于世界的断言都带回其主观的源头并加以审查。然而这条路作为科学的认知理论却已遇到了瓶颈，我们几乎无法再找到什么令人惊奇的新大陆了。第二条研究人类的通路是不去考虑观察者本身以及他个人的感知与思想。这是现代自然科学之路，而这条路较不强调反省，目前却广泛应用且成果丰硕。这两条道路所传达的认知方式可说是南辕北辙。

许多脑部学者认为，他们探索心灵的道路才是唯一正确的。而从前被认为是哲学的领域，今天则应该归属于神经生物学的范畴。如果人类要知道自己是谁，就必须学习去了解他的脑部。脑部研究以一个冷静理智的自然科学研究取代了到目前为止关于人类感觉、思想和行为的臆测。然而许多脑部学者都容易忽略一件事，那就是他们也并非走在通往绝对真实的道路上。每个自然学科本身都是人类

我是谁？

精神的产物，而人类精神是自然学科想以自己的方法探究的对象。人类精神的认知能力端赖于人类演化过程中适应的需求。我们的脑部之所以会像现在这样，正是因为它显然在演化的竞赛中通过了考验；而它在雨林和热带草原里的任务也从来不是要全然客观地认知这个世界。如此一来，要说脑部并不是被完美设计来完成这个任务的，也就不足为奇了。

如果人类的意识不是依照一个绝对客观的标准而造就的，那么如前面说过的，人类的认知仅限于经由演化竞争而形成之认知系统提供的认知能力。自然科学的理解视典型人类的认知条件而定。如果这些认知条件不受其影响的话，自然科学界就不会有进步，也不会有矛盾和修正了。研究的标准，如无矛盾性、可重复性和有效性等也并非独立的标准，它们都在某个特定时间和特定知识状态下符合人类的认知能力。100 年前被自然科学家认定为毫无疑问的，今日的我们则予以摇头否定。那么何以同样的情况不会在 100 年后发生呢？

因此，对于哲学家来说，从"思考的我"开始思考，进而一步步了解世界，仍然是个可行的方法。从这点来看，笛卡儿在今天并不比 400 年前落伍。不过哲学家们当然应该认清，他们既不是脱离脑部也不是借脑部的帮助来思考。脑部自己在思考，而脑部也产生出这个在想"我

在思考"的"我"来。然而，笛卡儿在使用"我"这个
词上是否正确无误呢？他难道不是应该说"如果人在怀
疑的时候无疑是处于思考状态的，那么必定存在着思考这
件事"才对吗？与其说"我思故我在"，不是更应该说
"思想存在"吗？这个被偷偷带进来的"我"到底是什么
呢？

第5章

马赫经验:
"我"是谁?

世纪经验有时会隐藏在不起眼的注脚里,而以下便是一个例子。1855 年,年方 17 岁且即将成为大学物理系新人的恩斯特·马赫(Ernst Mach)正在维也纳附近散步,途中有个深刻而强烈的体验:"在一个晴朗的夏日户外,突然间感觉到世界和我似乎融合成一个由诸多感觉组成而彼此相连的整体,而这个整体以我为中心。虽然我到后来才真正反省了这个经验,但那个时刻却对我的整个直观带来了决定性的影响。"这名大学生当时还不知道,那可说是一个"世纪经验",而这个经验在 50 年后记载于他的《感觉的分析》的一个小注脚里。

恩斯特·马赫于 1838 年(比尼采早六年)出生在奥匈帝国,即今捷克的希尔利茨(Chrlice)。他的家庭属于少数以德语为母语的家庭。马赫的父亲是农夫,由于也身兼家庭教师,因此他亲自为儿子上课。上课之余,马赫还同时完成了木匠的学徒训练。他 15 岁才进入中学，后来顺利通过毕业考试，取得进入大学的资格。这名天资聪颖的学生在维也纳研读数学与自然科学，并取得了电学博士的学位。一年后他成为教授，从格拉兹（Graz）转到布拉格，最后又到了维也纳。他的兴趣十分广泛，几乎无所不包；所教授的课程包括了物理学、数学、哲学和心理学。他以物理学家的身份计算出了音速，而后来音速也以他的名字作为单位词。因此我们说超音速飞机是以"两马赫"的速度飞行的。

马赫当时在布拉格和维也纳都享有盛名。他做了火箭炮弹的实验并研究出气体动力学。他一再批判牛顿的物理学说，并因此被奉为相对论的创始者。爱因斯坦喜欢自称是他的学生，虽然马赫从未亲自教过他。在政治方面他原是个自由党人，后来逐渐偏向在当时被评为激进政党的社会民主党。他在自己的世界观里是个不可知论者，喜欢和教会作对。物理学家和哲学家都积极钻研马赫的理论。年轻的列宁曾以马赫理论为题写了一本很厚的书，因为马赫的哲学在俄国的知识分子圈非常风行。他还让感觉心理学成为一个新的学科，并深深影响了美国的行为研究。然而尽管他启发了这么多的科学，马赫的声名在他 1916 年去世后还是很快地被世人淡忘，因为第一次世界大战震撼了欧洲，而物理学此刻也走上了全新的道路。1970 年美国

我是谁？

国家航空航天局才又想起了这位几乎被人遗忘的火箭先驱，并以他来为一座月面环形山命名。

马赫的哲学思想是很激进的。对他来说，他只承认能经由经验证实的或能计算出来的事物。以这样的标准来看，绝大部分哲学都不合格。因为当他去审查是否一切都符合物理定律时，几乎就为整个哲学史打了个颇低的分数。他尤其反对笛卡儿的二元论，因为马赫认为：身体的感觉和心灵的想法两者是由一个相同的物质构成的。就如同他年轻时的那次夏日经验，一切都似乎彼此相连一样，他将自我和世界的二元论解构而改成一个一元论：这个世界的一切都是由相同的元素构成的。若这些元素出现于脑部，就称之为"感觉"，但是它们并不因此就有什么特别之处。

这个感觉理论的爆点在于我的死亡。哲学家谈论"我"已经超过两千年了，而每个平凡人要意指自己时也都会说"我"，但是马赫提出抗议。他对于用"我"来说自己这件事感到非常困难。这个"我"到底是什么呢？他认为："'我'并不是一个不变的、特定的、清楚界定的单位。"在人类的脑部里并不存在一个"我"，而仅仅存在与外界元素频繁交流下所产生的错综复杂的感觉，或者如马赫开玩笑说的：这些感觉"独自在世界里散步"。然后他用他最有名的句子向哲学宣告："这个'我'是没得救的。一部分是因为这个看法，另一部分是对这个看法的担忧，两者导致了宗教和哲学中最特异的悲观和乐观的谬误。"

马赫并非第一位想到把"我"从世界上抹去或至少将"我"贬得非常渺小的人。他很骄傲地相信这必须是一个物理学家才做得到。但是有个人也做到了，他原是位失败的法学家，后来变成一个爱思考的商人：苏格兰人大卫·休谟（David Hume）。他于 1739 年出版《人性论》时 28 岁。休谟在寻求"我"的过程中徒劳无功。因为灵魂和"我"都并非可经验的实体。人类并不需要一个"我"才能觉察感受、概念和情感，这些都可以自然而然地发生。因此"我"完全不是真实的，而是众多想象中的一个。休谟所想到的唯一一个可以解救"我"的想法，是"我"可能是像"感觉的组合"这样的东西。虽然这是个幻觉，但可能是个必要的幻觉，它给人在脑部里拥有一个监督者的美好（且不可或缺？）的感觉。

真是这样吗？"我"是一个幻觉吗？每个平凡人自以为是的，都只是一个存在于脑部中骗人的戏法吗？两千年来，当西方的哲学家理所当然地把"我"当成一个前提，而这个"我"又多少能应付世间诸事时，其实都是在自我欺骗吗？我们的"我"难道不就是精神、情绪和意志档案进进出出的脑袋吗？这个"我"难道不是经得起人生风浪起落的堡垒吗？或像是未经修剪的影片一样，可以保证终其一生总是感受到唯一的、同样的自己？如果不是

我是谁？

我的这个"我"，那么此刻究竟是谁在这里跟读者您说话呢？倘若不是同样以"我"自称的读者您，那么又是谁正在读着这些句子呢？

让我们暂且重新释放这个被特异的物理学家和失败的法学家所钳制住的"我"，让我们来问一些行家，比如心理学家对这个"我"是怎么说的。心理学家们点点头，堆起脸上的皱纹，面面相觑地交谈几句，然后再度堆起脸上的皱纹，再次点点头。"嗯，您知道的……"其中一位开口说，"我们大概不会把'我'删除掉，但是我和我同事对于'我'究竟是什么，还是莫衷一是。我们无法将'我'视为一个确定的事实，因为如您所知：心理学是一门自然科学，而自然科学大体上只把看得到、听得到和测量得到的认定为真实的。这个'我'却并非如此。如果存在一个'我'的话，那么它也只是推论出来的，而休谟的说法也就是对的。可是问题是：它是由什么推论出来的呢？如果我们是从感觉推论出'我'的，那也就是说存在一个名叫'我'的感觉？或者我们是从观念推论出来的，从一个名叫'我'的观念？关于这点我们也不太确定。因此我的许多同事都规避这个概念而宁可改用'自体'。这个'自体'就如同我们的意志和判断中枢。我们在这里喜欢区分'自我概念'和'自尊感'。自我概念告诉我们的是我们如何知觉自己。为了达到这个目的，

我们必须再次把 'I'（英语中作为主语的我）导入，但只作为小的结构，好让 'Me'（英语中作为宾语的我）来与它对照。这两者分工合作：'I' 负责行事，'Me' 负责评判。而自尊感是由 'Me' 颁发给 'I' 的那张非常主观的证书。我们已经对几十万个自我对话的人进行观察和描述。但是，请看在这个思想的原创者威廉·詹姆斯（William James）的份上，别问我们该如何证明！它基本上就是这样，而大概只有慈爱的上帝、达尔文或者哪个张三李四才知道为什么吧。"

以上是心理学的说法。当然这个描绘是经过强烈简化的，而心理学其实有许多不同理论和学派，涵盖范围也相当广。但同样清楚的是：心理学在关于我的问题上并无法提供简单明了的答案。因此现在只剩下向脑部学者求教一途了：而脑部学者在过去几年也确实经常自告奋勇地参与其中。他们似乎比其他所有人都觉得自己肩负回答这个问题的使命。针对"是否存在一个我"这个问题，许多（即使并非全部）脑部学者的回答是："不！我并不存在。从未曾有人是我或拥有过一个我！没有任何东西从内部将人紧紧束缚住。休谟和马赫的看法一点都没错：这个我是一个幻觉！"

想了解他们的回答，我们得先问，一个让脑部学者满意的"我"到底必须长成什么模样，才会让他承认："没

我是谁？

错，这就是那个'我'!" 若是他在脑部中发现操纵或产生"我"的一个局部、一个区域、一个中心，对他就有用了吗？大概不至于吧。因为这样的话，他就会去研究这个操纵机制，并确定这个中心就像脑部的所有中心一样并非独立运作，而是与其他中心相联结的。而他还会去研究神经细胞、静电脉冲的传导以及化学反应，然后他会说：这个"我"不过就是一个复杂的电化学机制罢了。约莫像是孩童将会说话的玩偶剪开后，在里头找到一个小小的、令人失望的装置一样。

值得庆幸的是，每个明智的人都知道这并不正确，因为这个名叫"我"的中心并不存在。这是一个很棒的消息，完全不令人失望，甚至令有些脑部学者欢呼。早在19世纪，著名的解剖学家鲁道夫·菲尔绍（Rudolf Virchow）就很乐于矫正哲学家对于"我"的主张。他说："我解剖过上千具尸体，但是还没在里头找到过一个灵魂。"而这时我们大概可以（不带任何宗教动机地）说："感谢上帝!"因为没有找到灵魂或没有找到"我"，当然好过找到一个"我"，然后将它切割、分析、除魅。您能想象要是脑部外科医师能够手术将"我"切除的情况吗？

好吧，一个名叫"我"的中心并不存在。这其实也没什么好大惊小怪的，因为除了笛卡儿和他的松果体以外，又有谁相信过呢？过去的两百年以来，没有一位知名的哲学家曾断言说"我"是存在于脑里的一个物质实体。他们大多都完全不确定。举例来说，康德曾颇为含糊地表示，我是一个"内感的对象"，相对于"外感的对象"，也就是身体。这样的说法并不周延，因为谁能由此得到一个具体的概念呢？

哲学以尽可能不明确的态度处理关于"我"的疑问，有点像是：我们不去谈论"我"，我们有个"我"就是了。而脑部研究无法立刻找出"我"来，其实也是不足为奇的，因为以他们研究脑部的方法来看，根本也不可能会有个"我"跑出来。由于在他们的世界里，并没有一个可以画在脑部图片的"我"，因此"我"也就不存在。它不是一个可以在脑部中清楚找到的基本配件。

话虽如此，我们难道不是一直在经历着一个"我"吗？这些经验有可能骗人吗？就算这个"我"的感觉再怎么摇摆不定，它的存在难道不是个不争的事实吗？"我"有没有可能包含整个脑部，甚至延伸到整个神经系统或至少到许多重要的部位？是否可能就像从脑部神经细胞的音乐厅中产生一段旋律，一段名叫"自体"的旋律，而它虽然在生物学上无法掌握，却在物理学上毫无疑问地存在呢？不能这样说吗？就如同我们对音乐厅内各个乐器所进行的描写并不会就此产生出一首交响乐曲一样，我们也无用用脑部解剖的方法来掌握和理解"我"。

我是谁？

从某方面来看也许没错。但是脑部研究还有第二条路来解决这个问题：我们研究失常或有障碍的病人，而这些病人的"我"有的显然完全无法运作，有的只能部分运作，还有的在病变下运作。著名的英国脑部学者和心理学家奥利佛·萨克斯（Oliver Sacks）花了40年的时间研究这类人。他自己也是个独特而传奇的人。他在《错把太太当帽子的人》里描写了病人们的生活和世界。这些人患有自我功能失调，或如萨克斯声称的，他们是"在无法想象的国度里漫游的旅人，若不是透过他们，我们对这些国度的存在一无所知"：有个音乐学家的左脑受了轻伤，却因此得了"视觉辨别缺陷症"，变得"精神失明"而无法辨认物体。当他要伸手拿帽子时，抓的却是他太太的脸；有一位音乐学教授充满关怀地抚摸着停车计时器，因为他把它们当成了小孩子；还有一位患有神经梅毒的老妇人，突然开始对年轻男人产生无法满足的欲望。

萨克斯于20多年前只能描写的状况，之后已经能进行多种研究。许多脑部学者倾向于认为不仅存在一个"我"，而且有很多不同的"我"的状态：身体的"我"让我知道和我生活的这个身体真的是我自己的身体；定位系统的"我"告诉我此刻身在何处；作为观察点的"我"说我是我的经验世界的中心；作为经验主体的"我"说我的感觉印象和情绪确实是我自己的，而不是属于别人的；作为行动主体和审查者的"我"让我明白，我要对自己的思想和行为负责；自传里的"我"让我主演自己的电影，让我总是体验到唯一且相同的"我"；反身性的"我"让我可以思考自己并且玩"I"和"Me"的心理学游戏；最后，道德的"我"建立我的良知，让我明辨是非。

在所有这些"我"的状态中，都能找到某个"我"功能失调的状况，就像萨克斯在他的故事中所叙述的。如果我们利用成像技术（请参考《心灵的宇宙》）来研究这些患者，终究也能找到功能失常的脑部区域。例如身体的"我"和定位的"我"都和顶叶的作用有关；作为观察点的"我"和颞叶右下部有关；作为经验主体的"我"除了配合颞叶右下部的作用，也和杏仁体及其他边缘系统的中心等有关。

我们可以说有许多的"我"存在。但是这个说法当然也只是一套模式。因为即使知道每个单一配料的味道，我们还是无法预知最后整道菜会怎样。同样的，虽然我们准确划分了各种"我"的状态，它们其实是在我们脑中被"拌炒"在一块的。有时其中一个味道脱颖而出，有时又是另一个味道。它们在我们的日常意识里几乎是无法区分地共同作用着。有些只是不时地露个脸，有些却是无所不在。而这些配料的来源也似乎完全不同。有些我们

我是谁?

只是感觉到,有些却在某种程度上是已知的。例如作为观察点的"我"是每个正常人与生俱来就确定的,就像身体的"我"一样,后天的影响不大;但是自传里的"我"却无疑是我自己,而且是透过我说话创造出来的。我在讲述我自己,也就是对我自己和别人讲述我时,也同时塑造着我。相同的情况也适用于反身性的"我",可能也还有道德的"我"(前提是如果真有道德的"我"存在,我们会在后面的章节深入讨论)。

脑部研究提供的各种"我"的状态虽然有意义的划分,但我们不能混淆的是:它们不是绝对划分精确的结构。它们完全没有证明"一个整体心理状态"是不存在的,这样的一个整体心理状态被部分脑部学者称为"'我'的感受流"。但是为什么我们就不能心安理得地用一个简简单单的"我"呢?

脑部研究有个奇怪的现象:有些神经学家虽然否定"我"的存在,却又同时研究它是如何形成的。"我"经常是实验室里最爱的敌人,因为必须得以它为前提,才能对付它。这样脑部学者可以精确说明人格(也就是"我")是如何塑造的。边缘系统早在胚胎阶段初期就已形成。胎儿出生后,脑部与外界接触后再次接受彻底改造。脑部结构会适应环境,减少神经细胞数并同时包覆住脑中的线路。18～24个月大时,"'我'的感觉"形成,此时幼儿第一次能在照片上认出自己。接着便产生出社会法律概念的 "人"：能为行事负责之社会成员的 "我"。这些能力和特性，有的是在青春期期间或之后才于脑部中发展的。所有这些描述都解释人格的发展，并同时和 "我的感觉" 紧密相连，因为人们都以 "我" 来自称。多数人认为，这个人格发展有一半左右取决于先天的能力，30%～40% 则视零到五岁的塑造和经历而定；只有20%～30% 是明显受到后来家庭、学校等的影响。

想把 "我" 给除魅，并不是那么简单的事。当哥白尼证明地球绕太阳运行时，他发现的是一个前人所未知的事实。以前的地球中心说确定是错的。当达尔文主张所有生物都是从低等的祖先演化而来，且人类也不例外时，他显然也同样在描述一个事实。上帝以自己的形象造人的猜测也确定是错的。但是如果今天脑部学者想将 "我" 抹去，他们却不一定是在证明一个新的事实。关于 "人的心灵和一个名叫 '我' 的主管有关" 的传统想法，至今尚未被反驳。这个 "我" 是个复杂的东西，它有时能分裂成许多不同的 "我" 而仍是一个自然科学无法轻易解决、我们却可以感觉到的真实事物。单凭 "我们能感觉自己是一个 '我'" 这样的观察，难道不足以确定 "我" 的存在吗？社会学家尼克拉斯·卢曼（Niklas Luhmann）曾写道："人是个体，就因为他如此认定，这就够了。"

我是谁？

我们大概也可以用相同的句子来说明"我"吧。

"我并不是一个不变的、特定的、清楚界定的单位。"马赫这句话说得没错。除非，我们在脑部中发现一个单位、一个界限，或一个像某些脑部学者所说的"框架"。不过我们的感觉不太可能"独自在世界里散步"。"我"像是一个颇为专注留神的幼儿园老师，大部分时间都在我们身边观察，一起感受并且谨慎待命。人类没有核心，也没有一个可以绝对抓住的"真实的自己"。真正要想除魅的话，其实应该是找到一个名为"我"的装置，拿到哲学家的面前说：你看，就是它！不过，就像我说过的，这样的想法也未免太简单了。而我们所拥有的却是一个独特的、多面向的、多重观察点的我。脑部研究并不是证明没有"我"的存在，而是证明说，我们所感觉到的"我"是脑部中一个非常复杂的历程，而且我们仍然有一切理由为它感到赞叹。脑部研究领域距离"我的状态"的全面探究还有很长的路；更精确地说，还有数十年之遥，而且还不能保证最后一定会成功。如果把对简单情绪的观察比喻为脑部研究的"登陆月球"，那么这趟通达"我"的旅行至少是载客飞向木星。到目前为止，还没人能想象我们在这趟旅行中会遭遇到什么……

第6章

斯巴克先生恋爱了： 何谓感觉？

公元 2267 年，恒星时间 3417.3。星舰企业号正在前往执行一项新任务的途中。米拉星三号殖民地（Omicron Ceti Ⅲ）的情况危急。来自宇宙的一道强烈的贝尔托射线将这个星球上的动物毁灭殆尽，而企业号的任务就是寻找当地殖民者的下落。然而他们的希望非常渺茫，因为米拉星三号殖民地暴露在贝尔托射线下已有三年的时间了，不可能还会有幸存者。然而当寇克舰长带着一个登陆小组来到这个星球时，却惊奇地发现，所有的殖民者不但都还活着，而且健康状态极佳：一种神秘植物的孢子让这群人免于射线的伤害。问题是这些殖民者不仅抵抗力提高了，甚至连他们的价值观也在孢子的作用下发生了变化。只要是吸入孢子的人，都会突然变得无比温和，并且希望能永远留在这个星球上。在这银河的香格里拉中，连原本感情冷漠的瓦肯人斯巴克也发生了变化。"感觉"在他原本只能

我是谁?

理性思考的脑中接管了主导权。斯巴克爱上了当地一个年轻女子:于是这个无可救药的理性主义者变成了一个无可救药的浪漫主义者。所有企业号舰员最后都屈服于自己的情感,只剩下寇克舰长独自与神秘植物所释放的情感吸引力奋战着。眼见下一个任务正等着他们去执行,舰员们却不愿意回到岗位上。就在此时,寇克发现了一个中和孢子效应的方法:提高肾上腺素。他找个借口诱骗斯巴克回到舰上,并费了一番力气将这个瓦肯人激怒。随着肾上腺素升高,斯巴克渐渐回到了现实的理性状态,接着他与寇克共同想出了一个对抗孢子效应的办法:他们传送强烈声波到星球上,这种声波让还在那里玩乐游荡的企业号舰员发怒。这个方法奏效了,所有人都被治愈并恢复清醒,可以再度翱翔于宇宙之中。

这个小故事出自电视剧《星际迷航》第一季,拍摄时间为1967年。但直到1988年,这部电视剧才在德国的电视台播放:原本饶富哲学意味的英文片名"天堂的此岸"(This side of paradise)被翻译成了"假的天堂"。然而,哲学家参与其中的不仅是片名而已。首先,斯巴克先生即代表了一个理想,一个自笛卡儿以来的理性使徒最爱的形象,因为斯宾诺莎(Baruch Spinoza)、莱布尼兹(Gottfried Wilhelm Leibniz)、贝克莱(George Berkeley)、康德或费希特(Johann Gottlieb Fichte)等哲学家所想象(或至少希望）的人类，正是像这位情感冷漠的瓦肯人一样。此外，这个终于让人类摆脱理想幻境的故事本身也是个很好的启发教材：告诉我们不要受制于感觉、令人目眩的和平假象、爱情与快乐，因为这一切都只会蒙蔽我们！在真实的人生中，每个人都应该理性地坚守岗位，完成其任务和义务！

当我们观察得更仔细点，却又会开始怀疑。斯巴克先生这个人物的可信度究竟有多高？相对于地球人，瓦肯人不会表露他们的感觉，而他们也不会受感觉控制。但是至少感觉的"设备"无疑是存在的。如果斯巴克受到孢子影响而能够去爱，那么他必须具备所有能够爱的先决条件，否则它们也不会被促动。而我们在这整套影集中也都能看到：斯巴克不断表现他的感觉。他最主要的感觉状态是个显明的责任感。这位瓦肯人忠实、乐于助人，为了能够权衡矛盾的状况，他必须知道在不确定时什么是更"有价值"的。他必须权衡人命和风险、命令和命运。所有这些思考的发生都以价值为基础，而道德价值永远都不可能是无关感受的（我们在后面章节还会探讨）。换句话说：斯巴克的表情和肢体动作或许有些古怪，但是他却和你我没什么两样。虽然他原本是被塑造成没有感觉的，但最终仍证明了：一个有人性或是接近人类的生物却又没有感觉，那是无法想象的。

理由非常简单：感性和知性并不相互对立。它们的关系不是彼此抗衡，而是在我们的行为里并肩合作；它们是心灵工作的伙伴，有时候很忠实，有时候争吵得不可开交，但是它们永远是焦不离孟。在某种情况下，感性或许还可以不需要太多的知性，但是知性如果没有了感性，就有麻烦了，因为只有感性才能告诉思想该往哪里走。缺少了情绪的推动力，也就不会有思想的活动，而没有了承担义务的感觉，便不会存在策略性思考的斯巴克先生。

感性是把我们凝聚在一起的接着剂，可以说是不可或缺的。而它们也并不像许多哲学家所想或所说的那样有害、烦扰、蒙昧或迷惑本性。当然，感觉有可能会让人受不了：太强烈的感觉会对思考造成些微阻碍。比如当我觉得被猛烈抨击时，当下经常想不出好的论点反驳，等到平静时想起来，却已于事无补；或当我在学校含情脉脉地看着心爱的女孩时，整个脑袋里只装满她，就连一个拉丁文单词也塞不进去了。不过即使我们常常希望感觉能远离，人生若是缺少了感觉还真将会是场灾难呢。我们宁可被喜悦"占据"、被愤怒"掳获"或被醋意"鼓动"，也不愿放弃品尝这些我们生命里的灵药。因为如果没有了情绪，我们就会变得笨拙。没有感觉的人类会是个可怜至极的生物，他们会完全没有行为能力，也全然不知道应该想些什么。他们的神经元将失去发动机和汽油。因为就连"要变得完全理性、不再听从感觉"的这个决定，也是一个感性的决定。思想永远都是带着情绪色彩的，因此我们才有好玩的点子、抑郁的想象、沮丧的认知、惊人的想法、浪漫的念头和冷静的思路。

但是，感性是什么呢？它们从何而来，又通往何处？它们当下正在做些什么？自古以来哲学家们都在思考着这些问题，虽然他们也都必须承认：感性并非他们最爱的主题。因为感性实在太难用思考的方式来理解了，而许多哲学家喜欢遵循的原则就是：只有他们能用渔网网住的才是鱼。而那些掉落在思维滤网之外的，不是完全不予讨论，就是遭到鄙视。

尽管如此，古希腊人和古罗马人却早已勇敢面对并探究感性了。他们用来代表感性的词是"pathos"和"passio"，在意义上大约等同于"激情"，因为感性的确也会带来痛苦①。"情绪"（Emotion）这个词听起来较为中性，但是它源自拉丁文"movere"，意为"推动、挪动"，也指出感觉是可以"推动"人的。"感觉"（Gefühl）这个德文词直到 17 世纪才出现，而且是从法文的"sentiment"翻译而来的。在这里，复杂的感受和单纯的刺激大多被清楚区分为"sentiment"和"sensation"。

---

① 德文中 Leidenschaft（热情、激情）一词可拆解为 Leiden（痛苦）和 schaf（f）t（创造、产生），即"创造痛苦"。

我是谁？

因此，感觉首先是身体的激动。身体的激动是很重要的，因为情绪（例如恐惧感）在危急时刻甚至可以让我们活命。逃离危险的本能反射，在一般灵长类的生活中是不可或缺的，而它们也经历了时间的考验。在种系发生学上，不论是原始或是派生的情绪，都有个共同点：它们都有助于保命以及适应环境与其他同伴。我们试着想象一个缺少了某种基本感觉的人：一个不会感到恐惧的人很可能活不长；一个不会感到恶心的人可能容易中毒或染病；一个对任何事物没有好感的人将于群体中孤立；一个没有同情心的人则会引起他人的猜忌和怀疑。

因此，热情、本能、直觉和冲动都具有重要的生物学意义。它们都有让个人存活以及凝聚团体的作用。不管是饥饿、睡眠和保暖的需求、逃遁、攻击或是性爱，在所有重要的感觉上总是只与两件事有关：我肯定是在追求什么，否则便是在逃避什么。而这并不仅限于外在事物。情绪一方面让我能对外界的刺激做出适当的反应，另一方面也能使我调节内心的状态。如果感觉过于激烈地朝着一个方向摆荡，那么几乎总是会有一个反作用来让感觉的状态重新得到平衡。大概没有人能够整整一个星期从早到晚都处于生气或是兴奋的状态；而即使是最沉重的悲伤和最痛苦的失恋，在经过了几个月后，也不会完全像第一天那样严重了。

对许多人来说，"感觉"之所以讨厌或麻烦，是因为它们很难加以关闭或启动。例如有些被讥为感情冷淡的人总希望自己能更随性，更热情些；而很多情绪容易激动的人也希望自己能酷一点，沉着一点。要控制感觉并不容易；相反的，是感觉在控制着我们。更确切地说，感觉不只是在控制我们而已。就像我们并不是把脑部作为一个媒介来思考；我们本身就是一个脑部的状态；在某种意义上，我们就是我们的感觉。然而问题是，在什么意义上呢？

哲学家们对这个问题几乎可说束手无策。难怪近几年来主要是脑部研究领域在关心这个主题，因为自从我们能透过核磁共振以及电脑断层成像观察脑部的活动状态后，情绪便成了神经生物学家争相研究的对象。而他们已习惯区分情绪和感觉，就像法国人提到"sensation"和"sentiment"一样。脑部学者对于情绪的理解，是化学和神经元反应两者复杂的交互作用。这些情绪有特定的模式，而且在人类和动物身上看起来极为相似。情绪是颇为刻板而自动化的过程；感觉则复杂得多，因为总会有部分的意识参与其中。例如我们可以隐藏感觉，试着不让别人看出来，但这在情绪方面却很难做到，因为我没有控制它们的影响力。感觉是情绪和表象的特殊混合物，含有非常个人的成分，可说是产生于内心私密的空间里。壁虎、鹊鸟和蝙蝠虽然和我们一样有饥饿感和逃离危险的本能反射，却八成不会有我们的失恋、思乡情怀和忧郁。

19 世纪下半叶，在时间上比脑部学者的研究要早得多，当时新兴的心理学便已开始关心并有系统地研究这些被哲学家们严重忽略的"感觉"。而当时心理学做了一般心理学家们很喜欢做的事：列出目录！关键点在于：有哪些情绪存在？它们一共有多少种？因为无疑地，情绪有一套固定的内容，一组基本的戏码，而且那是全世界不同文化的人类共有的。这些情绪出奇地少，因为我们几乎无法再发展或发明出新的情绪来。

即使如此，心理学家们还是无法达成共识。威廉·冯特（Wilhelm Wundt）于 19 世纪 20 世纪之交找出了三个核心的对立组：快感和不快感（Lust-Unlust）、激动和抑制（Erregung-Hemmung）、紧张和松弛（Spannung-Lösung）。不过问题是，这些对立组难道不是经常彼此发生交互作用吗？快感和激动两者总是能被区分开来吗？于是后继的心理学家便发展出"基本情绪"的列表来取代对立组。20 年代出现了一个 12 种情绪表：快乐、悲伤、愤怒、恐惧、厌恶、感谢、羞耻、爱、骄傲、同情、憎恨、惊吓。在过去几年里，美国旧金山加州大学的人类学暨心理学家保罗·艾克曼（Paul Ekman）倡言有 15 种情绪。他加上了轻蔑、满意、轻松、罪恶感，并且认为"悲伤"过于复杂而剔除之。这个游戏可以用不同方式继续玩下去，但是我们或许不必太认真，因为所有这些情绪都受限于语言的翻译。并不是每种语言都有完全相同的意思，例如中国人或东非马赛人很可能会有不同内容的列表，虽然他们和艾克曼先生受制于相同的基本情绪。

脑部学者在说明和描写情绪与感觉时，也会有这种翻译上的问题。对他们比较容易的方式，是找出引起我们情绪的化学物质。而在此特别重要的是负责传送的物质，也就是将信息从一个神经细胞传递到另一个神经细胞所谓的"神经传输器"。在情绪方面则是引起激动的传输器，主要是乙酰胆碱、多巴胺、血清素和去甲肾上腺素。

这些传导物质都有惊人的能力，其中有些能力甚至尚未完全研究出来。乙酰胆碱的角色类似传输器中的运动员或教练。它在神经和肌肉之间传输刺激，也能够刺激汗腺作用。不过它还有更多的功能，因为它显然也参与了学习的过程，并因此与阿兹海默症有直接的关联：患者的乙酰胆碱值严重降低；多巴胺是个煽动者和鼓励者，它在血液供给上扮演重要的角色，另外还能调节荷尔蒙。血压过低的状况可透过提供多巴胺来改善。至于荷尔蒙方面，它与精神病和其他障碍也有密切的关系，一般认为精神分裂症是过高的多巴胺值造成的；血清素是一个外交家和调解员，它能帮助血液循环和调节血压，在肺脏和肾脏使血管紧缩，在骨骼肌肉中则能使血管扩张。此外，它还能调节睡眠和

我是谁？

苏醒的周期以及平衡压力的状况。血清素若是出现不规律的情况，则会产生好与坏的结果。比如人们大致相信在恋爱中的人身上能测出较高的血清素值，因为它会提供幸福和满足感。然而，血清素若是出了问题却又可能导致偏头痛。去甲肾上腺素是个赛车手和加速器。它主要作用于动脉，和多巴胺一样能够提高血压。它在重症治疗上被用来处理休克状况，并于麻痹性中毒时加速血液的流动。

上述四种传导物质都经常可以在边缘系统中发现，虽然它们的作用并不仅限于此。边缘系统的三个主要组成部分——中脑导水管周围灰质、下视丘和杏仁体，是负责天生情绪状态和行为方式的中心。举例来说，中脑导水管周围灰质控制我们的性行为、攻击、防御和饥饿感，而它显然是唯一主司因疼痛引起的喊叫、呻吟和哀号的单位。下视丘也负责饮食的摄取、性行为、攻击和防御。此外它还参与睡眠和苏醒的周期以及循环系统的调节。关于我们的性生活特别有趣的是，下视丘的一个核心——内侧视前核，在男性身上比女性更显著，这是两性在脑部解剖学上少许的明显差异之一；而它在攻击行为和性行为上都扮演重要的角色，而这两者也在这里紧密地结合在一起。杏仁体虽然很微小，但是对我们感觉的重要性却难以想象。目前它是大部分脑部学者最喜欢研究的对象，因为尽管已经进行过多方面的研究，它仍然颇为神秘。高浓度的去甲肾上腺素和血清素集中于杏仁体，但是特别高的是乙酰胆碱的浓度。在杏仁体中隐藏着脑部的害怕和恐惧中心。我们也已知杏仁体在学习过程中有其重要性，特别是在情绪学习的方式上，因为情绪是有学习能力的，例如第一次让我感到惊讶的事，到了第十次就不会再令我惊讶了。

我们的感觉、思想和行为都借助于化学的信号物质产生，因为所有感觉和刺激的品质都受限于神经化学的条件且由其控制。如果斯巴克先生在米拉星三号殖民地，是因为肾上腺素的释放让他脱离脑内啡和血清素造成的幻境，那么这样的解释可说是非常合理的。前提是他必须和每个正常人一样，都具备相同的神经化学的基本配备。若是如此，那么这个配备也必然和他更高的脑部功能，也就是他的思想相联结，除非瓦肯人具有封锁多巴胺和去甲肾上腺素的能力。不过这个可能性并不大，因为那将顺带使得斯巴克等人变得憔悴、慵懒和漫无目标。

关于情绪和感觉的解释到此就足够了吗？答案应该是否定的。只有想法天真的脑部学者才会在此刻就靠着椅背松口气说：没错，就是这样了！因为到目前为止，我们其实只解释了感觉的"语法"，而这个语言的声调和其意义的丰富性都还没有解释。虽然具有推动力的多巴胺分子、具有平衡力的血清素分子（斯巴克分子）以及具有激动力的去甲肾上腺素分子都是不可或缺的，但是它们却不会自己启动而作用。它们像是被从一个神经细胞派遣到另一个神经细胞，从一个脑部中心派遣到另一个脑部中心的大使一样，在到达了指定的地点后，便引发特定的反应，也就是延缓、加速、激励或阻挠。简而言之：这些传导器虽然在其中传递着意义，并且在到达目的地时引发出意义，但是它们自己并不会进行思考。

然而，一个完整的感觉却是由复杂的"多声部"共同作用产生的。参与其中的有特定的脑部区域或中心、神经细胞的发送和回复特性、传导器，以及其他脑部结构复杂的联结模式，当然还有透过感官影响该系统的一切环境刺激。为什么有的音乐让一个人感到舒服，另一个人觉得是噪声呢？为什么有些人喜欢牡蛎的味道，有些人却觉得恶心？而我们又为什么会在某些时刻对我们所爱的人产生恨意呢？从化学的角度上，感觉是容易解释的，然而要探究它的形成、出现和消失却又十分困难。有时候，不少脑部学者会希望事情能够容易些，也就是变得更"瓦肯人"些。这类学者的主要代表人物就是企业号成员中的皮勒博士（Dr. Pille）。当斯巴克受到孢子影响而以充满感情的语调和态度对着通信器说话时，皮勒的反应十分惊奇：

皮勒：这听起来完全不像是斯巴克。

寇克：你不是说过，你宁可他多点人性吗？

皮勒：我从来没这么说过！

如果说，将我们凝聚在一起的接着剂真的不是像瓦肯人那样的理性，而是由感觉所组成的，那么感觉不就决定了我们的本质吗？管理我们的，难道不是意识，而是潜意识吗？而潜意识又究竟是什么呢？

第 7 章

不是自家的主人：
我的潜意识是什么？

　　他是个难以亲近的人，他吸食可卡因、冷落孩子、严重鄙视女性、无法忍受信众们所提出的批评，而他的科学研究后来都被证明为不符科学。尽管如此，他仍是个重要的人物，也是史上最具影响力的思想家之一。

　　弗洛伊德（Sigismund Schlomo Freud）于 1856 年出生于波西米亚的弗莱堡（Freiberg）——位于当时的奥地利，也就是今天的捷克境内。他的父亲是一名犹太毛织品商人，在他出生不久后就宣告破产。由于家中有 8 个孩子，因此弗洛伊德的成长环境非常穷困。这家人先是迁往莱比锡，不久后又搬到维也纳。身为长子的弗洛伊德是母亲最疼爱的孩子，而他在学校里也非常出色，以优异成绩通过高中毕业会考。1873 年秋天，他在维也纳大学医学系注册入学。他曾在那里进行过河鳗睾丸的研究，后来又念了同一所大学的生理系，并在 1881 年以论文《低等鱼类的脊髓》（*Über dasRückenmark niederer Fischarten*）取得医学博士学位。然而他却因为经济窘困而无法继续留在大学。带着失望的心情，他在维也纳综合医院谋得一职，并在那里工作了三年。他在一位著名的脑部解剖医师西奥多·梅涅特（Theodor Meynert）身边担任助理医师，并继续研究鱼类，特别是七鳃鳗的脑部。在这段时间里，他也拿可卡因在自己身上进行各种试验；他认为可卡因能用来治疗歇斯底里症。这位科学界中好胜心强的后起之秀一心想着要功成名就。虽然先后发表了五篇关于可卡因的论文，却仍无法如愿以偿。就连尝试用可卡因来医治一名染有吗啡毒瘾的友人也终告失败；改名为西格蒙德（Sigmund）的弗洛伊德后来在著作中有意隐瞒了这件事。1885 年，他满怀自信地迁往巴黎去开始一段研究之旅。他在一封信中写道："噢，这将多么美好啊！我会顶着巨大耀眼的光环回到维也纳，并治愈所有到目前为止无法医治的精神疾病。"弗洛伊德在巴黎遇见精神医学的翘楚，人称"歇斯底里患者的拿破仑"的让-马利·夏尔科（Jean-Marie Charcot）。他为弗洛伊德开了眼界，让他知道许多精神障碍是心理而非生理因素，并向他介绍了催眠术和心理暗示术。弗洛伊德回国之后便在维也纳的议会路（Rathausgasse）以精神科医师的身份执业，同时也在"第一公立儿童疾病中心"担任精神科主任医师。他与出身于犹太教经师和学者家庭的玛莎·伯内斯(Martha Bernays)结婚,生了六个孩子。然而弗洛伊德却完全不是个热情、慈爱的父亲,在孩子面前显得难以亲近。19世纪90年代初期,35岁的弗洛伊德再次深入研究脑部解剖。他写了一篇关于脑部疾病引起语言障碍的文章,并发现脑部研究可解决许多精神谜团的巨大前景。然而他的那本尝试借助卡哈尔全新神经元理论来解释"精神器官"的《科学心理学大纲》(*Entwurf einer Psychologie*,1895),却始终留在抽屉里没有发表。

对弗洛伊德想治疗精神疾病和解决精神障碍的远大抱负来说,脑部研究的成熟度还差得很远。卡哈尔对脑部神经细胞的功能及其交互作用的新理解都过于抽象笼统。卡哈尔为了探究"理性心理学",在马德里把尸体的脑部放到解剖台上;身处维也纳的弗洛伊德却选择了另一个做法:他开始让研究对象活生生地躺在长沙发椅上,对他们的脑部进行研究;他创立了一门新的科学:精神分析。1889年,他来到南锡(Nancy)拜访了伯恩海姆(Hippolyte Bernheim);当时伯恩海姆正在进行所谓"后催眠暗示"的尝试。弗洛伊德得出一个结论,那就是必定存在一个为人类大部分行为负责的无意识。

"无意识"并不是一个崭新的概念。早在1869年,当时还很年轻的哲学家爱德华·冯·哈特曼(Eduard von

Hartmann）就写出了《无意识的哲学》（*Philosophie desUnbewussten*）这本深受叔本华启发却颇不成熟的著作（见《我可以要我所想要的吗？》）。这本书在当时极为畅销，书中汇聚了19世纪中期以来唯物主义哲学家对康德、费希特和黑格尔的理性主义哲学的种种不满。而立场相近且同样批评这些对手的尼采，更因此而火冒三丈，主要是因为洞察力远不及他的哈特曼竟然比他成功。不过，"无意识"也不是哈特曼发明的。歌德（Johann Wolfgang Goethe）的一个朋友，也是医师和脑部学者的卡鲁斯（Carl Gustav Carus）于1846年就在他的《心理：关于精神的发展史》（*Psyche. Zur Entwicklungsgeschichte der Seele*）里提到了"无意识"（Unbewusste）以及"无意识所在"（Unbewusstsein），作为精神活动最初的区域。

弗洛伊德和前人的不同之处，在于他以非常严肃的态度尝试对"无意识"进行系统性的研究。他对于无意识在脑部所在的位置有个大致的想法：位于端脑的下皮质中心和脑干内。至少他的老师梅涅特在脑部的解剖上已经达到了这一层。不过19世纪90年代还是无法利用脑部研究的技术解开无意识之谜。1891年，人在维也纳的弗洛伊德搬到了贝尔格巷19号（Berggasse 19），也就是他自此工作和居住了47年的地方。他第一次谈到"精神分析"是在1896年，这是他沿用自医师友人约瑟夫·

布罗伊尔（Josef Breuer）在"细微询问程序"（subtiles Ausforschungsverfahren）中所使用的概念。布罗伊尔曾鼓励他的一名心灵受创的病人贝莎·帕本海姆（Bertha Pappenheim）说出她在精神上遭受的伤害。从此弗洛伊德也开始探索病人（主要对象为女性）遭受性暴力的经验，采用的方法是引导她们说话。至于在男人身上，他则诊断出在孩童时期会对母亲产生性需求，即他所称的"俄狄浦斯情结"。他在后来以此和其他主张为基础建立了一个经常被他自己修改的"本能理论"（Trieblehre）。这套理论引起强烈争议，而它的概括性描述在今天看来也已站不住脚了。1899 年至 1905 年间，弗洛伊德写了四本关于"无意识的力量"的著作，这四本书奠定了他的名声。它们的内容分别是关于梦、日常生活中的失误行为、笑话和性。1902 年弗洛伊德成为维也纳大学的特殊荣誉教授，并成立"心理学周三学会"（Psychologische Mittwochs-Gesellschaft），也就是"维也纳精神分析协会"（Wiener Psychoanalytische Vereinigung）的前身。

虽然弗洛伊德的著作大部分都备受争议，科学界也吝于给予肯定，他却有着惊人的自信。1917 年，他把自己在"揭开无意识之谜"中取得的成就与哥白尼和达尔文的理论并列，他认为他们三个人都贬低了人类：哥白尼把地球从世界的中心位置推到了边缘；达尔文把人类的天性由原本的"上帝所造"改为"从猿猴演变而来"；而弗洛伊德自己则让人类知道，人类并不是"自己家里的主人"，因为无意识的支配权比意识要大得多。他确定人类所做的决定中约有90%是由无意识驱使的。

为了解释无意识是如何控制意识的，弗洛伊德于1923年发展出了一套"三部分心理"的想法。根据这套想法，人类的精神活动乃是由三个主管单位所决定的：本我（Es）、自我（Ich）和超我（Über-Ich）。弗洛伊德将此三分法视为自己的成就，但其实尼采就曾经使用过这三个概念来说明类似的功能。本我形同无意识，是人类心理的本能元素。饥饿、性欲、妒忌、仇恨、信任和爱等决定了本我。与本我对立的是超我，它代表的是人类经由教育习得的规范、理想、角色、楷模和世界观。自我夹在两者之间，其实是个被强大对手蹂躏的可怜虫。它臣服于本我、超我和社会环境三个主人，并试着调停三者之间的冲突。然而自我颇为软弱；一般来说，不接受自我控制的本我能够胜出，因为它能摆脱掉意识；无意识的本能以及幼童时期的影响和塑造是无法窥探的，因此也无法轻易加以整理。

相对来说，弗洛伊德这套模式发展得较晚，而且也并没有作为往后著作的基础。不过他有个绝对坚持的观点：人类行为的主要动机来自一种无意识的矛盾，存在于

我是谁？

"本能冲动"以及远远无法与之抗衡的"理智"两者之间的矛盾。他不仅将这个观察应用在个人身上，还普遍运用到人类社会的本能动力（Triebdynamik）上。

弗洛伊德接下来关于文化评论的著作，大多是在身体承受着极大的病痛下完成的。他可以说是 20 世纪 20 年代的国际巨星，但是严重的下颚癌却让他饱受煎熬并严重限制了他的行动。纳粹掌权后，弗洛伊德的著作开始遭到禁止和焚烧。1938 年 3 月，德军进入奥地利，迫使他流亡至伦敦。他的五个妹妹中有四个留在维也纳，并遭到纳粹逮捕，被谋杀于集中营内。1939 年 9 月 23 日，病入膏肓的弗洛伊德在伦敦最终以高剂量的吗啡结束了自己的生命。

他的理论给我们留下些什么呢？弗洛伊德的最大贡献，首先是他在检视人的时候，将焦点放在感觉、心理冲突和无意识的意义上面。虽然精神分析已经分裂出许多不同的思想和学派，而且它们与弗洛伊德的理论时而相近时而偏离，但是他那沿用自布罗伊尔并经过自己改良的治疗形式，至今仍是世界通用的方法。至于在研究人类心理的科学成就方面，他也的确常有敏锐的直觉，不过也仅止于此而已。他在病人的心理世界中游历，如同一位没有船只可供航行的绘图员，无法亲眼看见并测量人们所描述的大陆。而这也导致了他的傲慢，因为从来没有人用他的方法达到如他一般的成就。那块大陆就是"无意识"，而他就是领航员。然而弗洛伊德其实很清楚自己的时日不多，那曾经因为无法帮助他而被他扬弃的脑部研究已扬起风帆，就快要超越他了。现在的问题只是：那些他在地图上绘记的轮廓、河川、山脉和岛屿，究竟还有多少能够留下？他在一本关于享乐主义的书中，出乎意料地以自我批判的态度写道：当然最终也只有生物学才能以新的惊人发现（即便这些发现"可能会导致我们整个由假设构成的人工殿堂崩溃瓦解"）来解开精神之谜。

精神分析并不是一门科学，而是一种方法。它的推测无法以科学来检验。因此，即使在弗洛伊德去世 30 年后，精神医学和精神分析仍然水火不容。当时精神分析正值鼎盛期，而脑部研究也正处在电生理学的高峰期，将所有精神活动都以微米（Mikrometer）和毫伏（Millivolt）表示，这在弗洛伊德的门徒和儿孙眼里，就像一个神经生物学家来看自然科学眼中天真的"咖啡渣精神分析占卜术"一样荒谬。直到今天，在脑部研究全面获胜之后，有些脑部学者才敢重新肯定弗洛伊德的成就。

弗洛伊德在当时只能够推想的，其实对于脑部研究来说已经是很清楚的事了：我们检视一下脑部，就可以看到负责意识的脑部区域。它就如我曾提到过的，位于联合皮质内。有些区域，也就是脑干、小脑、丘脑以及端脑的下皮质中心，则负责产生和储存无意识过程。这么说来，意识和无意识在解剖上是相当容易分开的。虽然如此，脑部研究还是有很长的时间在无意识的研究上绕了很远的路。因为对神经生物学来说，无意识是难以描述和掌握的。无意识的过程经常发生得非常快，而它们是（弗洛伊德也知道）无法透过语言来传达的，因为人不会意识到它们。因此只好让心理治疗师从病人所报告的字句里听出它们并解开无意识之谜，或者把病人送入电脑断层仪，去观察负责无意识的脑部区域在面对特定问题或测试的时候会引起什么反应。

不过，虽然指出负责无意识的脑部区域是如此容易而清楚，无意识本身的特性却也可以是很不一样的。比如说，无意识是一些我们经历到却没有注意到的活动。在我们的感知里充满了我们完全没意识到的印象。因为我们的注意力只能集中于真正看到、听到和感觉到的极小部分，而剩下的便进入潜意识。其中有些会被偷偷储存起来，有些则不会，而这并非我们所能控制的。我们会针对眼前的任务、目标和需求去感知。例如，一个饥饿的人比较会注意到一切与食物或餐厅有关的事物；而同一个人，如果他是个对风景名胜感兴趣的游客，他对城市的感知会和一个正在找工作的他完全不同。人对于某件事的专注力越集中，就越不会注意到其他的事；这样的问题我们经常在意外状况中看到。当某人在路上撞到交通信号牌时，他显然没有看到它；而卷入交通事故的人声称自己没注意到其他车辆的情况更是屡见不鲜。

我们的注意力若是集中在某个事物上，我们的脑部往往完全不会顾及其他东西，就算这些东西可能非常愚蠢，愚蠢到其实我们应该注意到才对。关于这样的情况，伊利诺伊大学香槟校区的心理学家丹尼尔·西蒙斯（Daniel Simons）和哈佛大学的克里斯托弗·查布里斯（Christopher Chabris）所拍摄的影片，著名的《大猩猩服装实验》，就是个很好的例子。影片中有两队人面对面地玩球。一队穿着白色衣服，另一队穿着黑色衣服。两队各有一个球，都传球给自己的队友，传球的时候总是让球先落地然后弹起。这时安排一个人数不少的测试组来观看这段影片，他们的任务是计算白队的球一共落地弹起了多少次。大部分受测者都能毫无问题地完成任务，说出正确的次数。然而测试员还想知道别的，也就是观众们是否注意到了任何不寻常的东西。一半以上的受测者均给予否定的答案。直到他们第二次再看影片且不去专心计算时，才惊讶地发现影片中有一个穿着大猩猩服装的女人拖着脚步穿过画面，停在画面中央学猩猩捶胸。而大多数观众由于太过专注于"计算次数"这件事上，竟完全没注意到这只"大猩猩"！心理学家以同样的实验要求另一组受测者计

我是谁?

算黑队的球落地数,结果也有 1/3 的人没注意到"大猩猩"。这名乔装的女人之所以较能吸引黑队观众的目光,是因为大猩猩的服装也是黑色的。这段影片是一个很明显的例子,说明我们的注意力如何对感知到的东西进行过滤,而且我们不会意识到这个"过滤"的工作能达到这般程度。我们的注意力像是一盏探照灯,只能照亮很小的范围,而其余的黑暗部分则进入无意识的领域。

我们大部分的无意识源自这种未被照明的感知。另一个重要部分则由我们在母体内以及 1~3 岁的经历所组成。在这段时间里,我们其实已经有了许多深刻的感知,但由于我们的联合皮质尚未成熟,因此无法储存这些经历并将它们作为有意识的经历来支配。我们人格的 2/3 左右是以这样的方式逐渐成熟的,而我们自己日后却不会记得,也无法想象当时确切的情况。

除了每天生活中无意识的感知以及幼儿时期深藏的无意识以外,还有一些其他的无意识,例如下意识的"自动行为"。我常常惊讶于自己能在烂醉的状态下走数公里路并安全到家,即使我后来怎么也想不起回家的路上究竟发生了什么事。而当我此刻正在打这行字时,我的手指又是如何在 1/10 秒的速度下找到键盘上的键的呢?如果有人盖上键盘要我标记,那么我大概连一个键也标记不出来。我的手指显然要比我还来得聪明呢!还有那些曾经历过却又遗忘的事物，虽然有很长一段时间完全不在我的意识当中，多年后却因为某个刺激信号而又再度想起。其中一个非常典型的例子就是气味；气味能够将一连串原以为遗忘的画面重新唤回到意识中。

无论如何，我们必须承认，弗洛伊德的理论整体来说是正确的：我们脑部里的大部分活动都在无意识下发生，而这个无意识对我们具有无比重要的影响。我们甚至可以说，无意识的感知是惯例，而有意识的感知（对我们来说当然特别重要）反而是例外。因为只有联合皮质参与工作的部分才能被我们意识到；而联合皮质却又偏偏必须依赖无意识的帮助。如同前一个章节所说的，感觉是把我们凝聚在一起的接着剂。没有了来自边缘系统的无意识的刺激，联合皮质也就完全没有接收、反思、权衡和表达的素材；它将如同一个高效能却因没有供电而无用武之地的机器。因此，无意识对我们意识的控制强过意识对无意识的控制。在我们个人的发展中，无意识产生在意识之前，而它对我们的塑造也比意识的渐渐觉醒要早得多。我们无意识的经历和能力的总和（也就是潜意识）是一股强大的力量，我们想对它产生影响是非常困难的。我们最常使用来接近潜意识的方法是借由外来的帮助，也就是心理治疗。

今日的脑部学者梦想着一个在神经科学上能够有稳固

我是谁？

根基的精神分析。1979 年，世界知名的记忆研究专家埃里克·坎德尔（Eric Kandel）陈述了这个很有挑战性的计划，目标是将两个学科结合起来。然而对于精神分析来说，坎德尔这个新科学的建议听起来像是一套苦行者的减肥疗法：不再进行推测，不再提出大胆的概念，也不再幻想以精神分析方式去治疗精神和身体疾病。相反的，他运用经验研究法、统计数据、严格的成果控制以及如核磁共振图的脑部扫描，根据个别脑部区域来审查心理治疗的成效。

以脑部研究的实验方法来对无意识进行探究，这个尝试才刚开始。无意识可说是哲学的一个养子，是于 19 世纪后半叶才被渐渐接受的，而今天却已经是通往人类科学的自我认知最重要的研究领域。在生物学上的认知理论中，人类是双重受限的：其一是受限于典型的感官能力以及灵长类脑部典型的极限（见第一章至第四章）；其二是由于意识与潜意识两者之间的界限。无意识构成了我们大部分的经验及我们的人格，但是想一探其中奥秘却困难重重。在我们进入本书的第二部分、探讨人类行为的问题之前，我们还有个观点必须先加以确定。这个观点到目前为止总是被大家默默视为理所当然：那就是记忆。我们的记忆是什么？它是如何运作的呢？

第8章

似曾相识：
何谓记忆？

其实他大可以舒服地靠着椅背，为自己的成就感到骄傲。可惜这并不是他的作风。这位气质优雅的男人穿着条纹西装挺着腰杆站在他的书房里，身上搭配着的宽吊带和鲜红蓝点领结，使他这位有点年纪的聪明男人看起来像一个音乐家，或是 20 世纪 50 年代百老汇极盛时期的节目主持人。但是埃里克·坎德尔其实并不是艺人，而是当今世界上最重要的记忆研究学者。

这个位于 13 楼的房间虽然很朴素，却不会让人觉得不舒适，也没有任何夸张之处。架上摆着一些因经常使用而显得陈旧的专业书籍，其中有一部是他那早已经磨损的大开本巨著《神经科学原理》（*Principles of Neural Science*），那是他的成名作。窗台上放着他家人和已过世的同事的相片。透过浅色的窗户玻璃，望出去是曼哈顿区的北部，下面是河滨大道的车水马龙，穿过由灰暗水泥屋、木板屋和

我是谁？

铁丝网构成的单调街景。七年前，坎德尔因为在记忆研究上的毕生贡献而获得了"诺贝尔生理学或医学奖"，他的成就充满了不可思议的启发性和新发现。他漫长工作生涯的后半段便是在这层楼里度过的。走廊左右两边塞满了东西的实验室看起来与世界各地的实验室没什么两样。然而，别被这不起眼的室内布置蒙骗了，哥伦比亚大学的霍华德·休斯医学研究中心（Howard Hughes Medical Center）是全球脑部研究重镇。而一手撑起这一切的这个人虽然已77岁，却不是个只沉溺于古怪想法的退休教授或冥顽的史前化石。相反，坎德尔仍然位居研究的主导地位，像个具有无上权力的君王一般，带领着大批勤快机灵的研究者。

世界究竟是由原子还是历史构成的，答案见仁见智。埃里克·理查德·坎德尔（Eric Richard Kandel）的历史开始于希特勒进军奥地利。1938 年 11 月 7 日这一天，过9 岁生日的小埃里克得到的生日礼物是一台蓝色的遥控汽车。他的父亲是维也纳的犹太玩具商，而能拥有这辆汽车让埃里克感到无比骄傲。两天后的晚上，房门外忽然传来巨大的捶打声：水晶之夜①；反犹太主义在维也纳爆发，情况比大德意志帝国的任何地方都要惨烈。埃里克的母亲

---

① 水晶之夜（Reichskristallnacht），又译为"碎玻璃之夜"。指发生于1938 年 11 月 9 日至 10 日凌晨，纳粹与党卫队袭击全德境内犹太人的事件。此事件被视为有组织的屠杀犹太人的开始。

和她的两个儿子必须离开住所，父亲被强行带走，受到审讯和羞辱，十天后才重新回到家人的怀抱。坎德尔一家人遭到纳粹政权的刁难和欺压长达一年之久，他们被洗劫、驱逐和没收财物，父亲失去了工作，埃里克也失去了所有的朋友。在维也纳以色列宗教团体的帮助下，这一家人活了下来。1939 年 4 月，两个儿子出境并抵达美国，父母也随后与他们会合。这些幸存的犹太人有个座右铭："永不忘记！"这个座右铭无时无刻不伴随着埃里克。他的父母在纽约落脚的过程十分艰难，而埃里克却很快就适应了新环境。他进入纽约弗来布什区（Flatbush）的正统犹太小学（传统的犹太精英学校），接着又进入位于布鲁克林区著名的伊拉斯谟斯霍尔高中（Erasmus Hall High school）。在从 1400 名申请者中只取两名的激烈竞争下，他获得其中一个以奖学金就读哈佛大学的机会。他在那里认识了出身自精神分析学世家的安娜·克里斯（Anna Kris）。他爱上了安娜，却更醉心于精神分析，并称之为"最迷人的科学"，"充满想象力、无远弗届而又有经验作为基础"的科学。坎德尔潜心阅读弗洛伊德的著作，并发现了那"唯一能理解心灵的基础"。为了成为精神分析师，他必须学习医学。他叹了一口气说，那真是"一门无聊得难以形容的学科"。1955 年的秋天，他坐在哥伦比亚大学哈利·格伦费斯特（Harry Grundfest）的会谈室里，向这位面露讶异表情的神经生理学家解释他未来的研究计划："我想要找出弗洛伊德所谓的本我、自我和超我于人类脑中所在的位置。"

　　回想起来，现在的他自己也笑了。他那三声单调、低沉、吸入式的笑声听起来不像是人类发出来的，反而像是犀鸟求偶时的诱叫声。他以一种混杂了维也纳的魅力、犹太人的幽默和美国式的漫不经心的迷人方式，讲述着自己如何从一个只会做梦的人转变成严肃认真的科学家。按照格伦费斯特的指示，坎德尔每次只能研究单一的脑细胞，而且所选择的动物必须具有简单的生物构造，这样才能进行清楚的实验。毕竟，弗洛伊德刚开始也是一名神经生物学家，并试着以神经元原理作为基础来发展他"精神设备"的理论。现在，坎德尔要冒险尝试弗洛伊德当年因知识不足而无法完成的事。在接下来的20年中，他与俗称海蛞蝓的"海兔"相处的时间超过了与他妻子相处的时间。当这名未来的脑部学者首次对一只淡水螯虾的神经细胞进行微电极测试时，就已经感到欣喜若狂了。直到今天我们仍然感受得到他当时的兴奋之情。他张开双臂，用洪亮而高亢的声音说："我听到了我那只螯虾深沉、隐蔽的思想！"不过，海蛞蝓在许多方面甚至比螯虾更为惊人。"它巨大、骄傲、迷人且聪明。"它是一种构造简单而清楚的动物，相较于人类的1000亿个神经细胞，它的

脑中只有两万个。这些细胞中有的是哺乳动物神经细胞的
50 倍大，甚至可用肉眼辨认出。坎德尔带着极大的热情，
一股脑儿地投入了工作。

他兴奋讲述着草创时期的种种刺激过程：有如"埃
里克"梦游仙境一般；那是一个没有什么比脑部研究更
让人兴奋的世界，就像对一块陌生的大陆进行测量与绘
图，或是像 17 世纪的天体物理学或文艺复兴时期的探险
旅行一样。在 20 世纪五六十年代，脑部研究可以说是到
一个几乎陌生的国度旅行。而从观察海蛞蝓的神经细胞到
能够解释人类的感觉、思想和行为的旅程，则似乎是遥不
可及。不过坎德尔却很乐观。他认为不管是海蛞蝓还是
人，细胞的构成物质在生物化学上可说是大致相同的。有
没有可能是：以学习和记忆为基础的细胞机制也在演化过
程中保存了下来，因此它们在所有生物身上都以类似的方
式作用着？坎德尔对海蛞蝓的尾部施以轻微电击，刺激鳃
的反射作用，并观察神经细胞的反应；他发现神经细胞会
发生变化。他也很快看出，有些海蛞蝓已熟悉的过程
（即短期记忆里的"学习经验"）会提高神经元突触的可
塑性：它们会膨胀延伸。他所写的首批关于海蛞蝓"学
习模拟行为"的论文让同事们都跌破了眼镜。他露出微
笑，就像一个兴奋的孩子知道自己的戏法成功了一样。
"那些哺乳动物沙文主义者不知道该怎么看这件事，他们

我是谁？

原本以为这样的尝试只能够发生在哺乳动物身上。"

坎德尔勇于尝试的这个领域，对记忆的探究，几乎大得看不到边际。到底什么是"记忆"和"回忆"呢？要解答这个问题并不容易。记忆难道不就像是我们的"身份"一样吗？若是没有了回忆，我们会是什么呢？我们不仅将没有了生平记录，更将没有生活，特别是有意识的生活。"理解"意味着把一件事跟另一件我们所知道的事联结起来，而我们只能"知道"被我们储存起来的事情。你要理解一个句子，一方面必须理解或重新认出每个字，另一方面得看出整个句子的**意指**（Bedeutung），也就是它的意义（Sinn）。而如果你记得以前读过的句子（不必每个字，但至少是它们主要的意思），将会有很大的帮助。我刻意把"意指"标为粗体，因为它说明了一件极为重要的事：我们（在一般的情况下）并不储存字词或句子于我们的脑部，而是储存像"对个人而言最重要的"东西，也就是事物对于我们个人的意义。不仅字词如此，其他一切事物也是这样。极少有人能光凭记忆就画出熟悉的脸孔，就算是天才艺术家也办不到。当我想到儿时挚爱的祖父时，眼前会出现他的画面，而且只有一些经过筛选的、感触很深的、短暂的片断景象。这些是印象，而不是很长的影片。当我试图回想我的房子时，眼前绝对不会同时浮现所有房间，而总是个别的房间或它们的局部。

我们该如何解释这些"曝光效果很差"的影片片断呢？信息是如何被转换成意义的？谁来决定该选择哪些信息呢？为什么我还知道小学时管理员的那只狗叫什么名字，却忘记在我和我太太认识的周年纪念日当天打电话给她呢？虽然我当然知道是哪一天，而且相对于我太太对我的重要性和意义，那条狗根本不值得一提。而我究竟又为什么偏偏会突然拿这条我在过去 32 年内从未想过的狗来作为例子呢？这样看来，回忆似乎是很难支配的。它就像灵光一现，我们无法随意控制它，甚至不能刻意忘掉它！能让某个画面从遗忘里释放出来且浮现在意识里的这个"记忆的不知名力量"是什么？我的记忆里有多少是有意识的，又有多少是无意识的呢？是谁或是什么东西在操控着这个开关，让"有意识的知道"进入"遗忘"的大箱子中？而又是谁偶尔会从里头拿出一两个东西来呢？例如，在睽违 12 年后，我再度在柏林地铁隧道里识别出那独一无二的气味，其实我并没有料到那个气味曾经引起我的注意，而且这么看来我还挺喜欢它的呢！我究竟是那个正在回忆的同一个人，抑或是记忆有个不受支配的"自己的生命"？我真的是记忆的主体吗？或者说，我其实更像是我自己记忆的客体？

我们的脑部储存的是意义，而不是像一个档案室或只读光盘（CD-ROM）储存的资料，这使得研究记忆的工作变得非常艰难。当然，所有记忆的历程总有一天会被脑部

我是谁？

研究以基因、化学和电生理学的角度描写出来，但是我们是否了解它们呢？就算我们知道某些分子的交互作用，关于"人类的记忆"，我们又知道些什么呢？看来，记忆研究造成的哲学家和心理学家的失业情况，还远不如感觉或无意识研究来得严重。

当我们在回忆某件事的时候，想到的是思考和感觉在脑中留下来的痕迹；而我们再一次思考或感觉它，差不多就像回到第一次的情况。唯一的例外是一小群所谓的"学者症候群患者"（Savants）。那是在某些领域有惊人记忆力的人，例如金·皮克（Kim Peek）。他是电影《雨人》（*Rainman*）中达斯汀·霍夫曼（Dustin Hoffman）饰演的那位罹患"学者症候群"的自闭症患者的原形。金住在盐湖城，能一字不漏地记住 12000 本书的内容，还能不假思索地说出任何一个日期是礼拜几。不过他付出的代价也很高。金五十多岁了，却还是和父亲同住，无法独立穿衣服，甚至不会煎荷包蛋或做三明治。有些记忆研究专家在这些"学者症候群患者"身上看到了一扇透视人类脑部的窗户。只可惜看到的依然是难解之谜。由于大部分"学者症候群患者"的某些脑部功能已经失效或退化了，因此它们补偿这些不足的方式就是另外选择别的转换电路，而这些转换电路有时能够表现出不可思议的效能。不过，为什么像斯蒂芬·威尔夏（Stephen Wiltshire）那样的"学者症候群患者"能够在飞行罗马上空 45 分钟后，光凭记忆就画下所有的房子和窗户？为什么他记得的不是意义（也就是"印象"），而是信息资料呢？对此科学界目前仍没有答案。

我们不是"学者症候群患者"，会忘记那么多经历过的事，当然也有好处。回忆能美化生活，但是只有"遗忘"才能让生活过得下去。问题是，回忆和遗忘究竟是如何发生的呢？现在的脑部学者将记忆区分成陈述性（明确表达的）记忆和非陈述性（隐藏的）记忆，完全符合意识和潜意识的区别。陈述性记忆有意识地将所经历过和思考过的召唤出来，而且我们可以谈论回忆起的内容。非陈述性记忆是我们在不注意或不知情的情况下储存的事物，比如柏林地铁的气味。这两种记忆类型都可以再往下分类，大致就像有许多不同的"自我"或是无意识的类型一样。陈述性记忆是由三种不同的成分组成的，即事件（或称情境）记忆、事实记忆和熟悉记忆。事件记忆伴随我们度过有意识的日常生活。我每天值得纪念的事、让我感动或关心的事，都会归到事件记忆。在所有记忆类型里，事件记忆最能决定我的自我理解以及自我认同。就像作家马克斯·弗里施（Max Frisch）所说的，我们"创造一个生平故事，然后将这个生平故事视为我们的一生"。

无法在我的人生电影中与我同为主角的，或者和其他

我是谁？

我觉得重要的人物同为配角的，都被归到事实记忆。我现在写下的关于记忆的内容，就是出自这个事实记忆，而且可能也正从书中进入读者您的事实记忆里。我的食谱、户头号码、定期搭乘的火车班次以及关于世界所知的一切都储存在这里。不过，这个记忆的运作也并不是没有先决条件的。为了能在我的生活里辨认出这些事物，我必须知道"自己知道它们"这件事。而这个任务便由"熟悉记忆"完成。"熟悉记忆"能告诉我自己对某件事物是否感到熟悉，而一般来说它并不需要很长的时间来审查。这个记忆显然是以轻松而自动的方式运作的：我知道我是否知晓某事，而极少有让我感到不确定的例外状况发生。"熟悉记忆"在其自动机制下的运作状况与非描述性记忆非常类似；非描述性记忆包括所有剩余的"直觉记忆"，而"意识"的重要性极微小，就像我前一章曾提到的在键盘上"熟知位置"的手指以及在回家的路上"熟知路径"的双脚，显然它们在记忆正确按键和正确路线方面表现出的能力出奇的好，而且并不需要工作速度变慢（或受酒精影响）的"意识"太多的协助。一个老练的驾车手能"自动"挂挡并"直觉地"分析交通状况；一名优秀的足球前锋于比赛时不必考虑太久，就能在半秒内决定该把球踢往何处，而守门员也能如"反射动作"般将手臂举起。以上都有我们潜意识的非描述性记忆参与其中。

然而，最神秘的问题中还包含记忆的第二个决定因素。因为记忆不仅根据我知道和不知道的事物来区分，它还根据重要和不重要来区分。我们从来不太可能察觉一个房间内的所有物品，但是只要有任何物品的状态异于往常，通常就会立刻被我们察觉。显然对我们来说，新的和不寻常的事物特别重要。而只有被视为够重要的，才会被刻意储存起来。但是，谁来决定这个重要性呢？显然这个重要性有个意识的或无意识的源头。也就是说，我们很难真的如前述的清楚划分描述性记忆和非描述性记忆。虽然脑部学者在结构划分上的看法一致，但这个结构却是理论性的。事实上，当我们更清楚地观察时会发现，所有这些简单的区分都非常含糊而空泛。严格地说，它们也根本不是源自脑部研究本身，而是从心理学来的。它的真理值和弗洛伊德的本我、自我和超我理论差不多。它们虽然都是实用且颇为合理的划分，却没有稳固的基础。理由很简单：脑中并不存在一个地方，一个设有名为"记忆"的硬盘的地方，可供我们书写，而且其个别的内存还能负责特定的功能。"短期记忆"的区域就像"长期记忆"的区域一样不存在，而描述性记忆和非描述性记忆也没有可目测的位置。在生理学的层面上，脑部学者几乎完全是在黑暗中摸索着。

然而，倘若记忆真的没有一个位置，那么坎德尔如何能研究海蛞蝓的"短期记忆"，并观察其突触在学习时膨胀

我是谁？

延伸的状况呢？答案是：坎德尔所研究的生化机制可以在许多不同的神经细胞上看到。我们只需要找出哪些神经元负责身体的什么功能，就能进行对应的实验。坎德尔最重要的成就是指出了"经验"在脑中留下的痕迹，也就是发生改变的突触。突触在形态上的可塑性使经验得以短暂储存起来。而事实上，所有动物的突触都依照其经验在有限的范围内不断被改造。当然，神经细胞无法学习所有的事情，因为它们的灵活度是有限的。坎德尔会成为诺贝尔奖的候选人，是因为他指出海蛞蝓的实验也可以应用在老鼠身上。20 世纪 80 年代，他发现了一种名为 CREB 的蛋白质①。脑部神经细胞中的 CREB 一旦被释放，突触之间联结的数量就会增加。坎德尔发现，突触在短期记忆上是更有效率的，而长期记忆的产生却不是经由突触内部品质的改善，而是透过 CREB 引起的突触之间联结数的增加。这个发现为坎德尔带来了关键性的突破，它是关于"长期记忆的形成"第一个具有讨论价值的理论。2000 年，他与瑞典人阿尔维德·卡尔森（Arvid Carlsson）以及美国人保罗·葛林加德（Paul Greengard）共同得奖。卡尔森的成就在于对帕金森氏症的认识和抑制提供了重要基础。葛林加德则发现了蛋白质如何作为传导物质来改变脑中的细胞反应，这

---

① CREB 中文译名为"环磷腺苷效应元件结合蛋白"。

对于坎德尔研究长期记忆的工作也正是个重要的基础。

坎德尔知道自己"只在长期记忆的表面"隔靴搔痒而已；虽然是第一人，却肯定不是最后完结之人；尚未解答的问题当然还有很多。他的实验着重于老鼠的海马体。海马体主要负责空间的方向感。当老鼠学习在迷宫里寻找正确的路时，海马体中会出现前述的 CREB 蛋白质释放过程。虽然我们也能在其他脑区里观察到相同的生化过程，但是就目前所知，它们与学习和记忆完全无关。CREB 在神经细胞内的历程在说明长期记忆的产生时虽然是个必要的解释，却显然不是充分的解释。如果我们把记忆拿来和较高等的数学系统做比较，那么脑部学者可以算是才刚开始试着了解什么是数字而已。

我们的脑部如何储存印象、区分重要和不重要的事物，以及区分所依据的理由等，这一切都仍是个谜。为了能完全有意识地回忆起某事，并独立将它从记忆的抽屉中拉出来，我显然必须能够用"语言"来记起这个经历。而这个经历虽然不需要像背诵出来的诗句般一字不漏，却必须是我们能够反省的；就我们所知，一种完全脱离语言的反省对人类的脑部来说是不可能的。但是如果我们所知的一切都和语言有关，那么语言这个出类拔萃的认知媒介究竟是什么呢？它是否给了我们一张进入真理的特别通行证？它能将世界的客观知识传达给我们吗？

第 9 章
玻璃瓶里的苍蝇：
何谓语言？

　　1914 年秋天，一名年轻的飞机工程师正坐在航行于维克塞尔河（Weichsel）的一艘巡逻艇中。奥匈帝国自 6 月起就陷入第一次世界大战。这个身处奥地利东部前线的工程师时年 25 岁，虽然是自愿入伍的，其实对战争并不感兴趣。他在杂志上发现了一篇比周遭一切都吸引他的文章，是关于巴黎法院对一起交通事故的判决。该起交通事故是一年前发生的，而在当时欧洲大城市里，复杂的汽车交通事故仍属罕见。为了还原确切过程，法院以若干模型重建意外现场：玩具房屋、一辆玩具货车、玩具人偶以及一台模型婴儿车。工程师觉得非常有趣，心想模型怎么能用来替代并描摹实际的情况呢？首先，这些模型必须精确符合真正的物体；其次，模型彼此间的相互关系必须与实物之间的确实关系完全吻合。然而，若是我们可以经由模型来描摹真实状况，难道就不能用思考或语言的"模型"

来描摹吗？他在日记里说："在每个句子里都有个世界被试验性地组合起来。"

如同笛卡儿在三十年战争初期推动了哲学新方向，这个飞机工程师也在第一次世界大战初期改变了哲学的方向。以前从未有人如此彻底思考语言的逻辑，而这个转折也使他成为 20 世纪最具影响力的哲学家。他就是路德维希·维特根斯坦（Ludwig Wittgenstein）。

维特根斯坦于 1889 年出生于维也纳，那个城市同样孕育出弗洛伊德、马赫、古斯塔夫·马勒（Gustav Mahler）和罗伯特·穆西尔（Robert Musil）。他的父亲卡尔（Karl Wittgenstein）是当时最重要的钢铁巨头，路德维希则是九个孩子里最小的一个，母亲是钢琴家。由商贾和音乐形成的混合体，让人不禁想到托马斯·曼（Thomas Mann）笔下的布登勃洛克家族（Buddenbrooks）。不过，和维特根斯坦一家九个孩子的命运相比，布登勃洛克家中的托马斯（Thomas）、克里斯提安（Christian）和托尼（Toni）几乎算是普通了；在维特根斯坦的家里，其中有一个儿子成了著名的钢琴家，却有三个孩子后来都选择了用自杀来结束生命。路德维希本身也具有明显极端的个性，时而感到不安和严重忧郁，时而又傲慢和自以为是。和家中所有孩子一样，路德维希在家由家庭教师授课，直到 14 岁才进入学校。和先前我们谈过的哲学家不同的是，他在学校的表现并不优异。他勉强通过高中毕业会考，到大学念工程技术学。维特根斯坦对技术和机械有着强烈的偏好，在当时并不算特别，因为那些工程师们正以汽车、飞机、升降梯、摩天楼和电话革新了人类生活，并宣告新时代的来临。

他于 1906 年到柏林夏洛腾堡（Berlin-Charlottenburg）的科技大学，那是世界顶尖的大学。1908 年他转到曼彻斯特（Manchester），以不很纯熟的技术负责飞机马达和螺旋推进器的工作。然而，令他特别着迷的其实是逻辑和数学。他到耶拿（Jena）去拜访了默默无闻的弗雷格（Gottlob Frege），一个试图在数学以外的领域解开普遍逻辑法则之谜的数学家。弗雷格看出了维特根斯坦的天分，并指点他到剑桥大学向当代哲学权威怀海德（Alfred North Whitehead）和罗素（Bertrand Russell）请益，于是维特根斯坦到剑桥大学三一学院（Trinity College）的哲学系注册入学。然而，地位崇高的罗素刚开始只把这名古怪的年轻工程师当成牛皮大王。"下课后有一个性情暴躁的德国人走过来要和我争论。……其实和他说话根本只是浪费时间罢了。"不过罗素的观感很快就改变了。几个星期之后，他便认为维特根斯坦是个天才，甚至认为他杰出的想法超越了自己。他接受了维特根斯坦对他的《数学原理》的批评和指正，并希望能向这个比自己小 17 岁的奥地利人好好请教一番。维特根斯坦狂热地投入工作，只有几次因长途旅行中断，主要是前往挪威。他在挪威的峡湾请人盖了一座小屋，与一名剑桥的友人在那儿共度了同性的亲密时光。维特根斯坦想成就的并不只是修正罗素的逻辑，他更致力于自己的"终极"著作——《逻辑哲学导论》（*Logisch-philosophischen Abhandlung*）。战争期间他仍继续从事研究，而他的目标也越来越大："是的，我的工作内容已经从逻辑的基础扩展到了世界的本质。"1918 年夏天，战争尚未结束，而他的书已经完成了。当然，这本书直到 1921 年才得以在一本杂志上发表。1922 年，出版了一个双语对照的版本，书名为今日人们所熟知的英文译名：*Tractatus Logico-Philosophicus*。这本书还不到 100 页，以一套特殊的数字系统来为句子和段落编号，使维特根斯坦的文句如同圣经里的经句般容易引述。这本书在剑桥和西欧哲学界引起了热烈反响。

　　是什么原因让一个成绩不佳的学生转变成哲学苍穹中的一颗彗星？他何以能成为备受赞誉的"天才"呢？从那个关于巴黎交通事故模型的故事可以看出，维特根斯坦极具开创性的思想在于以语言作为哲学的中心。在那以前，语言的角色确实就像是哲学的一个养子而已。当然，所有哲学家都清楚自己是借由言语和词句来表达思想的，但是他们的思想和结论对语言这个媒介的依赖性，却极少成为他们讨论的主题。即便是康德（我们将在本书的第二部分看到）把我们经验和思考的游戏规则放在哲学中心位置的人，也很少关心语言的问题和必要性。维特根斯坦在怀海德以及罗素身上也看到了相同的疏漏。他认为：我们如何能理解人类经验以及人类对世界认知中的逻辑，如果我们忽略用来描述这个逻辑的（语言的）逻辑？因此，维特根斯坦提出："所有的哲学都是语言批判。"

到目前为止，一切听起来都还算合理。不过，我们又该如何匡正它呢？维特根斯坦想到了那起以模型彼此的关系来模拟现场的车祸。同样的事也发生在一个句子当中：句子里的字词和结构也模拟了现实世界。名词（"名称"）相当于世界的"事物"，而句子的组合则是它们在世界里的定位。如果名称和句构符合现实中的事物及其相互关系，那么这个句子就是真实的，至少原则是如此；因为要想让一面镜子反映出实际情况，就必须排除所有结构设计的错误。就语言问题而言，语言在其日常生活的使用上必须相当精确，所有无意义和悖理的句子都要废除。无意义的句子是指完全不需要现实情况来检视正确与否的句子，例如"绿色是绿色"。而悖理的句子则是根本无法审查其正确与否的句子，因为现实里完全没有对应的事物，例如"我在此说出的这句话是错误的"。维特根斯坦对此非常执着，甚至要把所有道德陈述句都摒除在语言之外，因为

"好"与"坏"完全没有描述现实世界里的任何东西。因此他说，道德只能在肢体语言、动作或是眼神中表现出来。原因是："只要是能够说的，都可以清楚地说；至于不能说的，就应该保持沉默。"

维特根斯坦的梦想，是创造一种能够客观掌握并描写一切生活世界的精确语言。他这个想法首先启发了"恩斯特·马赫学会"（Ernst-Mach-Gesellschaft），这是一个由科学理论家和哲学家在维也纳组成的团体，他们于1922年共组了"维也纳学圈"（Wiener Kreis），并试图执行维特根斯坦的计划。虽然这个学派努力了14年，计划终究还是彻底失败了。对于这样的结果，我们大概可以松一口气说：幸好！如果不是这样的话，将可能产生什么结果呢？那将会是怎样的一种独裁霸道的语言；而一个规定人民使用精确语言的社会又将是多么极权啊！如果学校里的老师要学生不再写双关句、不再使用讽刺和隐喻的修辞技巧，那么我们将失去多少东西啊？就算维特根斯坦的改革只革新了哲学，哲学又会变得多么无趣啊！

精确语言的失败并不在于维也纳学圈的成就不佳，而是有着更深层的原因。因为"精确语言"在词义上就不符合人性：它完全误解了人类演化和语言的基本功能。因为语言发展的驱动力并不在于对真理和自我认知的渴望；其可能的动力应该来自相互理解的社会需求。然而维特根

我是谁？

斯坦却只把语言当作认知工具。他像个技术人员或工程师一样，只以逻辑去评判语言的适用性。怀海德和罗素亦复如是，他们都把逻辑视为类似思想的世界语言，但逻辑其实并非如此。它只是思想的媒介，语言的元素。若是一切都依据逻辑的法则来评价，将在实际的生活中导致荒谬的结果！

　　想要了解如罗素和维特根斯坦这般绝顶聪明的人为什么想要仅仅以"逻辑规则"来解释世界，就必须回想当时剑桥的气氛，一种充满热情、慷慨激昂的气氛。技术人员和工程师的革新精神影响了前一个世纪无甚灵感的哲学，并在剑桥达到了极致。虽然罗素和维特根斯坦并不确定他们是否能用自己的方式把哲学推向巅峰，或是最后会罢黜哲学，但他们对自己的想法感到非常兴奋，甚至相信能放弃生活中其他的一切。对于其他科学领域，他们的态度极为傲慢。维特根斯坦读过弗洛伊德的书，但由于他只就逻辑的有效性去评论，所以认为精神分析和心理学都没有什么益处。他对脑部研究一无所知，不过那是时代的问题，不能归咎于他。卡哈尔或谢灵顿（Sherrington）对当时大部分的思想家来说是完全陌生的。

　　维特根斯坦的哲学思想完全不同于罗素，甚至让人更一目了然。他几乎不曾考虑过"人是否能够确切理解客观现实"此一自康德以来的哲学界思考的问题，也不探究哲学同侪普遍关注的知觉心理学。而在其《逻辑哲学导论》中，他更毫不关心语言或说话行为与社会的关系。如是我们理解到，维特根斯坦所谓理想的语言使用，应该与奥立佛·萨克斯（Oliver Sacks）在《看见声音：走入失聪的寂静世界》（*Seeing Voices*：*A Journey into the World of the Deaf*）里那位 11 岁的约瑟夫相仿："约瑟夫能看，能辨别，能分类，能使用。他对感知（以知觉为基础）的分类和统合毫无困难，却似乎走不出这个范围。……他对一切都是按其字面意义去理解，无法把握图像、假设和其他可能性，也无法进入想象或隐喻的国度。如同动物或幼儿，他被禁锢在当下，受限于具体而直接的经验。不同的是，幼儿并没有所谓的意识，而他却不断被意识提醒着自己的状态。"

约瑟夫故事的高潮，在于他并不是受维特根斯坦精确语言理论折磨的学生，而是一个在 10 岁以前从未学过手语的失聪男孩。在约瑟夫的语言经验里，并没有语言的层次差别可言。因为他从未体验那种语言使用，无论是口语或是手语。尽管如此，约瑟夫仍然拥有字词理解能力以及对句法的直观感受，所以他的语言理解基本上是符合逻辑的，却不是社会性的。

我们已经知道其中原因。自从语言学家乔姆斯基（Noam Chomsky）于 20 世纪 60 年代发表了相关的理论后，人们普遍相信人类在出生时便具备语言及语法的学习和理解力，幼儿能几乎自动地学会其母语。他们在母语方面的发展与四肢的发育情况类似。然而有个重要的前提是，幼儿能够模仿他们听到的语言。人类虽然和黑猩猩一样，只能发出约三四十个不同的音，却能利用这些音组成复杂的句子。对于黑猩猩来说，每个音都代表某个意义。在人类的发展中，像"Ba"或"Do"这样的音则渐渐失去意义，而成了音节。也就是说：人类将无意义的语音组合成有意义的字词。

为什么只有人类才如此发展，而不是人猿呢？问题的答案仍然莫衷一是。一个可能的原因是，人类的喉头在演化过程中逐渐向下发展，致使发声的可能性大增。然而对于这个演化发展，至今还是没有合理的解释。相对来说，学界已知脑部提供了我们对语法的理解力。大脑的布罗卡区能将一连串的语音分段整理成有意义的内容。此区大约位于我们的左耳上方。幼儿直到三岁前的语言几乎主要都是在该区养成的。如果乔姆斯基关于母语语法学习的天赋能力理论正确的话，这个能力便是来自布罗卡区，因为后来习得的第二语言明显必须借助其周边的大脑区域。布罗卡区使语言机能、语音发声、语音分析、发音动作和组造抽象词语等工作得以完成。至于对语言的理解，可能还包括模仿的部分，则是由大脑的另一区负责，即韦尼克区。这个于19世纪发现的二分法，至今仍然有效，不过整个语言处理涉及的细节当然还是复杂得多，而脑部研究学者晚近也认为语言处理还涉及其他的脑部区域。

至少第一种语言是先在无意识的状态下学习的，而且这种语言是从周遭环境"模仿"来的。它最重要的功能在于了解和被了解。一件事情是否能让人理解，取决于语法和语境。比如德语里"我看见黑色"（Ich sehe schwarz），可能是指我站在一幅黑色的图片前面形容所看到的颜色，但也可能表示我对某件事情感到悲观。对于年轻的维特根斯坦来说，这样的句子特别令他厌恶，然而语言中正存在着如此丰富的多义性。所有关于精确语言的构想之所以会失败，在于一个简单的事实，即"一个句子的意思是由字词的使用塑造成的"。

对于《逻辑哲学导论》引起的异议，维特根斯坦起初根本不想知道。他以独一无二的方式表示，他在书里头已经完成了自己的任务，并且得出了最终的结论。他认为自己给了哲学一个简短却丰硕的成果，因此对他来说，继续为哲学"服务"已经没有意义了。他将庞大的财产分给了兄弟姐妹，并捐赠了一大笔钱给年轻的作家、画家和建筑师。下一步就是要到教育实务中一探究竟。这位在英国享有崇高地位的哲学家参加维也纳的教师培训，并低调地在奥地利的一个省里受雇为公立学校教师多年。然而，他工作的成果却是极为悲惨的。对于大部分乡下孩子来说，他大概是个讨厌鬼。1926 年，他精疲力竭地辞去学校的工作，并在修道院里当了几个月的园丁助手。接着他满怀热情地投入另一个新的工作中：他与一位建筑师共同为他的姐姐玛格丽特（Margarete）在维也纳设计并建造了一座立体派的别墅，而他主要负责室内装潢。该别墅成为维也纳知识分子的中心，也是"维也纳学圈"经常聚会的所在。1929 年，维特根斯坦回到了暌违 15 年的剑桥，以他那本《逻辑哲学导论》得到迟来的博士学位，然而他接下来的著作却和他早期作品的主张背道而驰。他像着了魔似的写作和工作，但是没有一件作品让他觉得成熟到足以发表的地步。他依靠普通讲师微薄的薪资和奖学金生活，直到 50 岁时才终于成为教授。他的一名学生曾经回忆，在那段时间里，他一直是个"隐士、禁欲者、大师和领袖"，就像是小说中繁华过尽、尚未辞世就已经是个传奇的人物。

维特根斯坦后来也渐渐意识到自己"语言是现实世界的模仿"的理论并不正确。对他造成严重打击的是一位剑桥的同事，也就是意大利经济学家皮埃罗·斯拉法（Piero Sraffa）。当维特根斯坦强调语言反映真实世界的逻辑结构时，斯拉法将掌心朝外、用指尖抚摸着下巴问道："那么它（这个动作）的逻辑形式又是什么呢？"于是维特根斯坦放弃了他的"图像理论"（Abbildtheorie）。经过无数失败的尝试后，他把 1936 年完成的晚期作品《哲学研究》（*Philosophische Untersuchungen*）献给斯拉法。直到 1953 年，也就是维特根斯坦去世两年后，这本书才出版。书中不但放弃了图像理论，更放弃了"我们只能经由逻辑媒介才能理解语言"的想法。其中最生动且令诗人英格博格·巴赫曼（Ingeborg Bachmann）激赏的一个句子是："我们可以把语言视为一个古老的城市：一个由小巷、广场、不同时代所建的新旧房舍组合成的纷乱结构，而其周围则围绕着许多郊区，郊区内阡陌笔直整齐，屋舍形式统一。"维特根斯坦说，"一个字词的意思"就是它"在语言里的使用"。与其在逻辑上紧扣住意思和句构，哲学家们更应该探讨语言使用的规则，也就是不同的"语言游戏"。在这方面，他终于发现先前被他轻率搁置的"心理学"的意义。由于语言游戏不存在于真空的空间，而是存在于人的群体中，因此应该以心理学去解释，而不是逻辑。世界并不是要哲学家去做心理实验，而是从社会语境里去解释语言游戏。因为"我们无知的主要源头"是"我们不能综观自己对字词的使用"。更好的描述就是："你的哲学目的是什么？就是给苍蝇指出捕蝇瓶的出口。"

就像在第一次世界大战时一样，维特根斯坦也自愿参加了第二次世界大战，只不过这一次是加入英国的战线。作为医院里的助手，他结合飞机制造的经验，开发出测量脉搏、血压、呼吸频率和呼吸量的实验室仪器与设备。他还在剑桥教了四年书,直到 58 岁才决定退休。他在爱尔兰和牛津度过余年,于 1951 年因癌症病逝。他的临终遗言是对友人的问候:"请告诉他们,我度过了非常美好的一生。"

· 如果维特根斯坦的《逻辑哲学导论》是一条死胡同的话,那么他的《哲学研究》对于哲学以及刚萌芽的语言学则都有非常重要的启发作用。一个新的学科诞生了,也就是分析哲学,而它可说是 20 世纪后半叶最重要的哲学思潮。维特根斯坦理论的影响在于:哲学的问题必须被当成语言表达的问题去理解和分析,因为人类体验世界的方式总是被他们的语言影响。他认为,并没有所谓不受语言混淆的"纯粹的"感官经验。同样,也没有所谓清楚明白的意指,因为语言总是多义性的。分析哲学就在知觉以及语言相互渗透的原始丛林中开辟了路径。

语言学着手研究维特根斯坦的"语言游戏"理论,并着眼于个别语境中"说话"的意思。英国学者奥斯汀(John Langshaw Austin)和美国学者塞尔(John Rogers Searle)于 20 世纪五六十年代发展出一套"说话行为"理论。奥斯汀发现,一个说话的人是在"从事着某种行为"。理解一个句子,重点不在于是否理解正确,而在于是否相互理解彼此的意向。自此，语言的真理理论变成了社会沟通的理论。

人类的语言是一个绝佳的沟通媒介。然而哲学家们却必须借由维特根斯坦认清语言其实并不是通往真实的唯一通道。我们反省到思想和语言的媒介并不能整理真实世界"本身"，而只是按照自己的游戏规则去解释世界的"模型"，如此我们才更了解人类一点。知觉到不同事物的人，经验到的也有所不同；经验到不同事物的人，其思想也会不同；而思想与他人不同的人，也会使用不同的语言。让各人都有不同的思想和说话方式的"东西"，使得人类异于其他动物。知觉的局限和语言的局限都是我们世界的局限。因为我们用语言来表达我们的思想，就像为思想穿上语言的"衣服"一样，而且这些衣服都是从属于人类这个物种的"衣橱"里取出来的。语言同时还有个不成文的"基本功能"，那就是"蒙骗"我们，因为语言不可能完全表达出事实。语言是因着人类这个物种的需求，为了"建构"真实与世界而被"创造"出来的。蛇不需要语言，因为它知觉的联结可以不必依靠语言。但是假若它为了确认方向而需要一种语言，那也将是一种对于人类而言完全无用的"蛇语"，就像"人话"对蛇来说没有用处一样。晚年的维特根斯坦曾很聪明地说过："就算狮子会说话，我们也还是不会了解它的！"

我是谁？

关于我们认知的可能性和局限的这趟哲学、心理学和生物学的旅行，到此暂且告一段落。我们学到了一些关于脑部及其来源和功能的知识。我们看到它的可能性，也看到它的有限性。我们发现感性和知性在我们的脑部经常是不可分割地共同作用着，也提到自我感觉和自我认识如何表现。我们明白了，意识和无意识如何混杂交错，还有我们对于脑部如何储存和遗忘"意义"仍所知甚少。我们知道脑部是个非常复杂且经过缜密设计的"自我理解的器官"，却不是用来客观认知世界的器官。我们看到了我们的语言适合做些什么，以及要它做到"客观"的话会有哪些困难。因此，对我们自己以及世界进行思考，总是如同开车行过一条河，或是骑着三轮车穿越撒哈拉沙漠，虽然可行，但很艰苦。不过我们至少认识了我们的若干重要配备，也因此更看清我们的所作所为。自我探索的旅行应该将我们推向另一个层次，也就是"我们如何评断自己的行为"这个问题。脑部研究至此已完成了许多有用的工作，现在让出了一些空间给哲学，却不因此而完全消失。我们将继续向它请教（例如善恶的问题）。不过，无论生物学能告诉我们些什么，道德的问题依然还是哲学或心理学的问题：我们论断是非对错的标准从何而来？我们根据什么来评断自己的行为？而我们又为什么要去做这些评断呢？

第二部

我应该做什么？

第 10 章

卢梭的谬误：
我们需要其他人吗？

我偶尔会在一家电台工作。那里有个门房，是个面容憔悴的老妇人，以无礼和不友善出名。她的心里应该非常寂寞。但是，她非但不乐于交友和助人，反而因为直肠子而得罪了大部分的人。不过，每当她见到我的小儿子奥斯卡，总会突然间变了个人一样：她的眼睛焕发光彩，脸上堆满灿烂笑容，对奥斯卡又抱又吻。而她也似乎毫不在意自己的热情并没有得到我儿子的任何回应。即使当我们开门离去时，她依然感到幸福而满足。

我对这位妇人的私生活一无所知，但是她肯定没有太多的好朋友。也许她虽然有份工作，却仍然感到十分寂寞。一般人应该会觉得，这真是个让人感到沮丧和郁闷的处境。我却想到有个人大概会反驳这个看法，那就是哲学家卢梭（Jean-Jacques Rousseau）。

他的确是个怪人。卢梭于 1712 年出生于日内瓦，曾

我是谁？

在一名雕刻匠身边做过学徒。不过他没做多久就开溜出去游历。他立志成为音乐家，却不会任何乐器。他从这个梦想得到的唯一结果，是一种没人感兴趣的奇怪的新音符系统。他漫无目的地四处游荡，大多依赖女人接济。虽然他性格如此疯狂，但那一头深色卷发加上棕色大眼，还是让他看上去颇为俊美。不过卢梭从不在一个地方待上太长的时间。他在巴黎认识了启蒙运动的一些领导人物，却并不受他们欢迎。

1749 年 10 月的某一天，37 岁的卢梭经历了人生中的一次重大转变，使他日后将这一天作为茅塞顿开之日来纪念。那次"茅塞顿开"是发生在一条马路上。这位漂泊不定的乐评家正要从巴黎漫步到东南方的文森城堡。城堡成为国家监狱，囚禁了一些非常著名的人士，如米拉波伯爵（Graf Mirabeau）、萨德侯爵（Marquis de Sade）和启蒙运动者狄德罗（Diderot）。卢梭想要探望的是狄德罗，因为卢梭正为他那著名的《百科全书》写一篇短文。他在路上看了一份巴黎最具影响力的杂志《法兰西水星》（*Mercure de France*），发现了一篇由第戎科学院刊登的征文启事，题目是："科学和艺术的修复是否有助社会风俗的净化？"卢梭于日后以慷慨激昂、如宣教般的语气，在一封信里写下了他对这个题目产生的反应，我们可以看出，谦虚和矜持并不是他的长处：

第 10 章　卢梭的谬误：我们需要其他人吗？

第戎科学院的问题吸引了我的目光，给了我写作的动机。如果曾有任何东西可比作骤然的灵感的话，那便是这次的邂逅。突然间我感到自己的精神璀璨炫目。无数个生动的想法沛然莫可御地涌进我心里，让我心醉神迷。我的脑袋如酒醉般，一阵强烈的心悸几乎令我窒息，我无法呼吸，便一头栽倒在路旁的一棵树下。就在这激动中度过了半个小时，当我再度站起来时，才察觉到我的背心都被泪水沾湿了。喔，天啊，假如我当时能够把我在这树下所感受到的写下来，哪怕只是其中的 1/4，我将能多么清楚地论证出社会秩序里的矛盾，证明人性本善，只因为我们的制度才让人败坏。我于树下那 15 分钟内顿悟到了如此巨大而丰富的真理，却只能掌握住其中的一小部分，并且以不充分的形式写在我的主要著作里。在未经考虑下，我就这么几乎违背本意地成了作家。

卢梭的那次非宗教性的顿悟让他声名大噪，但更著名的是他对于征文题目的惊人回答，那回答肯定完全超乎出题者的意料。不过，他的回答却完全符合他好辩的个性；他给予这个问题否定的答案，认为文化和社会并不会让人变得更好，反而会让人堕落："人类是恶的。我们不必去证明，因为那正是我们不断在经历的悲惨经验；然而，人性本善，这点我相信我已经证明了。我们再怎么赞叹人类社会，都无法改变社会必然造成的（人类彼此需求的交集越大，憎恨就越强烈）的事实。"

卢梭的这篇文章引起骚动。他得到首奖，一夕之间成为巨星。然而是什么让他成名的呢？在他看来，人类其实"生而"就是顺从、和平以及善良的；但是无论我们怎么看，到处都充斥着谎言与欺骗、谋杀与残害。那么就有了个问题：恶从何而来？这个问题卢梭回答得非常直接简短。他认为人天生是不合群的。就像其他动物一样，合乎自然本性的人类也不喜欢争斗。遇到冲突时总是想回避，而除了自我满足的欲望以外，人唯一的强烈感觉就是对他人的同情心；然而可惜的是，人类完全无法和平地单独生活。外界的情况（如自然灾害）迫使人类聚在一起。但是群居生活却又造成人类的相互竞争，于是他们变得猜疑和妒忌。人与人之间的相互比较让每个人的自爱都变成夸张的自私，使得如"天生对良善的喜爱"的自然本能失去了效用。

这本书可说是件惊世骇俗的丑闻！虽然大多数启蒙运动者都认同卢梭对当时西欧封建社会的批评：18世纪中期的贵族的确生活奢靡，而农夫却得在田里忍饥挨饿。然而却几乎没有人愿意接受"社会及文化是让人类成为恶的理由"的想法。启蒙时期的作家都热爱艺术和社交活动，并且也都歌颂和支持科学的进步。他们认为，科学应该是要让中产阶级挣脱贵族的统治。许多启蒙运动者的梦想是让一个喜欢从事讨论的"知识社会"来取代一个几乎无所不在的封建社会。

对此，卢梭愤怒而激动地捍卫自己的观点。他是个天才作家，他的许多著作都颇受欢迎。他也是当时欧洲学术界中最常被讨论的哲学家；然而，他却完全无法接受批评。他越来越孤僻，在西欧四处游荡，所到之处总是引起冲突。他在扮演父亲的这个角色上也是个十足的失败者，他为数不少的孩子都流落到孤儿院，大概也都在那里死去。卢梭晚年非常孤僻，甚至想要用自己的生活来证明自己的理论。他寂寞地藏身于巴黎近郊的爱默农维勒城堡（Ermenonville），唯一的活动只是搜集和分类植物。

在他一生的主张里，有哪些是正确的呢？人性本善吗？人基本上真的不需要其他人就能快乐吗？其实，"人类是在群体中生活还是单独生活才更快乐？"这个问题根本不是哲学问题，而是心理学问题，并且长久以来几乎无人研究。直到 20 世纪 70 年代初才确立了一个名为"寂寞研究"的学科，其创立者为罗伯特·韦斯（Robert Weiss），任职于波士顿马萨诸塞大学。他认为寂寞是大城市里最严重的社会问题。那里的人是否因为不必跟其他人来往而感到快乐呢？

我是谁?

　　韦斯肯定这并不正确,卢梭的看法完全错了。寂寞的人苦于没有人或是只有极少的人关心自己,而且他们最大的痛苦就是没有人和他们感同身受。这在从前就是个众所周知且不难想象的事实;但是韦斯还确定了另一件更有意思的事:比缺少"同情"更加令人沮丧的,其实是自己"无法给予别人的同情"。不被爱是很可悲的,但"没有人来让自己去爱"却更严重。韦斯用这个理论来解释,为什么一只狗或一只猫对许多孤独的老人来说这么重要,甚至扮演了情人的角色,虽然猫狗无法和人相提并论。

　　说到这里,我又想起那位门房。她见到我儿子时很快乐,虽然我儿子完全没理会她,更别说是以爱来回应她了。对她来说,能与我儿子接触,对他微笑,抚摸他,用赞美的话语讨好他,似乎就足够了。爱一个人或非常关心一个人,是让自己感到自在的好方法。而卢梭所言"人其实只有在寂寞时才能真正快乐"的理论在此也就彻底被推翻了。

　　人类天生是爱好群体生活的,这其实与别的灵长类并无二致。在超过两百种的猿猴中,没有一种是完全离群索居的。当然有些人和其他人相较之下会显得更为合群,但是完全不和群体接触的人却显然是有行为障碍的;他们可能因为沮丧和失望而愤世嫉俗,以致行为不再像"一般人"。一般人总是会关心他人,因为他们(或多或少)都对他人感兴趣。他们这么做，是因为"对他人感兴趣"让他们自己感到比较自在。一个只将自己局限在小世界里的人，其生活必然会导致心灵的枯萎。许多寂寞的人在自己的生活里有类似对空间恐惧的现象；他们把自己的小世界建构得非常狭窄，使自己变得没有弹性和灵活性，而他们处理来自外界影响的能力也非常差。由于缺乏与其他人比较感受的机会，因此他们对于其他人，甚至还有自己，都经常做出错误的论断。

愿意与他人交流或关心他人，其实是跳脱自我局限的方法。为别人做些事情，对于自己的心理感受是很重要的。例如，挑选一个好礼物并看到收礼者欢喜的样子，其实也就等于同时给自己送了一个礼物。给予的乐趣以及做好事的乐趣都具有悠久的历史，它们可追溯到人类的根源。然而这种参与社会生活的兴致、乐于助人的意愿和做好事的乐趣，究竟是从哪里来的呢？这是否同时意味着人类是"善"的，就如卢梭所说的一样？他是否至少在这一点上是对的呢？

第11章
屠龙者的剑：
我们为什么帮助别人？

　　那是个触目惊心的情景。那三个家伙出现并攻击法恩（Fawn）时，其他人都目瞪口呆，吓得一动也不动。他们殴打她甚至张口咬她。法恩是个柔弱的女孩，攻击她的人在体型上都占尽了优势；然而旁观者却没有介入。这是一场悬殊而激烈的打斗，攻击者还不时环视四周，并以威吓的目光盯着法恩的母亲和姐妹，让她们惊恐不已，法恩自己则吓得完全失去了控制。最后，这几名攻击者终于渐渐失去了继续折磨她的兴致而离开，留下瘫倒在地上的法恩。她趴在地上大声哭喊了好一阵子后，突然跳起来跑离现场。她蜷曲着身子蹲坐在地上，神情悲惨而疲累。这时，她的姐姐来到她的身边，用手臂环抱着她。精神恍惚的法恩毫无反应，姐姐温柔地拉了拉她，像是要唤醒她似的，并再次拥抱了她。最后她们两姐妹紧紧依偎在一起。

　　这段充满戏剧性的场景是真实的故事，时间是20世纪 80 年代，地点是位于美国威斯康星州的麦迪逊（Medison），然而警方并未插手，媒体也并未报道。唯一的目击证人只有荷兰人法兰斯·德瓦尔（Frans de Waal），他在事后陈述了整个事件的经过。原因很清楚：德瓦尔是行为研究学家，法恩攻击事件发生于"威斯康星国家灵长类研究中心"（Wisconsin National Primate Research Center），而法恩、其家人以及攻击者都是猕猴。

德瓦尔从事猿猴的研究已经 30 年了，刚开始的对象是荷兰安海姆（Arnheim）动物园里的黑猩猩，并且发现了令人惊奇的行为模式。黑猩猩是非常社会化的动物，需要群体生活，这一点现在大概连小孩都知道了，但是当德瓦尔开始研究时，人们仍所知甚少。他发现黑猩猩会使用诡计、说谎和互相欺骗；但它们同时也是温柔而亲密的，而且彼此建立起非常复杂的社会关系。关于安海姆动物园的黑猩猩，德瓦尔的书名很特别，叫《野性的外交家》。

不止是黑猩猩，其他猿猴类也有"同情"或"喜欢"等感觉。法恩的姐姐拥抱和依偎它，显然是因为感觉到妹妹所受的伤而想安慰它。虽然猕猴与人类之间有约 3% 的基因差别，但这种猿猴却已经具备和移情作用以及"道德"行为有关的能力了。只不过，这些感受是从何而来的，它们又为何存在呢？

这个问题并不像乍看上去那么简单。达尔文在 19 世

我是谁？

纪中期证明了人类是人猿的近亲，也是一种"动物"，也就解释了人类的"恶"是从何而来的：那是继承自动物的本性！达尔文用"为生存而战斗"和"适者生存"的字眼来解释演化的过程；虽然这些概念并非他自己发明的，但他是第一个用它们来描述从草茎到蚂蚁，最后到人类所有物种自身和彼此之间的竞争。简单来看，这意味着无数生物体在世界上忙碌奔走，只为了一个任务："在我身上的遗传物质是整个地球上最重要的物质。只要它能存活下去，让别人吃亏、受苦甚或死亡，都是公平合理的。"而包括你我的每个人都身处其中，共同参与着这个邪恶、不道德的游戏。

不过达尔文是个很谨慎的人。他发现的原则似乎连他自己也感到可怕，至少他拒绝将生物学的观点推论到人类的共同生活。然而其他的人却这么做，并主张一些骇人听闻的思想，诸如人类也是适者生存，患者和弱者则大可加以铲除。达尔文"人类是动物"的证明在哲学界造成了很大的不安。人类真正的自然天性究竟是什么呢？当卢梭提到"自然天性"时，他所想到的是一个纯粹幸福的理想状态。但是"自然天性"真的是善的吗？它难道不也是野蛮、无情而又残忍的吗？

1893 年，达尔文的好朋友赫胥黎（Thomas Henry Huxley）在牛津大学演讲，讲堂里挤满了人，讲题是层次颇高的"演化与伦理"，听众聚精会神地聆听这位伟大的自然科学家的演讲。赫胥黎说，自然并不是善的，而是残忍、险恶、对于人类完全漠视的；人类绝对是一种动物，而且其存在是偶然的。人类的存在不是要感谢一个聪明的理性或"大师的计划"，而是类似猿猴物种的逐步演进。赫胥黎推断，如果说世界只是一片混沌，而没有所谓伟大的计划，那么"追求善或理性的意志"也不会是本性。

对赫胥黎来说，卢梭所谓的"天生对于善的热爱"根本是胡扯。动物和人类的天性都不是善的，而是完全不道德的。不过，即使是赫胥黎也无法忽视人类有道德行为的能力。当时的英国存在着禁止杀人和偷窃的法律，整个国家是有秩序的，人民走在街上也不必随时担心生命会受到威胁。

这个秩序是从哪里来的呢？赫胥黎认为，是文明和文化驯服了人类这群野兽，使他们能够共同生活。这与卢梭的主张恰恰相反，因为对卢梭而言，人是善的，但文明是恶的；对赫胥黎而言，人是恶的，但文明却能看管住他。赫胥黎以华丽优美的辞藻说：道德并不是人类的本性，而是"一把打造锋利的剑，其任务是屠杀其兽性根源的龙"。

像卢梭那样相信人性本善的人，必须解释人世间的恶从何而来；但是对赫胥黎则正好相反。如果说人性本恶的话，那么善这把为了屠杀"其兽性根源之龙而打造的锋利的剑"又是从哪里来的呢？由于赫胥黎并无宗教信仰，因此这把剑对他来说不可能源于上帝。但是它究竟来自何处呢？如果在人类的天性中没有善，那么由这些"人类野兽"所组成的群体生活又怎么可能发展成颇有秩序的社会呢？倘若道德不是人类的天性，那么它是从哪里来的呢？简单地说：为什么人类具有道德的能力呢？

问题也就是：难道人类的天性里没有什么配备让他能善待其他人吗？若是达尔文和赫胥黎关于猴子及人猿所知道的能像德瓦尔一样多的话，他们将更容易做出解释，而有些严重的误会也许就不会发生了。这位灵长类动物学家解释说，道德与演化并不相互矛盾。大自然一般只知道"强者生存"的法则，因此那在某些人眼中看起来像是大自然可笑错误的，其实是生物的巧妙能力。30 年的猿猴观察使德瓦尔确信，"善意"和互助都是有益于猿猴个体及群体的行为。猿猴越是互助合作，对于整个群体就越有好处。不过社会互助的种类是有可能非常不同的。单就四种大型人猿——红毛猩猩、黑猩猩、矮黑猩猩和大猩猩而言，它们彼此之间就有很大的差异。例如对黑猩猩来说，性几乎总是和权力、支配和征服有关；而矮黑猩猩则以频繁的性交来快速缓解各种紧张。矮黑猩猩几乎整天都沉溺在性爱里，而它们最喜欢的体位是可以注视对方的"传教士体位"（其实应该称为"矮黑猩猩体位"才对，毕竟矮黑猩猩比传教士更早就使用它了）。

达尔文和赫胥黎的思想错误是，"为生存而战斗"其实并不只会发生在孤立的动物身上。人类并不是冷酷无情的独行侠（除了少数的例外）；我们大多数人都是某个家庭的成员，并且在更大的社会群体中活动。在这里并不只有相互排挤的斗争，我们也会去照顾群体中的其他成员。这种为他人着想的行为能力，我们称之为利他主义。人猿中也有利他的行为，而且有许多不同的形式。德瓦尔将整体的利他行为（例如母亲对孩子本能的爱）和互利行为区别开来。互利行为很有可能就是人类道德的起源。一只人猿帮助另一只人猿，为的是下次也许能够得到帮助。它不做出某些卑劣行为，如此其他人猿也不会对它做出恶劣的行为。"己所不欲，勿施于人"这个重要的原则显然在人猿的世界里也是通行的。

我们从前的猿猴近亲遗留下来的，不仅有人类的弱点、攻击性、狡诈以及自私等，还有我们"高贵"的性格，它们也属于我们原始的生物天性。其实卢梭早就认为，"向善"的能力必定是一个古老的、史前世界的本能。我们原始的"自爱"让我们配合着本能从善。对卢梭来说，善是人类唯一自然的行为方式；对德瓦尔而言，喜爱、体谅和关怀却都是典型的猿猴本能。虽然存在这些

我是谁?

本能,但它们并非单独存在,而是不断地与攻击性、猜疑和自私进行拉锯战。也就是说,人类和猿猴都既非"善"亦非"恶",他们都有这两种能力,这两种能力也都同样是自然的,也就是"既善且恶"。然而,若是向善的能力只是众多的本能之一,那么是谁或者是什么东西让这个本能得以展现的呢?是什么让它成为人类社会中具有约束力的准则呢?

第 12 章

我心中的法则：
为什么我应该做个好人？

时间是公元 1730 年。在科尼斯堡（Königsberg）城外，位于波罗的海的一个与世界接轨的小城市，有个母亲在夜里带着她 6 岁的儿子散步。她充满爱心并为儿子详尽解释自己对大自然、植物和药草、动物和星辰的所知所闻。城市的街道因仅有微弱的照明而显得昏暗。母亲对神情专注的儿子指着广阔无垠的星空，他们凝神仰望那无尽的远方，小男孩被深深吸引住了。"有两件事物，"他在日后说，"我的思绪越是经常不断地思考它们，心里就越是充满赞叹和敬畏：我头上满布星斗的苍穹和我心中的道德法则。我看见它们在我眼前，并直接结合到我对于存在的意识。"确实，他后来在天文学以及道德哲学这两个领域都取得了非凡的成就。

这个小男孩就是康德，而他在信仰虔诚且学识丰富的母亲照顾下度过的快乐童年只维持到 13 岁。母亲的辞世

我是谁？

让这个拥有着水蓝色双眼的柔弱小男孩长时间沉浸在深沉的悲痛中。他的父亲是个皮匠，为继续栽培这个多愁善感的儿子尽了一切努力。他送他到城里最好的一所中学，而这位天生患有胸腔狭窄的年轻人在这里以及后来在科尼斯堡大学都是表现十分出色的学生。他特别喜欢学校屋顶上的"观测站"，夜里经常爬到那里去仰望星星，而且一看就会看上很长的时间。他16岁时便通过了科尼斯堡大学的入学考试。虽然应该研究的是神学，可他却把主要的时间精力都花在数学、哲学以及物理学上。课余时间他以厨艺和赌技出名，而且打一手绝佳的撞球；因此，虽然他说话小声且有些含糊不清，却经常成为科尼斯堡聚会场合的座上客。不过他最大的热情仍然是在星辰和宇宙上。他的逻辑学和形而上学的教授克奴撑（Martin Knutzen）非常热心地支持他，而克奴撑收藏的伟大物理学家牛顿曾使用过的反射望远镜，也深深吸引了康德。他阅读牛顿关于宇宙结构的基础著作，沉浸在数字、表格和计算里，并自创了一套物理世界模型。为此他写了一本页数不多却极有深度的书，并取了一个宏大的书名：《自然通史和天体论》（*Allgemeine Naturgeschichte und Theorie des Himmels*）。他试着不进行数学的计算，而仅仅用他自己的推论来探究世界的结构，这是既奇特又具挑战性的项目计划。虽然自然科学家们几乎都没注意到这本书，但康德认为自己的方法很成功，并将在所有的领域中保留这个方法。毕竟他相信自己的许多看法都是正确的，而那些看法在他去世后也的确得到了证实。他猜测，今日太阳系的存在只单纯透过一个"元素间相互吸引和排斥"的过程，这是第一个不以上帝的作为来解释行星系之形成的尝试。

虽然康德的观点如此果断而先进，他却不知道该如何规划自己的事业。完成学业之后，他的路走得一点也不顺畅。他浪费了九年的时间在担任家庭教师上，直到 31 岁（在当时算是很老了）才写出他那篇关于火的博士论文。他在大学取得编制外讲师资格，但薪水非常微薄。直到 40 岁以前，他的事业其实可算是个"中级灾难"。他是个天分极高的人，非常聪明且兴趣范围几乎无所不包：神学、教育学、天赋人权、地理、人类学、逻辑学、形而上学、数学、力学和物理学。多年之后，大学给了他一纸聘书，却是要他担任"诗学艺术"（Dichtkunst）的教授，工作内容是负责发表辞藻华丽的庆典演说，而且还得是自创的诗句。康德拒绝了。在教了 15 年书之后，他才终于得到渴望已久的教授职位，教授逻辑学与形而上学。

考虑到自己的健康状况，康德觉得自己可能不会有太多时间在哲学领域留下显明的足迹了。这个想法令他十分惊恐，几乎让他在一夜之间发生了彻底改变。他的生活自此变得无聊至极，而诗人海涅（Heinrich Heine）日后也

我是谁？

取笑他说没有人能写一篇关于康德的人生故事，因为康德既无人生也没有故事。他让家仆每天早晨 5 点叫醒他，每天在固定的时间散步，晚上 10 点就寝。这样的生活让他活得很久，几乎活到了 80 岁。他的作息生活让人觉得像是对于人生的抗议；但是他在往后的 34 年内所完成的著作，却与他无聊的生活形成强烈对比。对许多人来说，这些书根本就是整个德语区最重要的哲学著作。

康德探究人类精神的方式，并不像自然科学家或在他之前的许多哲学家那样从上帝的观点来看，而是像法学家一样地研究它，他不断地寻找"法则"。他年轻时曾尝试解开宇宙的"系统状态"（Systematische Verfassung）之谜，现在他则努力在人的意识里找到规则及规律性，以从中引导出规范性的法则。为了达成这个任务，他首先必须探究哲学里最重要的问题，也就是本书第一部分曾探讨过的：我能知道什么？我从何处得到确定性？就像 150 年前的笛卡儿一样，康德也决定不从世界的事物而从人的思想中找寻认识的确定性。康德把这个"研究我们认识前提"的哲学称为先验哲学（Transzendentalphilosophie）。不过，他在关于自己的认识状态上比笛卡儿小心得多。笛卡儿相信人类的思想可以看到事物的"真实"本质；康德则认为这个"真实"本质根本不是人类所能达到的，因为人类怎么可能看出它来呢？无论大自然的秩序在我们看来是如何的，它都是在人的脑中被整理过的。就像颜色并不是从大自然中产生的，而是从我们的眼睛和视神经中产生的；人的精神也为自己创造出一个秩序，而这个秩序是他赋予大自然的。也就是说，人类具有"感性"和"知性"，它们共同建构这个世界。他在《纯粹理性批判》(*Kritik der reinen Vernunft*) 里说："知性并不从大自然中汲取它的法则，而是强加法则在大自然身上。"以这个非常有益且进步的想法为基础，他终于敢开始处理道德问题。

他首先抱持着十分谨慎的态度。他并不苟同卢梭所相信的本能，也避开其他对人类简单的本质定义。他不想去确认人的"本性"是善或是恶，无论如何，人具备了用来理解世界的框架，而且其中显然也有个框架使他有能力从事道德的行为；康德最重要的思想就是，在这个能力中必然隐藏着一个规定人应该如何彼此相处的道德法则。

人类向善的能力让康德十分赞叹，他甚至颁给了人类一个"人性尊严"的特别勋章。没有任何其他高等生物有此殊荣，拥有行使道德行为的自由；这样看来，也就不存在比人类更伟大的生物，因为康德认为其他生物都无法自由做出决定和行动；而由于人类是最伟大的生物，因此也没有什么比一个人的生命更重要。这个"人性尊严"并非康德发明的。第一位提到它的人比康德还早了 300

年，他就是意大利人米兰多拉（Pico della Mirandola），一名文艺复兴时期伟大的哲学家。米兰多拉说，人类是非常独立的生物，由于他具有自由思考和自由行动的尊严，因此他做任何决定以及是否要有所作为都只取决于自己。

康德的看法与他非常接近。问题并不在于性善与否，而在于人性如何使人承担为善的义务。善自身并不是康德要探讨的主题，而是"应该为善"。他仔细探究人的理性，探究人类是否天生具有一个原理可能产生道德。他思考的结果是，人的善并不是源自人性或外在环境，而仅仅是"意志"（Wille），人唯一的善就是他善的意志。如果人想要彼此好好相处，那么就必须遵循善的意志，就仿佛它不只是一个动力，而更是一个不可动摇的法律。康德把这个行善的要求称作"定言命令"（Kategorischer Imperativ）。他在《实践理性批判》（*Kritik der praktischen Vernunt*）里对"定言命令"最有名的说法是："永远要使得你的意志规箴能够同时成为普遍立法的原则。"

由于人能够"想要"为善，因此，他也应该是"应该"为善的。对康德来说，这个结论并不是他设定的道德，而是人类理性基本逻辑的运作方式。道德的法律是存在的，而且就在人的心中。而康德认为自己只不过是在分析它罢了，就像他从前曾分析宇宙一样。行善的义务对他而言也如同自然现象，类似天空和星星。因此他相信，定

言命令是绝对的、放诸四海皆准的，世界上每个人都能够
而且也应该使用它。一个听从自己心中的那个道德法则的
人，就是个行善的好人，即使善的意图可能导致恶的结
果；因为康德认为，如果意志是善的，那么行为在道德上
也会是合理的。

康德对他的思想结构相当满意，即使他晚年曾对这个
精心建立的体系能否经得起生物学的检验感到担心。不过
最后他还是安慰自己说，"知性的图式"（Schematismus）
很可能还会是"永远深藏在我们脑部的艺术"，而其"真
正的诀窍是我们永远无法从造物者那里找出并且清楚看见
的"。简单而规律的生活为他那不算太严重的恐惧感提供
了一个避难所。他在 60 岁时终于有足够的钱可以负担自
己的房子、一名家仆和一名女厨。他聪明的大脑在晚年却
偏偏意外得了阿兹海默症，使他变得越来越健忘，最后完
全失去了方向感。他于 1804 年 2 月上午 11 点过世，当时
精神处于严重错乱的状态。

康德在过世时名声就已经相当响亮了，而且往后还愈
来愈出名。不少哲学家把他在哲学上的成就和哥白尼相提
并论，因为哥白尼告诉了人们地球是圆的且绕着太阳运
行。然而，康德告诉了我们什么，又证明了些什么呢？他
提出的前卫理论中有哪些是正确无误的？当然，他细说我
们的知性如何根据自己本具的结构来扫描世界。而他还主

我是谁？

张每个人都有个逻辑模式，让人有为善的义务。但是它究竟是怎么一回事呢？在我们身上是否真的有这样一个逻辑模式，一个"道德的法则"呢？如果答案是肯定的话，它是如何来到我们身上的，具体位置又在哪里呢？

想找出人应该为善的原因，我们首先必须知道为什么人想要为善。关于这点康德却无法说明！他在生前虽然对自然科学有浓厚的兴趣，也希望用自然科学来验证这个"人类知性的图式"如何作用，并"亲眼见到它实际的运作情况"；但是在康德的时代尚未有人对人猿进行研究，而脑部研究也还在萌芽阶段。德国医生高尔（Franz Josef Gall）才刚开始对脑部进行测量，而他的脑部绘图就像哥伦布以前的大西洋航海图一样荒唐。因此他对于脑部内的情况也只能做非常粗略的推测。

康德年轻时曾对宇宙和星星感兴趣，他在计算天体上付出了不少努力。后来他尝试了解人类的知性及其法则，但是那就像一个物理学家试着计算行星以及世界的法则，却连最小的望远镜也没有一样。康德可以对人的脑部进行推测，却无法探视脑部。今日的科学家当然已经具备了这种"望远镜"，他们用电极测量，借助核磁共振成像来透视人类的脑部。因此，我们今天能够重新提出康德无法解答的问题：在脑中是否有一个道德的中心？如果有的话，它的结构如何？它如何运作？是什么控制着我们使用道德的能力？

在我们面对这些有趣的问题之前，必须先探究一个非常基本的东西，因为它影响所有其他后续的想法。康德认为理性是脑部的主人，他深信是理性告诉我们该做什么。然而我们在本书第一部分已经知道，"无意识"对我们的决定权比"意识"更大。问题也就是：如果我们认真看待并承认无意识对我们感性、思想和意志的重要性，那么康德关于我们心中道德法律的理论还有多少留存下来呢？我们的道德意志又会是什么面貌呢？

第 13 章

利贝特实验：
我可以要我所想要的吗？

这将又是个篇幅较长的章节，有两个好理由可以解释。第一个理由是，我们将认识一个很不简单的人物，而他肯定算是哲学界特立独行的人物。他自己曾说："那一天将会到来，凡是不知道我曾对某件事说过什么的人，都将被鄙视为一无所知的人。"由此可见他这个人并不谦虚。第二个理由是，本章探讨的问题非常重要，可以说是当今讨论最多的哲学问题。

我们先从这位哲学家开始吧。亚瑟·叔本华（Arthur Schopenhauer）出生于但泽市，父亲是当地一名成功的商人。1793 年，当叔本华 5 岁时，他们举家迁往汉堡。他那期望很高的父亲对儿子有着不凡的规划。他在叔本华 15 岁时就将他送到荷兰、法国、瑞士、奥地利、西里西亚①、普

①　Schlesien，中欧地名，绝大部分属今日波兰，小部分属捷克和德国。

鲁士和英国的学校以及寄宿学校就读。他刚要适应一个新环境，就得换到下一个地方；这对他造成极大的影响；叔本华虽然说得一口流利的英语、法语，却性格孤僻且不信任别人，总是独来独往。17岁时，父亲强迫他学做生意。没多久他的父亲突然过世。人们传说他是死于自杀。父亲的死让叔本华悲恸逾恒；他虽然很怕他，却也很尊敬他。相对的，叔本华的母亲这时才真正绽露光芒；她终于可以如愿成为一个文艺沙龙夫人。他们搬到魏玛（Weimar），而母亲的文学沙龙在那里也大受欢迎。魏玛虽然只是图林根邦（Thüringen）的小城，却有诸如歌德、席勒、韦兰德（Wieland）和赫德（Herder）等文学巨擘住在那里。

看到歌德以及其他文坛明星来到母亲的沙龙，坐在原属于父亲的椅子和沙发上神气活现的模样，年轻的叔本华感到不寒而栗。面对母亲一脸陶醉的表情，他则以冷嘲热讽回应。然而，他其实不像外表那样泰然自若。他虽然绝顶聪明，长相俊秀，却觉得没有人了解自己。21岁时，母亲将他赶出家门。他得到一部分遗产，搬到哥廷根，后来又到柏林和耶拿去学习医学、自然科学和哲学。

他25岁时完成了博士论文，那是充满怀疑、态度强硬而偏激的著作。叔本华解释说，人完全没有客观认知世界的能力，而我们的认知受限于那属于哺乳类动物的大脑。叔本华的偏激程度远胜于康德，毕竟康德还相信，人

我是谁？

类的认知设备是个精密且适用的工具；叔本华却几乎不相信意识能有什么聪明的作为。他母亲觉得他的作品既不优雅又无趣，根本像是"写给药剂师看的"。幸好，叔本华并不怎么欣赏的歌德，却偏偏颇为赏识这位年轻人的聪明想法。他认为叔本华是个天才，并公开预言他将在文坛大放异彩。他把自己引以为傲的《色彩学》（*Farbenlehre*）寄赠叔本华。然而，精通自然科学的叔本华在读了歌德关于色彩的产生和效果的研究后，却皱起眉头，觉得只是无价值的废话。性格偏激的他四处宣扬此事。他后来干脆自己也写了一本《色彩学》，于是歌德立刻与他绝交。自此再也没有人愿意为这个傲慢的家伙背书了。1820 年，叔本华在柏林大学教授哲学，为了与当时大学的明星黑格尔分庭抗礼，他选择在同一时间授课。这场竞赛最终以灾难收场：黑格尔的课堂有几百名学生，而叔本华的却只有三五个。尽管他仍自诩为天才，其他人却认为他不过是自我膨胀罢了。学校通知他学生人数不足，而他也就只好黯然放弃教职，到法兰克福定居下来。他写了很多书，而附近的居民都觉得他很可笑。在他们眼中，他总是在街上自言自语、态度不友善、深爱他那几只卷毛狗，而且害怕自己会中毒。他晚年时的确有了一点名气，却无法好好享受。他对人的看法变得非常黑暗。不过至少他还能满意地说："世界从我这里学到了一些永远不会忘记的东西。"

第13章 利贝特实验：我可以要我所想要的吗？

叔本华其实很早便取得了他最重要的成就。他在 30 岁时就出版了代表作《作为意志和表象的世界》（*Die Welt als Wille und Vorstellung*），不过起初并不受瞩目。虽然如此，他还是发现了康德、黑格尔以及很多其他哲学家始终忽略的问题。他们几乎都认为是"知性"和"理性"告诉人应该做什么，而人的整体任务只不过是服从理性的指示；然而叔本华却很怀疑，他提出了哲学里最惊人的问题，也就是："我可以要我所想要的吗？"

这个问题本身对于哲学界来说就是个很大的挑衅，因为它涉及的意义非常重大。如果说，我不可以要我所想要的，那么人的意志便是不自由的；若是不存在自由意志，那么理性其实也就完全不重要。而那"定言命令"，我知性中的"道德的法则"，又会如何呢？它会完全没有意义，因为决定我行为的法则根本就不是理性，而是非理性的意志！叔本华继续坚决主张说，脑中的指挥中心并不是理性，而是意志。意志在无意识之下决定了我们的存在和性格，也可以说是"主人"，而知性是它的仆人。当意志自己在做实际的决定和秘密的决议时，都将知性摒除在外；而知性完全不知道在它背后发生的事情。只有意志能告诉我该做什么，而知性的工作就是顺从它。因为"只要是违背意志的，脑袋也不会让它进去"，所有其他的都是徒托空言！

我是谁？

是这样吗？我们用一个例子来说明。回想一下你的学生时代，你不想上最后一节数学课，并考虑着是否该逃课。当然你有所顾忌，因为你的数学成绩很差，而这也正是你不想上课的原因。若是不去上课的话，你会更跟不上进度；但是想到坐在教室里的情景，心情又更糟。你开始犹豫不决。你不完全知道其实自己已经接受了逃课的意图，你虽然有所顾忌，却根本不想去上课，也就是说：你的知性还没察觉。但是这时你听说有些同学也不想去上那最后一堂课。这当然并不是消除你的顾虑的真正理由，也不是站得住脚的论点，因为你的同学是否逃课，并不会改变你逃了课成绩会变差的结果。然而当你听说同学也不想去上课时，你心里立刻升起了一股无法阻挡的喜悦，这喜悦甚至让你很惊讶；你已经百分之百决定不去上数学课了！而这时你的知性才发觉，你的意志在知性仍不确定并且和顾忌相互拉扯抗衡时，早就已经决定好了。所以，你可以说是做了一个自由意志的决定吗？恐怕不是。你的意志之前就知道它要的是什么，并且找个借口安抚你的知性。你告诉自己：其他人也不去上课啊；虽然这其实并不是个好理由。你的意志做了它想要做的，而你的知性只不过为它提供适当的辩护罢了。

因为强调意志的地位，叔本华成了哲学界的眼中钉，不过这还挺令他高兴的。从他自己的观点看来，他终于在

"人们几千年的哲学探讨"之后，辟除了"人类是受理性支配"的谣言。他发现了"所有哲学家的根本谬误"和"最大的错觉"，也就是：知道什么是善，也就能够行善。康德不也曾经认为"理性如何，意志便如何"吗？然而事实是否正好相反，也就是"意志想要如何，理性也照着做判断"？

一般人对于"理性是指挥中心"开始产生怀疑，而这个怀疑还会越来越大。让我们换个场景，跳到 1964 年，叔本华去世约 100 年后：教皇保罗六世（Paul VI）衣着隆重地走进大厅接受觐见；红袍枢机主教们跪下来亲吻他的戒指；只有生物学家、物理学家和脑部学者们站着与这位基督的代理人握手。教廷科学院邀请当代顶尖的专家来到这豪华的文艺复兴建筑，也就是教皇的住所，和他共同思考一个所有自然科学家醉心的主题：大脑研究。学者和主教们尤其关心一个新发现。一位来自旧金山、名气还不大的脑部学者做了一个划时代的实验，让脑部学者们印象深刻，其中包括三位诺贝尔奖得主。

本杰明·利贝特（Benjamin Libet）于 1916 年出生于芝加哥，主修生理学。从他所受的教育来看，他其实并不算是真正的脑部学者！不过这也是正常的，因为在 20 世纪 30 年代还没有什么地方可以学习脑部研究。利贝特年轻时就对于"人是否可以用科学的方法测量意识的活动"

我是谁?

这个问题感兴趣。20 世纪 50 年代后期,他大胆地在旧金山锡安山医院的神经外科部门对一些仅受局部麻醉的患者进行实验。这些患者躺在手术室里,他们的脑部有部分是打开的。利贝特将线路与脑部相接,并施以微弱的电流脉冲刺激。他仔细观察患者如何以及何时产生反应。实验结果非常惊人:从皮质的刺激到患者的抽动之间经过了超过半秒的时间。利贝特的实验于 1964 年在梵蒂冈引起注意。当时他不知道另外两位同行的研究结果,他们也发现了时间的延迟:从想要做出一个手部动作的意图到动作的发生,中间有将近一秒钟的时间。这个测量让利贝特很兴奋。意图和行动之间的一秒钟差距,这完全与我们一般的认知互相矛盾。当人要拿一杯茶时,他立刻就会做出动作;那么测量到的一秒钟差距是怎么回事呢?

利贝特推断说,人们自己并没有察觉到这一秒钟。他于 1979 年开始了新的实验,而这个为人熟知的利贝特实验也让实验设计者享誉全球。利贝特让一个女人坐在靠椅上看着一个大时钟:那不是一般的时钟,而是一个绿色的、快速绕着一个圆盘转动的点。接着他固定两条线路,一条连接实验者的手关节和一台电子测量仪器;另一条则连接实验者的头盔和另一台测量仪器。他给实验者的任务如下:"请注视钟上的绿点,任选一个决定动一下手关节的时间。特别要注意的是,记住做决定时绿点所在的位置！”女人依照利贝特的指示，决定移动手关节并记下绿点的位置。接着利贝特问她当她下决定时绿点的所在位置并加以记录；然后他迫不及待地察看两台测量仪器。手关节的电压变化显示动作发生的精确时刻，而头部的电极则显示脑部对于行动的待命状态。结果在时间上的顺序是如何的呢？首先，头部的电极传出信号，半秒钟后才是女人看着钟指出的做决定的时刻，再过约 0.2 秒钟才有手部动作。对于这个结果，利贝特非常兴奋；女人在知道决定的半秒钟以前，就已经决定要动作了！想要或想做什么事的“意识前反射”比有意识的行为更快；那么，脑部的意志程序真的是在人意识到这个意志之前吗？而这难道不也同时意味着哲学上关于人类意志自由的终结吗？

让我们做一趟时光旅行，把叔本华和利贝特凑到一块儿来探讨这个问题。我们就到 1850 年，叔本华位于法兰克福好景街 17 号（Schöne Aussicht 17）的住所去吧！时间是早晨。等一等！这时他还不见客，我们必须稍等一下。他在七点和八点之间起床，起床后用一块大海绵沾冷水刷洗整个上半身，而他最有价值的感觉器官眼睛，则是以多次睁开浸入水中的方式洗涤。他认为这样的方式可以强化视神经。接着他坐下来喝咖啡，而且是自己煮的。他不允许女仆这么早现身，因为他非常重视在早晨专心思考。叔本华说，脑部这时就像刚调好音的乐器一样。我们

我是谁？

再等一个钟头就可以按门铃了。开门后的欢迎态度还算友善，至少是就叔本华的一般表现来说，毕竟这位访客很欣赏他的学识。利贝特甚至还喝了一杯咖啡。由于叔本华憎恨无意义的闲聊，所以这两位先生开门见山地说：

"那么，利贝特先生，现在究竟如何？我可以要我所想要的吗？"

"呃，如果你问得这么直接的话，不可以。我不可以要我所想要的。"

"那么就是如我所说的？意志是主人，而知性是它的奴仆？"

"或多或少是这样的。"

"什么？"

"就像我说的，或多或少。"

"您要说的是什么？这里的或多或少是什么意思？"

"或多或少的意思是，我们永远无法完全确定。"

"为什么？情况很清楚啊！你解释过的，意志在时间上先于有意识的知性，快了……？"

"……大约半秒钟。"

"没错，利贝特先生，快了半秒钟。这表示：意志负责支配，而有意识的知性很笨拙地跟在后头，不是吗？如果知性很笨拙地跟在后头，那么也就不存在意志自由，因为意志不是被知性影响，而只是被它认知和评论。这样的话，一切的道德哲学都不对了。”

“呃，其实……”

“对于事物有意识的或是理性的观点，并不属于人的本质，而只是跟随在意志后面的装饰配件，一种修辞的辩解或事后的评论。”

“我也可以说些话吗？……”

“请说！”

“没错，从意志的推动到有意识的决定中间经过半秒钟；但是到女人的手部关节移动，也就是她行动，中间又会经过半秒钟……”

“所以呢？”

“……也就是说，她还有机会中断这个动作……”

“请继续！”

“……也就是说，虽然不存在自由意志，但是总还是有个像自由的‘反意志’（Unwille）的东西，可以预防不好的事情。”

“自由的反意志？你的想法真怪异。”

“这可能听起来怪异，但是我相信事实就是如此。意志是不自由的，但反意志却是自由的。无论是什么促使我们做任何事，我们依然总是有机会说'停!'"

"你相信你已经用那个钟证明了这一点了吗？证明了存在一个无意识的不自由和一个有意识的自由？"

"'证明'这个字眼可能有点夸张了，但我是这么相信的。"

"而这一切就因为你的那个简单的实验？"

"叔本华先生，我愿意承认我的实验蛮简单的；但是我认为很有说服力。此外，相信有个东西，我是指自由的反意志，来控制我们的意志，其实是件好事。你是否曾想过，如果我们接受'没有人必须为他的意志负责，也因此不能要求他承担责任'的话，这对社会究竟意味着什么？我该如何面对一个杀人犯呢？他可以说：'我不知道自己做了什么，无意识的意志导致我做了这件事，而我无法控制它。您去看看叔本华和利贝特写的理论啊!'"

"反正人类是无可救药了，不管有没有刑罚，有没有监狱!"

"叔本华先生，这是您的看法。但是这么说对我们并没有帮助。"

第13章　利贝特实验：我可以要我所想要的吗？

我们最好在这个对话开始有些龃龉以前离开，反正他们也不会再有太多交流了。他们的立场很鲜明，看不出有妥协的可能。当然，利贝特在"不轻易推翻人类为其行为应该负的责任"这件事上是对的；不过，叔本华怀疑利贝特的测量结果是否真的足以证明一个关于意志、反意志和意识的巨大理论，难道就不对吗？脑部研究还无法完全理解人类意识（包括灵性的感觉、创意）、有意识的意志以及想象力之间复杂的交互作用，更别说是测量了。不过每个脑部学者还是有自己一套心物关系的理论。关于利贝特的测量，其真正问题在于他必须把脑部电极的测量结果翻译成语言，例如他把这些测量结果归类成"潜意识"或"前意识"（Vorbewusstsein），并决定"指出时钟上的点"算是"有意识的"还是"无意识的"。但"前意识"究竟是什么呢？也许我可以把"要弯曲手部关节"的意志称作"前意识"，那么要解决复杂的数学问题，或是要构思哲学论点的意志又该如何称呼呢？虽然利贝特的测量结果看起来非常有启发性，但它们并不能推论出简单的答案，反而招致新的问题。意志自由这个大难题应该无法用"脑部脉冲"和"这个脉冲被察觉"的时间延迟来取代。此外，意志脉冲也有非常多不同的种类：有些虽然很简单，却又经常很强烈，例如饥饿、口渴、疲劳和性欲；有些则非常复杂，如想要通过高中毕业会考、学习法律或举

办一个盛大的庆生会等,都比一个让我想吃东西的饥饿感
要复杂得多。

这一切对法律来说具有什么意义呢?今天,成千上万
的脑部学者在世界数百个机构中研究脑部,其中有不少也
在探讨"促使人类从事道德行为的本能和推动力"。假如
说一切的"应该为善"都是奠基于"想要为善",那么在
人脑中就必须有个诱发善意志的东西,而那又会是什么
呢?

第 14 章

盖吉事件：
大脑里存在道德吗？

　　1848 年的 9 月 13 日天气很好，午后阳光强烈而炽热，盖吉（Phineas Gage）一早便开始工作。他是炸药专家，同事们后来也都为他背书，说他是若伦德伯林顿铁路公司（Rutland & Burlington Railroad Company）"最卓越、最有能力的人"。他的任务是要为一条新的铁路线炸平一块岩地。佛蒙特州的工人都聚集在卡文迪西市（Cavendish）前方不远处；很快，穿越新英格兰州的铁轨将铺上，而满心期待的旅客也将能横跨 200 英里，从若伦德到波士顿去。盖吉刚刚把火药和引信填入一个新的钻孔，并要求助手将整个地方用砂铺盖住。他伸手取一根两米长的铁棍，打算压实铺在火药上面的砂。这时，有人从后面对他说话，他转身和他交谈了几句，同时熟练地将铁棍插进沟槽里；然而他没注意到，他的助手还没有把砂注入其中。盖吉说说笑笑，意外地在岩块上敲出了火花。

我是谁？

火药就在那一刻爆炸了。铁棍从盖吉的左边面颊插入脑部，射穿头部飞了出去，上头沾着血和脑部组织，砰的一声掉落在30米外的地面。盖吉躺在地上，午后的艳阳洒在岩块上。铁路工人都吓得失了魂，全身僵硬地站在一旁，只有少数几个人敢靠近察看令人难以置信的一幕：盖吉竟然还活着！虽然有个洞贯穿头颅，他还是恢复了意识。鲜血不断从伤口流出，但他依然能够对同事们解释意外的发生。工人们将他扶上一辆牛车，他笔直坐在车上，车行了一公里多的距离，来到邻近的旅店。他真是个顽强的小伙子！盖吉仍自己从车上爬下来，其他铁路工人都惊奇不已。他坐在旅店里的椅子上等待。当医生抵达时，盖吉还对他说："我这里有不少工作等着您呢，医生！"

现在，盖吉的头颅被存放在极负盛名的哈佛大学内，并且让科学界伤透脑筋。盖吉在意外发生时25岁，头部遭重创后继续活了13年。那是一段奇异的人生，因为盖吉的伤口虽然奇迹似地复原，但整个事件却蒙上了一层阴影。这名受伤的工头仍然能感觉、能听、能看，他的四肢或舌头也没有麻痹的迹象，他只失去了左眼，其他的器官都运作正常；他的步履稳定，双手也灵活如昔，甚至说话也和从前一样，完全没有受到影响。不过，他失去了火药专家的工作。后来盖吉在马场找到新差事，没多久又被炒鱿鱼了。无可奈何的他来到市集上，后来又到博物馆，他带着那根铁棍以吸引人潮。最后他移民智利，在那里待了几年，并在马园里担任马车夫维生。1860 年，他来到旧金山，最后在阴暗小巷内结束了他的一生。他发作了几次癫痫，去世时 38 岁。人们将他和从不离身的铁棍一同下葬，那些曾经以头条新闻报道他意外事件的报纸，只以不起眼的几行字刊登了他的死讯。

盖吉的生活为何落得如此下场呢？研究这个案例的脑部学者汉娜（Hanna）和安东尼奥·达马西奥（Antonio Damasio）夫妇认为，盖吉于意外发生后在学习和说话方面的表现都完全正常，除了一个例外。当时有许多证人都指出，盖吉完全失去了对群体生活规范的尊重：他不停撒谎骗人，有暴怒和殴打人的倾向，并且完全看不出有任何责任感。究竟发生了什么事？难道脑部的创伤会让一个正直的好公民变成有严重性格缺陷的人？看样子这名铁路工人的道德罗盘已经被消磁了。若是如此，难道不也表示在人脑中存在着一个负责道德的生物中心吗？如果真有一个中心，那么这个中心是否在我的脑中决定我的行为的良窳呢？

脑部学者达马西奥夫妇尝试用各种可能的方法研究盖吉的头颅。他们确定盖吉的脑部里负责人类重要特征（例如预想未来并且在社会环境里规划未来的能力）的部分已经被破坏。他们相信，盖吉失去了对自己和他人的责

我是谁？

任感，无法自由安排自己的人生。虽然所有其他脑部功能都继续正常运作，但那个负责让人有责任感的特定脑区——腹侧区（Ventromediale Region）却可能失灵了。如果这两位脑部学者的看法正确的话，那么盖吉的意识便在意外后产生故障，而思考和感觉、决定与感受的关系自此都变得不正常。

必须一提的是，并非所有研究盖吉事件的人都同意该解释。有些人研究了他的遭遇，并且怀疑治疗盖吉的医生的医学鉴定。他们认为，盖吉的性格并不像达马西奥夫妇所说的产生了重大的改变。我们必须考虑到，盖吉毕竟失去了他专长的工作，职业生涯宣告终止；而最重要的是，人们面对一个个性机灵的工头的反应，和面对一个容貌完全走样的人是很不同的。若干怪异的行为难道就不能归因于此吗？我们难道不能说，那场意外很可能对盖吉造成了严重的精神创伤？

这些异议都是合理的，但是难以改变神经生物学的诊断。达马西奥夫妇以许多动物实验证明研究的结果。他们发现，腹侧区是脑部极为重要的区域，它不但处理感觉，也负责构思计划和做决定。但是，别以为我们因为发现腹侧区，也就找到了一个小型的"计算中心"，它根据指令计算出我们的道德判断。如果真是这样，那事情就太简单了。

第14章 盖吉事件：大脑里存在道德吗？

我在儿子奥斯卡晚上睡觉前，会朗读芬兰童书作家托夫·杨森（Tove Jansson）写的木民系列（Mumin）故事。其中有一本书提到，精灵斯诺克（Snork）希望魔法师能给他一台计算器，让他知道什么是公平的，什么是不公平的。然而连伟大的魔法师也无法满足他的要求。同样的，脑部中也没有一台道德的计算器，因为那并不是存在于某个脑区的封闭系统，而是一个涉及不同脑区的极为复杂的网络。如果有人问，脑部中是否存在若干负责道德的区域？那么答案是肯定的。但如果问题是，是否有一个脑区负责道德的感受和决定？那么答案就是否定的。

我刻意在上一句话里区分"感受"和"决定"，因为它们并非同一回事。在前一章里，脑部学者利贝特将两者归结在一起，认为我们的感受支配我们的决定。这当然不全然是错的，但是今天脑部研究已经知道，有非常多不同的脑区都参与了我们的感受和决定，因此很难具体细说该历程究竟是如何作用的。感觉、抽象思考，以及负责人际关系的领域，总是同时作用。我们很难说谁决定什么，而且决定者与被决定者的关系也可能并不总是一样的。显然，感觉和理性总是交错作用，而人们在面对研究设定的状况时也经常会有截然不同的反应。

道德感的确存在，例如对匮乏的人们产生同情：我在街上看到一名乞丐时，会为他感到难过。那感觉在我心里

159

油然升起，并非刻意营造。而道德观却是完全不同的概念：我想要给这个人钱，并且考虑这么做对不对。我会想：如果每个人都给他钱的话，他就永远不会去找工作了；或者，他肯定不会拿这些钱去买吃的，而是拿去买酒喝掉。我也可能会想：他想拿这钱去做什么就做什么吧，重要的是他得到所需要的钱。感觉和决定经常分不开，但是我们何以如此行为，却可能有别于我们如何以道德去评断某个行为。除了意图、思考、习惯以及种种其他元素，感觉也在行为里扮演重要的角色；但是当我们进行道德评价时，感觉的影响却又显得不那么强烈。在我们攀登我们"道德山脉"的最后一座高山——道德的直觉（Moralische Intuition）以前，让我们再一起来看看脑部研究吧！

第 15 章

我感受到你也感受到的：
值得做个好人吗？

有些人在看到卡尔·麦（Karl May）的小说拍成的电影里维尼图（Winnetou）死去的那一刻掉下泪来；有些人为电影《油炸绿番茄》里露丝（Roth）的死而哭；还有一些人在看到小说《哈利波特》里邓布利多（Dumbledore）教授被杀时流泪。我们在看悲伤的电影或书的时候会哭，是因为我们设身处地去想象故事里那些英雄们的感觉，仿佛他们的痛苦就是我们自己切身的痛苦一般；我们跟着笑，我们也对影片中的怪物和心理变态情节感到害怕，就好像他们威胁到了我们一样。这些是每个人都有过的经验，但它们是如何产生的呢？为什么我们能够了解他人的感觉？为什么我们会在电影院里起鸡皮疙瘩，虽然在那里一点也不危险？为什么他人的感觉会传染到我们身上呢？

答案很简单：我们能够感同身受，是因为他人（在现实世界或电影里)的感觉唤起了我们心中相同的感觉;而这很可能不仅存在于人类。根据德瓦尔在麦迪逊研究中心的观察,母猕猴法恩的姐姐显然也感觉到了法恩的痛苦和恐惧。然而,即使能与他人"感同身受"或"心有戚戚焉"是如此理所当然,对科学界来说,直到近几年,这仍是个完全无解的谜。令人惊讶的是,第一位提出具有科学说服力的学者,在其所属的专业领域之外仍然鲜为人知。

人们经常把贾科莫·里佐拉蒂(Giacomo Rizzolatti)和爱因斯坦相提并论:蓬乱的白发、唇边同样蓄着的白胡子,以及脸上狡黠的微笑。不过他们的相似处不仅止于外表。对许多脑部学者来说,这位活泼开朗的意大利人是学界里的佼佼者;他将脑部研究推向一个新的层次。不过,他的研究领域并不是最热门的。里佐拉蒂探究控制行为的神经细胞,即所谓的行为神经元,已经超过 20 年了。这是个比较无趣的领域,因为引导行为的"运动皮质"始终被视为比较迟钝的脑区。大部分的学者都想:如果我们能够研究像语言、智力或感觉等复杂的领域,又何必对简单的肢体动作感兴趣呢?

看来似乎是如此。不过,情况在 1992 年有所转变,而且这个转变令大家大跌眼镜。里佐拉蒂工作的所在地帕尔玛大学是欧洲最古老的大学,位于城市边缘的医学院却是个非常前卫的雪白色建筑楼群。20 世纪 90 年代初期，里佐拉蒂身边的脑部学者在从事一项很不寻常的研究。他们知道，特定的行为具有"传染"的效果，发笑、打哈欠甚至谈话者的身体姿势，都能立刻引起对方的模仿。在某些猿猴中也出现相同的现象，某些种类甚至以喜欢模仿闻名。不过研究人员偏偏决定以一种一般来说不会模仿同伴的猪尾猕猴作为研究对象。里佐拉蒂和几位较年轻的同事伽列赛（Gallese）、佛格西（Fogassi）和迪派勒吉诺（di Pellegrino），将电极接到一只猪尾猕猴的脑部，然后把一粒核桃放在地上，并观察当猴子快速伸手抓取核桃时某个行为神经元如何反应。至此一切都算正常。不过，这时惊人的情况发生了：研究人员把同一只猴子放到一片玻璃后方，这次它抓不到核桃了，只能眼睁睁看着里佐拉蒂的助手伸手抓取核桃。这时猴子的脑部发生了什么现象呢？当它注视别人拿它的核桃时，相同的神经元产生反应，就像它之前自己伸手去抓核桃一样。虽然它的手并没有移动，它的精神却想象了这个动作。科学家们无法相信自己所看到的：无论猴子是亲手完成某个动作，或者只是精神想象了训练师所做的动作，其神经细胞都做了完全一样的工作。

在此之前，从未有人观察脑部如何模拟现实里没有发生的动作，而莱奥那多·佛格西（Leonardo Fogassi）则是

我是谁？

第一人。不过成功应该是属于整个团队的。里佐拉蒂发明了一个新的概念，他把这个在被动想象时却如真实行为般于脑部引发相同反应的神经细胞称为"镜像神经元"，一个新的神奇术语就此诞生了。首先是意大利，接着是全世界大学和研究中心的脑部学者，都立刻投入镜像神经元的研究行列。如果人的脑部对于我们的"亲身经历"和只是"认真观察并感同身受"的反应没有差别的话，那么这不正是了解我们社会行为的关键吗？

至少镜像神经元是其中一个重要部分。它位于额叶的前额叶皮质，一个称为"脑岛"的区域。然而这个脑岛却不同于"社会中心"，也就是到目前为止所说的"腹侧区"。其中的差别也很清楚，因为镜像神经元虽然和无意识的"移情作用"有关，却和更大范围的计划、决定或意愿无关。到目前为止，我们还不很清楚这些脑区如何交互作用。里佐拉蒂于六年前以图像程序说明，人类的镜像神经元显然也位于负责语言的两个脑区之一（布罗卡区）附近，这使得学界特别振奋。荷兰格罗宁根（Groningen）大学的脑部学者不久前在"听到声响"和"镜像神经元发出信号"之间发现了有趣的关联。当人听到开饮料罐气泡冒出的声音时，脑中的反应就跟他自己开饮料罐完全一样；也就是说，单凭声音就足以让人经历整个情况。而那些在实验里脑部反应特别活跃的受测者，也是自认为特别能与他人感同身受的人。美国多位学者研究有社交障碍的孩子们。他们发现，自闭症的孩子显然在镜像神经元上有问题，不是过于微弱就是根本没有启动。

我们还不确定，镜像神经元作为我们"感觉的导演"是否能在往后的实验中得到证实，因为这方面的研究尚在萌芽阶段。不过，对镜像神经元的理解很可能帮助我们理解同理心、语言，甚至社会行为和道德。如果镜像神经元在自己行为以及在观察他人行为时都发出信号，那么我们可以推测，对他人感觉的想象其实有赖于自身的感受能力。"自我感觉"是"感觉他人的感觉"的先决条件。就像我说的，那是"先决条件"，至于要不要使用它，当然又是另一个问题了。镜像神经元或许可以解释我们一般道德能力的"技术面"；对它的研究也许能指出同理心是如何作用的；而同理心的作用在康德眼中是完全无法描述的过程。现在仍欠缺答案的问题是，对于建立普遍的行为模范甚至具有约束性的行为准则而言，同理心为何如此重要。

在我们的物种发展史里，道德具有规范群体的社会生活的目的。为了使其运行无碍，群体成员必须能够适应其他人、设想他们的感觉甚至他们的思想。显然镜像神经元可以让人们能够为他人着想。无私或利他行为根深蒂固到让人类不仅会帮助别人，而且还感受到"帮助别人是值得的"。当我们安慰一个哭泣的孩子，拥抱、抚摸甚至让他欢笑时，我们也会充满喜悦。同理心是每个健全的人都拥有的本能。看样子是先存在这种道德感，然后才产生道德的原则的。

然而，得到回报的感觉从何而来呢？是什么让我们在使别人快乐时，自己也感到快乐呢？当我们言行符合道德规范时，是什么让我们感到满足？如果我们请教脑部学者，他多半会指向一个很小却非常特殊的脑区，也就是我们在讨论感觉时曾提过的"杏仁体"。它是脑中的"快乐与不快乐中心"，对它的研究成果比镜像神经元要丰硕得多。许多研究团体发现，友善的脸能引起左边杏仁体强烈的反应，产生好的情绪和乐趣。阴沉或带威胁感的脸则特别会刺激右边杏仁体，产生恐惧和不快。这类结果都能在核磁共振图上看到，而且很有启发性。当然，核磁共振图只能捕捉即时的影像，无法呈现影片；不过，让别人高兴会给我们好心情，这似乎是显而易见的。对方的笑容和脸上散发的光彩，就是我们做好事的回报；也就是说，做好事经常会带来好心情，特别是当行为的结果能在对方的脸上看到（或至少想象得到）时。

我们可以说，无私的利他行为是以"自我赏报"为基础。对我而言，做好事是值得的；对社会而言，如果这对于个人是值得的话，那就也是值得的。也许这便是康德严重低估的一点，因为他认为，出于责任感的友善要比出于好感或天生的友善更有道德；他还认为，人不能信赖"快感"。这个看法并不完全是错的，不过，难道我们就能够信赖责任感吗？这在某些情况下可能更行不通，因为和"给别人快乐"得到的快乐相比，"尽一个责任"是比较弱的快乐。

在康德以前，许多哲学家把道德解释为"对上帝负责"，而一个以上帝悦纳的方式去行为的人就是道德的，其生活就是正确的。然而康德却让道德脱离人对上帝的责任，人应该对自己负责，而非对上帝负责。这就是所谓"我心中的道德法则"的思想关键。从心理学的观点来看，这意味着"我是否想要从事合乎道德的事"是个"自尊"的问题。在这一点上，康德无疑是对的。虽然在我看来，做好事的乐趣比做好事的责任更为人性化，但是只有当我基于自尊的理由，把这个乐趣的经验作为普遍友善行为准则的基础时，那才会是道德。不过在这里我们也必须承认，"做好事的价值程度"也视我们的社会而定。凭着"定言命令"是无法在监狱里或布朗克斯（Bronx）①生存的。在这里，自尊和自我主张的需求以及必要性相抵触。不过，道德能力基本上还是人类重要的组成部分。一

---

① 布朗克斯为纽约著名的贫民区，犯罪率极高。

我是谁？

个完全没有是非概念的社会，大概是我们所能想象的最悲惨的社会，如果我们能想象得到的话。

"人性"这个西方基督教世界的遗产，诱使我们把道德视为我们这个物种的本质。人类似乎天生就既非绝对残暴，也非完全高尚的，而是两者兼具。今天，盖吉颅顶的洞透露了脑部道德控制中心的秘密；而镜像神经元则显示了我们的同理心如何在神经细胞层面上运作。然而，没有一种化学过程会自动构成好感、爱和责任，那还需要我们自己去做，尤其是因为它对我们而言是值得的。我们现在还要探讨的一个大问题只有："做好事是值得的"，是我们由生活经验得知的吗？这个认知是与生俱来的吗？我们真的如康德所说，是带着一种"道德法则"来到世界的吗？毕竟我们大多数人都能不假思索地评断一个行为的是非曲直。我们显然在这方面有个直觉。然而，这个"直觉的道德"背后的真正意义又是什么呢？

第16章

站在桥上的那个人：
道德是与生俱来的吗？

让我们想象以下的状况：有一节车厢完全失去控制，向五名轨道工人疾驶而去。而你，亲爱的读者，就站在轨道转辙器旁，看着这节无人驾驶的车厢呼啸而来。若是你将转辙器转向右边，就能在最后一秒前拯救这五名男子的性命。唯一的问题是：如果车厢改向右行驶，会撞上一名轨道工人，不过就只有一名。你会怎么做呢？

等一下！在你回答以前，请你再设想第二个问题，还是和那节无人驾驶的车厢有关，它还是朝着轨道转辙器和五名工人疾驶！不过这次你不是站在转辙器旁边，而是在轨道上方的一座桥上。你找寻可以从桥上丢下轨道以阻挡车厢前进的东西，这时只看到你身边有个高大肥胖的男子。桥的栏杆并不高，而你只要从后方用力把他推下去，他粗重的身体就能挡住疾驶的车厢，并保住五名轨道工人的性命。你会这么做吗？

我是谁？

到目前为止，已有超过 30 万人问过自己这两个问题。想出这个问题的人是波士顿哈佛大学的心理学家马克·豪瑟（Marc Hauser），他把这个测验放在网络上，让人在线上决定遇到无人车厢事件时会怎么做。不过豪瑟询问的对象并不仅限于网络，他在美国、中国，甚至向游牧民族提出这些问题；他问了孩童、成人、无神论者、有宗教信仰者、女人、男人、工人和学者。令人惊讶的结果是：这些人的答案几乎总是相同，而且不分宗教、年纪、性别、学历和生长背景。

他们的答案是什么呢？对于第一个问题，几乎每个人都会启动转辙器，为了拯救五个人的性命，他们宁可容忍让一个人牺牲；至于第二个问题，则每六个人当中只有一个人会为了救五个人而将胖子推落桥下，绝大多数的人不会这么做。

这样的结果难道不奇怪吗？无论我是启动转辙器或是把人推到桥下，两个情况的结果不都是一人死亡、五人获救吗？最后死亡和存活的人数虽然完全相同，但其中似乎还是有个差别："容忍一个人死亡"和"亲手造成他的死亡"显然并非同一回事。是主动还是被动地为他人的死负责，这在心理学上有着极大的区别。在主动的情况下，就算是为了救别人的性命，我还是有"杀人"的感觉；而在被动的情况下，我的感觉比较像是"影响"了这件事。积极的行动和消极的过失之间存在着各种主观的感觉世界。而几乎在所有国家的刑法里也都明确区分了蓄意和过失的行为。

从道德上来看，积极的作为和发号施令或规定是不一样的。那些在广岛和长崎上空投炸弹的士兵，心中阴霾挥之不去；而从他们的上司甚至到杜鲁门总统，也就是下决定的人，却显然不觉得有太大的问题。我们区分蓄意的和预见的伤害，我们也区分直接的和间接的行为。大多数人认为因身体接触而产生的伤害比未经接触的更严重；同样是杀人，按下一个钮比用刀刺入心脏感觉好一些。一个残暴的行为越抽象，执行起来就显得越轻松。

让我们回想灵长类的社会行为的道德起源。虽然其中并没有抽象的行为，却肯定有"行动"和"过失"的差别。当有人疏忽了一个行为时，我们无法确定他是不是故意这么做的，因此我们也无法对他做明确的道德评断；相反，一个积极的行动看起来则是不容怀疑的。

不过，豪瑟的发现还不只这些。当大多数人在相同的情况下对情势做出相似的道德判断或行为时，不就证明了有个跨文化且普遍的道德"沉积物"存在于我们每个人身上吗？我们难道不都使用着相同的规则手册，遵循着同样的基本原则，例如"要公平""别搞破坏"或"要和睦相处"吗？豪瑟深信，在我们每个人心里都有道德的规则。由于人们一般不会意识到这些规则，因此这些规则也不是透过教育去传递的。它们应该是深植于我们的基因里，并且在我们幼年时期就内化的。豪瑟推测，我们的道德感是像语言一样习得的。如同乔姆斯基指出的，脑袋里有个普遍语法，孩子能各依其环境的影响发展他们的母语。我们的第一个词语不是"学会"的，而是像手臂生长一样"习得"的。豪瑟认为，道德也近似，也有一种"深层语法"，让我们根据环境有系统地孕育出道德。因此，每个人在出生时都具备了分辨是非的理解力，一种"道德本能"；教导人们社会道德和习俗的，不只是宗教和法律，也不只是父母和老师，我们其实在出生时就已经具备某种理解力。正因为如此，我们才能不假思索地论断一个行为的是非对错。就算是一名罪犯，其内心深处也大多能够分辨善恶。

豪瑟说的对吗？那把"开启直觉道德的钥匙"，哲学家无法以抽象的命令和法则去解释，脑部学者也无法在核磁共振图上看见，而心理学家们能用他们的测验找到吗？康德很鄙视"感性"这个东西，因为他的要求正好相反，也就是一种不掺杂感性的道德。他认为，感性不是理性的伙伴，而是它的敌人。感性只会混淆我们的道德判断。而豪瑟的道德感理论正好相反。他认为情感不一定都是低层次的本能，有时也会有高尚的情操。为了完全确定每个健

第 16 章　站在桥上的那个人：道德是与生俱来的吗？

康正常的人都有"道德感"，豪瑟求助于一位老朋友：他与安东尼奥·达马西奥共同研究额叶腹侧区受损的病人，也就是和盖吉状况类似的人。他们也被问到那两个疾驶车厢的问题，而结果很清楚，就像大多数健康的人一样，脑部受损的人也会启动转辙器来救五名轨道工人；不过与其他受访者不同的是，他们认为第二个问题里的胖子也必须遭殃。这些有"盖吉症状"的"群体障碍者"都毫不犹豫地愿意将他推到桥下。当其他人都因直觉的道德本能而有所顾忌时，这些人却显然欠缺道德感。他们仅以知性来判断情况。

如果我们采信这个测验，那么直觉的道德感就位于人类的额叶。在这里，道德与生俱来的普遍语法就隐藏在腹侧区里。不过，在我们表示赞同以前，不能漏掉一些重要的反对意见：第一个"车厢和转辙器"的问题是很清楚明白的，但是那第二个"站在桥上"的问题却不是。让我们再次认真想象自己要在桥上把一个人推下去阻挡车厢的前进。如果这个人是背对着我们的话，我们会比较容易下手；如果他目光注视着我们，那"下手推他"就会为难得多。要是我们对这个人没什么好感呢？那好，我们可以牺牲他。要是他很讨人喜欢、笑容可掬呢？那么我们八成就不会推他下去了吧！这一切的考虑虽然都不直接反驳豪瑟关于道德本能的理论，却让它变得更复杂了，因为我们关于好恶的感觉，也都与我们直觉的道德脱不了关系。

而转辙器的例子其实也一样。六位受访者中，有五位表示会为了拯救另外五名轨道工人而让一名工人被撞死，这个结果看起来似乎很清楚。但是，如果我认识"那一名"轨道工人，而他又恰巧是我的好朋友呢？我还会启动转辙器吗？要是站在那里的不是一名工人，而是我的母亲、兄弟、儿子或女儿呢？在这样的情况下，谁还会启动转辙器呢？谁会在一边是五名轨道工人，另一边是个正在玩耍的小孩的情形下，仍然启动转辙器呢？而如果是站在桥上的情况，有些学生肯定会为了救轨道工人的性命而把他们痛恨的数学老师推下桥去。

除此之外，在第二个问题里还存在着和本能无关的层面。如果我现在把那个胖子推下去，脑子会闪过一个念头：谁能保证他不偏不倚地落在轨道上？就算他真的落在轨道上，我能确定他可以阻止车厢的前进吗？万一不行呢？那么结果不光是那五名轨道工人会死，我又害死了一个人。如果我说这么做是出于善意，谁会相信我呢？这种种问题对于我的行为都有重要的影响，而它们都不是长时间考虑的结果，而是刹那间的念头。它们是由人生经验产生的，可以说是社会和文化的反射。

我们很难区分基因的天性和文化的知识，因为两者的交互作用是密不可分的。虽然许多不同的文化在面对豪瑟的测验题时都有相同的决定，却不能证明道德观是天生的。因为也有可能是：道德观在不同的文化里都有很类似的发展，因为它们在世界各地都被证明是好的或至少是值得的。"道德是天生的还是习得的"，这个问题的正确答案应该是：我们无法确实加以区分！例如，有些在希特勒时代受教育的孩子和青少年，日后成为纳粹党卫队的军官，可以残酷无情地杀人，包括对手无寸铁的妇女和小孩下毒手。如同语言的习得一样，我们的道德感也应该不是完全天生的。我们并非生来就配备了价值观，而只是有个"教学大纲"，说明我们能够接收哪些讯息，以及我们如何对它们进行组织的先决条件。

　　人们在道德观方面的不同，显示出在道德能力的利用方面也有很大的差异。所有权、性道德、宗教的规范以及处理愤怒的方式，无论古今都有很不一样的看法，因此很难说什么才是典型的"人性"。我们现在的社会里也存在许多层次上的差别，有日常生活的道德、内省的道德、义务的道德、阶级的道德、契约的道德、极大和极小的道德、原始的道德、约束的道德、女性和男性的道德、企业的道德、经理人的道德、女性主义者的道德和神学家的道德等。社会一旦发现了新的问题，就会立刻对应地产生出新的道德。但是每个新的道德还是奠基在亘古不变的传统价值上：它会呼吁良知，唤起责任感，要求更多的平等和民主、弟兄和姐妹之情。

有道德观的人会将世界分为两个部分：一部分是他所尊重的，另一部分是他所厌恶的。两千多年来，哲学家们绞尽脑汁，设法证明尊重和厌恶的标准，而得出的结果是值得我们思考的。因为，一方面，在哲学的影响下，历经数百年，产生了公民法治国家的现代道德体系；另一方面，这整个结构（至少在德国）又如此脆弱，以至于纳粹党在没有遭遇到强大道德反抗的情况下就轻易将其破坏。看起来，社会道德的进步，与其说是经由理性，不如说是透过各阶层的群众对某个问题的感受。社会前进的推动力是情感的冲动；或者就像美国哲学家理查德·罗蒂（Richard Rorty）贴切地说的："道德的进步……并不在于人们扬弃感性向理性的推进；也不在于停止诉诸低等的、贪腐的地方法院判决，而上诉到更高等的、只依据一套超越时空与文化界限的法律来判决的法院。"

我们在讨论道德的问题以后，得到的结论应该如下：人是有道德禀赋的动物。道德能力虽是与生俱来的，却很难说它的影响有多大；灵长类的脑部提供了同理心的可能性，并且知道"好的"行为会获得（神经化学上的）激励；道德高尚的行为是复杂的利他主义，既来自感性，也来自思考；人的体内并没有如康德所说的"道德的法则"来约束他行善；然而道德行为的产生，乃是因为它对于个体及其群体来说经常是值得的。至于人类以道德来辩护的强烈程度，则往往是自尊的问题，而这又是教育的问题。

　　有了对这个总结的认知之后，现在我们应该可以实际操作了。让我们来探讨社会具体的道德问题吧！如同我们所见，有一种道德感的权利，让我们在某种情况下杀人，就像站在桥上的那个人一样。但是，是否也有一种道德义务，让我们必须杀人呢？

第 17 章

贝莎姑妈不应该死：
可以杀人吗？

噢！提到我的那个贝莎姑妈呀，她一辈子都在用卑劣的方式压迫自己的家人，还好她没有孩子可以让她折磨（谢天谢地），但这却使她折磨的对象变成了自己的弟弟，也就是我的父亲。就连她的邻居们也不堪其扰，几十年来的土地界线问题，以及她那只到邻居花园里四处便便的狗。对了，那只狗！一只狂吠不停又爱咬人的小恶犬，而她总是放任它去攻击送信的邮差。没错，这就是令人憎恶的贝莎。

我还忘了提到一件事，她很有钱，可以说是个大富婆。她早死的先生亚伯特留给她一笔巨额遗产，而她也做了很好的投资——不动产、有价证券、股票，这使贝莎姑妈拥有亿万身家。而这一切最好的部分是：我是她的财产继承人。只可惜这个贝莎身体硬朗得像一匹马似的，才刚满 70 岁而且健康得很。她烟酒不沾，甚至连蛋糕也不碰。说穿了，贝莎姑妈除了钱之外，对什么都不感兴趣。我想她至少会活到90岁或者100岁吧，而她若真的活到100岁的话，届时我也70多岁了，谁知道那时候的我会在干什么、我究竟还需不需要她的钱了？有时候我会希望老贝莎明天就两腿一蹬；最好别等到明天，干脆就今天吧！

难道我们找不到什么理由能让自己杀掉可憎的人来做点好事吗？也许有个具有说服力的理论能用来支持我们，让贝莎姑妈提早去见阎王？而我还真的想到一个：哲学里的功利主义。

边沁（Jeremy Bentham）于1748年生于伦敦附近的斯毕塔菲尔德（Spitalfields）。他出生于一个政治立场保守的富裕家庭，从小读的是城市中上流家庭小孩就读的著名的西敏寺学校（Westminster School）；哲学家洛克（John Locke）、建筑师克里斯托弗·雷恩（Christopher Wren）和作曲家亨利·普赛尔（Henri Purcell）都曾在该校就读。1760年，边沁12岁时，他的父母就为他在牛津大学女王学院（Queen's College）注册，15岁便取得法律学士学位。他24岁在伦敦担任执业律师，不过他往后的事业却和家人的期望大相径庭。边沁对18世纪英国法律和法庭的状况多有抱怨，不愿继续执业，而是想推动法律改革，使它变得更合理而民主。在1792年父亲

我是谁？

过世后，他得到一笔遗产，因此能衣食无忧地实践自己的理想。往后的 40 年间，他完全沉浸在写作之中，每天的文字量达到 20 页。当他开始对法律的细枝末节感到乏味时，便让一名学生草拟他改革民法的建议，并改写成法典的优美形式。边沁是个既出色又讨人喜欢的人，就像法国人刚废除了教会和贵族的传统阶级特权一般，他也致力于让英国社会变得更自由而开放。他思考社会改革形式，倡导言论自由，为监狱设计更人性化的蓝图，并支持妇女运动。

边沁思想的出发点既简单又令人折服：快乐是好的，而痛苦是不好的。如果这个出发点正确的话，那么哲学以及国家也都应该视其为准则，而社会的目标就应该是尽可能地降低社会的痛苦指数，并促成所有人或至少大多数人的快乐。一个措施越能为世界带来快乐，它就越好、越有用，边沁将这个基本原则称为"功利主义"。他于 1832 年以 84 岁的高龄过世，当时已是个远近闻名的学者。他自命政治立场自由开放，然而法国革命者和后来的法国共产主义者也都对他的哲学有极大兴趣。在美国，纽约州、南加州和路易斯安那州等三个州也沿用边沁的法典。

这个"快乐是好的，痛苦是坏的"原则，看起来十分合理。为什么我们不也用在贝莎姑妈身上呢？我姑妈完全没为这个世界带来快乐，她只给别人带来痛苦，例如对邻居和那位可怜的邮差；而她在银行里的钱对于世界也没有任何益处。不过，我们当然可以改变现状。要是我拥有这么多钱的话，除了为自己，我还能做多少好事啊！比如说，我有个医生朋友，他的医院专治患白血病的孩子；还有另一位女性友人热心投入关怀巴西街头儿童的事业。如果我有了贝莎姑妈的钱，我就给这两位朋友各汇 100 万欧元，如此一来，将会有多少快乐一举降临世界啊！我想到了医院中那些将得到完善照顾的病童，眼前还浮现了巴西儿童脸上喜悦的笑容，他们将因我的资助而得到受教育的机会。

要让这个梦想成真，唯一要做的仅仅就是……不！我不只是可以这么做，我根本就必须杀了贝莎姑妈！因为，如果边沁的理论正确的话，那么我有义务去除掉那个老女人。我只是要尽量人道且温柔地送姑妈归西，让她在没有痛苦、没有知觉的状况下上路。我那位医生朋友肯定有什么办法能让她静静长眠。谁知道呢，说不定她还能因此而免去原本更不舒服的痛苦死亡呢！没有人会为她的死掉泪，而这已经是非常客气的说法了，有谁不会庆幸这个恶心的老女人不再存在呢？邻居们终于能享受安静的生活和干净的庭院，而邮差也可以期待会有善良的人搬进这个房子里。我的医生朋友只需要意外地发现她，并为她开立死

我是谁？

亡证明，让一切事情看起来极其自然到没有人会想到要去调查。这么一来不就没事了吗？难道我没有杀害一个人的道德义务吗？

　　让我们再次仔细思考这些论点：如果我为了拯救那些生活在痛苦之中的孩子而杀死贝莎姑妈，那么无疑地，我就为所有相关者找到了快乐和痛苦之间的最佳平衡。这同时意味着：对一个人采取不好的手段是可以被原谅的，只要结果对于群体而言是好的。论点至此还很清楚。但是，如果边沁知道我是用他的理论来使我的谋杀合理化，他会有何看法呢？奇怪的是，他在著作中对于这个其实很容易就能从他的哲学主张推论出的结果却只字未提。我所知道的，只是他（就历史记载）从未为了得到遗产而毒死姑妈，不过他也没有这么做的必要就是了；而在他的文字里也从未呼吁人去谋杀暴君、冷酷无情的大地主以及其他剥削者。他是个自由主义者，而这也反映在他的行为选择上。

　　不过这对我来说并不够。我反复思量，为什么边沁没有做如此简单的推论，也就是在衡量痛苦与快乐之后，有时候大可以去谋杀一个人？因为这个想法实在太顺理成章了。

　　当我父母第一次对我讲述纳粹集中营以及被谋杀的800万人时，我应该是12岁左右。虽然是第一次听到这些事，但当时的我就已经问过自己：为什么没有人想过自己有责任去杀死希特勒以阻止那可怕的不幸呢？以边沁的理论来看，事情再清楚不过了：一个建造杀人炼狱或破坏世界和平的暴君是人人得而诛之的，因为侵略者造成的灾难远大于个人死亡的不幸。

那么，同样的衡量难道不能用在贝莎姑妈的例子上吗？她的死为世界带来的快乐，远远超过她的不幸。不过，边沁可能还是只会露出狡黠的微笑。他会问我是否想过，如果我这个贝莎姑妈的例子让许多人起而效尤的话，那么将会在社会中造成什么后果呢？

上百万的人——有钱的姑妈、可憎的人、政客、大老板，还有许多囚犯或没有家属的智障者，都得做好随时可能在睡梦中被下药谋害的心理准备。这将在社会中引发何等的恐惧啊？而这样的恐惧又将给人类带来多大的不安和祸害呢？

或许我的运气好，对贝莎姑妈的谋杀行为最后神不知鬼不觉。但是如果我自认行为正确的话，那么它必定在原则上也没问题才对；而如果它在原则上是没问题的，那么就应该适用于每个人。谁知道，也许有一天我自己也会碰上这种状况，而我的侄子对我的看法就像我对贝莎姑妈的观感一样，到时我也无法确定自己是否会性命不保了。根据边沁的看法，为了能够正确应用"快乐是好的，痛苦是坏的"原则，首先必须清楚的是：把痛苦和快乐像算术题一样单纯地加总起来，然后依照结果决定人的生死，这么做是行不通的。否则任何文明社会都会崩溃瓦解。

以上所述是可以理解的。不过，这两个基本原则能够在边沁的哲学中相容吗？一方面，快乐程度决定好的行为；另一方面，边沁又把杀人当作例外，而我们在他的著作里无法找到有力的道德论据去支持这个例外。因此，反对杀死（或折磨）我们憎恶的人，充其量只是为了维持公共秩序，而不是出于个人的道德。相反的，康德认为每个人都有个无法超越的价值，也就是人性尊严。他如果听到我关于贝莎姑妈的加减计算的话，肯定会难以置信地双手抱头说："一个人的生命是不能用其他人的生命来抵偿的啊！"

边沁对于快乐和痛苦的权衡，以及康德赋予人命至高无上的价值，两者是对立的。那么哪一方更有说服力呢？难道我们不应该基于道德的理由而杀了希特勒，以阻止不幸和灾难吗？康德"人性尊严"的教条在这里是不可侵犯的准则吗？至少，在像贝莎姑妈这种案例里是不能相提并论的。我们可以说：她毕竟并没有造成太多的伤害。而就像第1章所指出的，"积极的行动"和"消极的卑劣"的差异并非微不足道，无论是对于牺牲者的评断还是对行为者的评断皆然。不过对边沁而言，这个差异（至少在行为者来看）是不存在的。边沁不仅会启动转辙器，也会把那个胖子推下桥去。因为他的功利主义只问行为的道德好处；而就像我们看到的，在"积极杀害"和"被动容忍"之间并无差异。不过，边沁的方程式虽然很合逻辑，但人类却显然不只是逻辑的动物。还有比公正更重要的道德原则。尤其伤脑筋的是，并非每个人都可以依照自己的想象去理解诠释正义是什么。无论如何，人类还有一些直觉，那是无法轻易抹杀或从道德之中删去的。虽然道德和法律不能建立在直觉上，但是它们也无法完全摆脱直觉，从而变得不合人性。

所以，贝莎姑妈不该死。而人也不可以拿一个人的生命价值来和他的好处做比较。不过，我们还有个棘手问题要探讨，那就是还有没有其他可以解释生命价值的角度？这个价值究竟从何而来？它又从何处开始呢？

第 18 章

尊严的诞生：
堕胎是道德的吗？

我们想象以下情况：你到医院去探视一位女性友人。你穿过大厅，走进电梯。由于你不太确定朋友的病房在几楼，因此按错了楼层。你走出电梯，来到一个部门，看到里面的捐血者与病人以导管连接起来，而这些病人若是没有捐助者就活不下去。你却没搞清楚状况。你在候诊室里等了一会儿后被请了进去，医生给你打了麻醉药，当你醒来时，发现自己正躺在病床上，而身旁的病床上躺着一个不省人事的男子，你和他的身体之间连接着复杂的仪器管线。你呼叫医生，得知这名男子是罹患肾脏病的著名小提琴家，让他活命的唯一方法，就是将他的循环系统和另外一个血型相同者的循环系统相连接，而你正是那唯一血型相符的人。由于那是很有名的医院，他们当然为这场误会深表遗憾，因为他们以为你是自愿捐助者。他们也愿意拆掉你和这位小提琴家的管线，不过小提琴家会因此死亡；

要是你愿意与他维持 9 个月的时间，他就能康复，而你就可以和他分开，而且不会危害他的性命。你会怎么做呢？

你可能会说，这真是个令人毛骨悚然的故事，不像现实生活里的情节，反而更像是个噩梦！哪个到医院探病的人会不明就里地让人随便打麻醉针呢？你说的当然没错，但是这类由哲学家或心理学家们想出的道德难题，探究的并非细节，而是原则问题。至于这个稍经修改的故事，出自麻省理工学院的哲学女教授汤姆森（Judith Jarvis Thomson）。而她的答案是：如果你愿意和那名小提琴家分享你的肾脏 9 个月，并忍受躺在病床上的痛苦的话，那么你真是个好人，不过你没有任何道德义务去这么做！你在看过本章的标题后，当然知道这个例子的重点并不在于那虚构的小提琴家，而是一个普遍的情况：你在违背心意、毫无计划，甚至有可能是在暴力胁迫下，必须以身体直接为另一个"人的生物体"负责。而这种状况最常出现的实例，并不是和患肾脏病的小提琴家接上导管，而是意外的怀孕。

汤姆森认为，一个非自愿怀孕的妇女，她的状况与非自愿和小提琴家相连接的状况非常类似。而就像你不会被迫为小提琴家的生命负责一样，妇女也不必为那非她所愿于体内成长的胚胎负责。汤姆森还认为，女人的自主权大于那在非自愿条件下产生的、对另一个生命的责任。这个论点提出后大受欢迎，它启发了女性主义"我的肚子是属于我的！"的口号；然而，就算我们愿意为这个命题背书，汤姆森的理由看起来还是颇为可疑。让我们想象，有个快饿死的人站在我们的家门前，使尽了最后的力气敲门并乞讨食物。如果用汤姆森的理论，我们可以说：给他食物代表我们人很好，但是我们完全没有义务在这个不是我们自找的情况下为那快饿死的人负责。我想，肯定不是每个人都会为这句话背书的。因此，刑法里也确实有"拒不救助罪"（Unterlassene Hilfeleistung）的条款。一个不是我们想要或接受的状况，并不能构成免除责任的原则性抗辩；相反的，我们通常必须权衡个别事件。也就是说，小提琴家的难题会带我们进入一个死胡同，因为它并未提出一个真正有说服力的原则。不过，这个例子却有一个重要的思考陷阱：那位小提琴家是个精神智力成熟的成年人，但胚胎或胎儿呢？相对于成人来说，它们是否拥有绝对不可侵犯的生存权呢？要回答这个问题，我们有三条路可以选择，即康德的"人性尊严"概念、边沁的"功利主义"和豪瑟的直觉"道德感"。

让我们从康德开始吧。在他丰富的著作里，只有一处谈到胚胎，而毫不让人意外的是，他是在阐释婚姻法时提到的。康德认为，胚胎是一个已经具备所有人性尊严的生物。如果这不成立的话，我们就会面临一个问题，也就是必须指出人的自由和尊严是始于子宫内的哪个时间点。这是非常棘手的问题，因为康德认为，"自然"是不知道何谓自我意识，何谓自由的。那么自由以及随之而来的尊严又是如何且于何时降临人的身上的呢？我们只能从当时的时代背景解释康德的回答：胚胎的自由奠基于父母的自由。因为父母是自愿，也就是在自由结合（婚姻）的条件下创造它的！自由结合的果实就是一个自由的胚胎。换句话说，这同时也表示：只有在自愿且有婚姻关系的基础上产生的胚胎，才是自由和具有人性尊严的人，除此之外的都不是。康德以这个在今天看来有些奇怪的定义来回应他所处时代的问题。1780 年，曼海姆市（Mannheim）的行政专员拉美灿（Adrian von Lamezan）以一个奖金为 100 个度卡特①的问题征答："什么是制止杀害幼儿的最好办法？"这一征答共收到 400 封来信，反响非常惊人，因为堕胎甚至更严重的杀害初生儿行为，在 18 世纪算是普遍现象，而大部分是因为雇主对女仆的性侵害。这在当时是个迫切的问题，因为杀害私生婴儿虽然是个禁忌话题，却又众所周知。康德在他法律学说的另一处探讨了杀害幼儿的行为。由于私生婴儿并非完全的自由，而是（如未经允许的货品）"潜入"了子宫，因此他把杀害幼儿视为和在决斗中将对方杀死一样，是一种"不损害名誉的过失"，并主张减轻刑责。

---

① Dukaten，14 ~ 19 世纪欧洲通用的金币名。

我是谁?

在今天,用康德的观点来论证是绝对行不通的。原因不仅在于还有"非自愿但婚生"以及"自愿但私生"的胚胎;真正的问题是:康德无法证明在没有婚姻关系的情况下位于子宫内的胚胎的人性尊严从何而来,因而不能谴责杀害非婚生幼儿的行为,甚至连非婚生的成年人也包含在内!因此,从现在的眼光来看,康德对于为何应该绝对保护(婚生)胚胎的解释是很牵强的。而在今日对于堕胎问题的讨论中,大概没有任何引证康德的人会认同他对于非婚生和婚生的胚胎以及婴儿的差别态度。不过,如果不做出这个结论的话,那么我们何不全盘推翻康德对(婚生)胚胎的人性尊严的解释呢?因为这个解释完全过时了,只有在当时的时代条件下来看才有意义。

现在让我们来看看第二条路:功利主义。作为功利主义者,我会问自己两个问题:第一,胚胎或胎儿对快乐和痛苦的感受能力有多大?第二,子宫内孩子的快乐和痛苦以及母亲的快乐和痛苦,何者比较重要?

要回答这两个问题,我们首先必须对于"胚胎的价值"达成共识。没有任何功利主义者会认同康德的观点,也就是相信胚胎的生存价值是随着其父母自由的婚姻而来的。那么胚胎是个有绝对保护价值的人吗?答案是否定的。胚胎是一个"生物人",因为它在生物学上是属于"智人"(Homo sapiens)的;但是它在完整的道德意义上并不是人，也就是说，它并非一个"位格"（Person）。但"位格"究竟是什么呢？我如何辨认它呢？关于"位格"意义的想法并非源自边沁本人。对他来说，能够达到让最多人获得最大快乐的行为，便是在道德上最好的行为，而他并没有提到"位格"的问题。他的后继者发现了两个薄弱的环节，并试图加以排除。第一个问题是，我们究竟该如何理解"快乐"？边沁认为，快乐是最广义的快感的体验。但是他最出名的学生，也就是身兼哲学家和自由派政治家的穆勒（John Stuart Mill），却对这个定义感到极不满意。他想要让功利主义摆脱一般的疑虑，即认为其对快乐的看法是空洞而肤浅的。因此，相较于身体的快感，他赋予精神的快乐更高的评价："宁可做一个不满足的苏格拉底，也不愿做一头快乐的猪。"然而，若是精神比纯粹的身体快感有更高的价值，那么一个在精神上才华横溢的成年人也就比一个新生儿或一匹马来得更有价值，也就是说，只有一个全面的、整体的人才是一个"位格"。晚近的功利主义者将这个观点纳入他们的理论，他们不仅考虑到了生物的基本欲望，而且更重视复杂多面的"人的"愿望。人们称之为"偏好功利主义"；几乎所有边沁的近代信徒都属于此派。功利主义者思及高度发展的偏好（愿望和意图），会认为杀人（包括贝莎姑妈）是不被允许的，特别是当这个人有继续活下去的强烈意愿时。

相反的，胚胎并不具备复杂而多面的意图和愿望，它们也许有想要活下去的本能，不过蝾螈也同样有这个本能。因此，对偏好功利主义者来说，并不存在一个足以绝对禁止结束胚胎或胎儿生命的理由。当然，胎儿自某个生长阶段起会产生意识，但是猪和牛也有形态类似的"意识"，我们却还是照杀照吃不误。据我们所知，胎儿并没有一个在"复杂多面的意图和愿望"意义上的意识，因此便产生了一个通行的基本准则：胎儿的生命原则上是可以在任何发展阶段予以终结的，尤其是当它能明显减轻母亲的痛苦并大大提升她的幸福时。

以上是功利主义的论点。无疑，这个论点比引证康德对婚生胎儿的绝对人性尊严要来得清楚。不过，这个立场同样也有缺陷。人们可能会质疑，胚胎虽然在精神的活动上也许只有蝾螈的程度，但它身上却隐藏着发展成爱因斯坦的潜力；它若不被终结的话，有一天将会成为一个具有愿望和意图的人。这么说来，它难道不是一个潜态的位格吗？没错，这个论点乍听之下似乎很有道理，不过"潜在的可能性"一般并不能作为决定性的道德标准。

此外，反对的意见还不只这个。功利主义有个很大的缺点，就是它对于行为结果的评估。为了在快乐和痛苦之间做有意义的衡量，我必须综合思考我的决定的后果，但这绝非易事。即便是很简单的私人问题，也经常足以让我不确定（对我来说）什么比较好：我今天晚上是要去参加一个朋友的庆生会，还是去听我最喜欢的作家的现场朗读会呢？他今晚可是文学界难得的稀客呢！我怎么知道哪一件事最终将会带来更大的快乐？而与"想要综观复杂的道德状况及其一连串的后果"相比，这个例子的难度根本无法与之相提并论！谁知道一名堕胎的妇女会不会后悔？也许那会给她带来更大的精神折磨？而胎儿的父亲又会怎么想呢？这个举动难道不会对两人的关系造成更负面的影响吗？功利主义者会说：评估错误是人生中的风险。然而，这个风险却不能作为普遍禁止堕胎的依据。

因此，功利主义引起最严重的抗辩其实是：如果"一个胎儿不能获得绝对的保护，是因为它没有完整的意图和愿望，所以不是一个人（位格）"正确的话，难道同样的道理不也适用于刚出生的婴儿吗？毕竟小孩总也得到两三岁才会成为有自我意识的、自由的人（位格）。如此一来，"偏好功利主义"岂不是太极端——除了堕胎之外还允许杀害三岁以内的幼童吗？

这个抗辩是非常重要的。事实上，确实有些偏好功利主义者认为一个孩子的绝对生存价值是从两岁才开始的。当然，这并不表示他们赞成在没有重要动机的前提下就可以杀死未满两岁的孩子。但是个中原因并不在于人（位格）自己的价值，而在于社会的后果。幼童对于父母和

我是谁？

亲属来说几乎总是有着极大价值的，而就算是生活在孤儿院里的弃婴，也至少都是需要救助者，有权要求社会的保护；然而，偏好功利主义者却很难说明为什么保护弃婴比保护动物重要。我们在这两种情况中都可以说，一个不以关怀反而以轻率的态度面对生物的社会，有趋于野蛮之虞；但这不是幼童生存权的有力论证，而这也正是偏好功利主义在此问题上的罩门。

现在我们来到第三条路径，看看豪瑟的观点。他认为，每个正常人都有类似道德感的东西——一个"直觉的"道德。如同我们看到的，功利主义在堕胎问题上有个清楚的立场。但是这个立场带来的结果，即无法解释对幼儿生命的绝对保护，却会让许多人直觉不妥。当道德哲学家听到"直觉"这个词的时候，一般都会毛骨悚然；如果有人提倡不要拿直觉来作为论据的话，那么康德派哲学家和功利主义者将在几秒钟之内迅速与他结为盟友，因为他们认为：感觉是不可靠的，是因人而异的，是依情绪而定的，而且各个文化也不是在面对所有情境和问题时都有相同反应。有鉴于此，西方哲学便尝试借助理性来解释他们的论点，目的就是让每个人都能理解。

道德哲学对于感性的强烈排斥，乃是源于哲学与教会之间的争战。为了摆脱宗教的束缚，大多数哲学家都寻找理性或尽可能不带感性的解释，并以知性和理性去定义人。

如同我们在本书第一部中看到的，这样的"人的概念"并不正确。就像潜意识和意识一样，身体和心灵也是不可分的。如果我们的道德总是和我们的感性有关的话，那么我们就不能轻易摒除它。当然，感觉不是唯一有效的标准，但是道德若是放弃了和直觉的相容性（我们道德感的生物基础），那么这样的道德必定不如一个符合直觉的道德。

在幼儿问题上做出功利主义的回答（不考虑感性，因为感性不宜作为理由），真的有道理吗？再进一步问：像功利主义那样，把"公平的感觉"放在最高的仲裁位置是有意义的吗？这符合我们的天性吗？如果有个女人站在一栋失火的房子前面，房子里有她的婴儿和她的牧羊犬，而她只能救其中之一的话，那么她应该违背所有本能和情感而基于公平理由去救那只牧羊犬，就因为它有可能带来更大的益处吗？

如果我们不是有意要提出违背情理的行为规则的话，那么我们就不能不考虑"直觉"的重要性，再理性客观的道德哲学都是如此。没有一种哲学可以抛弃价值观，而"价值"本质上并不是理性想象出来的，而是感受到的。如果我像功利主义者一样，将公共利益解释为一种重要的善，那么这肯定是一般人都能理解的；不过这不是逻辑思考的结果，而是一种价值；至少在当某人说自己是个自私鬼且不关心公共利益时，就能清楚彰显出这一点。人们无

我是谁？

法单单用逻辑来解释对其他人的关心，而"想做好事的意志"也总是个人的价值判断。每个道德规范最终的基础都是希望和意愿，而不是认知或知识。

今日，许多哲学家之所以会拒绝引证直觉的道德感，主要是因为这个引证让人感觉太过于"宗教性"了。如果今天天主教会想要将从卵子和精子细胞结合算起所有属于"智人"的范围都纳入绝对而无例外的保护的话，那么他们所引证的并不是理智的论点，而是他们的感受，也就是上帝的意志。不过奇怪的是，这个意志并不是恒常不变的。1869 年，教皇庇护九世（Pius IX）规定胚胎自产生后就有完整的灵魂；在那之前，只有当胎儿出现了第一个动作，即可以感受到的第一个生命迹象时，才被认为开始"具有灵魂"，而这对于我们的直觉感受来说也更容易理解，因为与一个只有在生物学的定义上存在，有时甚至无法察觉的生物相比，"可感觉到的生命"在直觉上的地位是不同的。不管过去或是现在，许多妇女在怀孕初期都还全然无知，而教皇庇护九世却以他的谕令对当时医学上新的可能性做出反应：1860 年，医学界才刚刚开始做到在怀孕之初便有效诊断出受孕，教皇就毫不犹豫、无畏而轻率地将教会的权力扩张到所有母亲腹中的胎儿上。

宗教原本就是从直觉转化到教化与诫命，它也是社会秩序的规范。然而，这个赋予胎儿灵魂的宗教信条却与所有直觉相抵触，甚至可以说是与直觉背道而驰。它对于社会秩序也并没有任何正面的贡献。这个在生命初期给人在感觉上的"意义"，主要视其母亲——也视其父亲和其他亲属——所赋予的价值而定。胎儿在母体内越大，彼此的联结性也就越强。而分娩又是一次特别的"跃进"。对胎儿来说，这个跃进将他带入一个新的层次，他在生物学的角度上第一次独立，他的生命环境已完全不同，而且在他的脑部正发生革命性的变化。就连父母及其他如兄弟姐妹、祖父母等亲人在注视、倾听或抚摸这个婴儿时，也会进入一个新的感觉层次。虽然婴儿在母体中的联结如此紧密，却大概只有极少数妇女会声称孩子与她的联结性在分娩前后是在相同层面上的。因此，我们的道德感受基本上是感官经验与想象力的问题，它被我们的感觉激发出来。然而，不同的宗教还是或多或少维持了这个"直觉道德"的感觉。

　　直觉在两点上纠正了功利主义。首先，它告诉我们堕胎施行的时间越晚，问题就越大。因此在德国将合法堕胎设限于三个月之内的规定是有其道理的。就算胎儿的生命从第91天到第92天的改变并不意味着进入了另一个层次，我们还是可以概括地说，胎儿在三个月后已达到了一个自然的界限，也就是还能使用"不具意识的生命"这个概念的界限。其次，直觉赋予了新生儿及幼童一个绝对的生命权，因为他们的生命在我们的直觉上已经是具有相同价值的人的生命了。就算有人没有这样的直觉（即在情感上无行为能力者），也无法改变这个事实，而每一种道德形态都有这样的问题。前面曾提到过，并非所有人都认为公共利益很重要，功利主义者却仍然将这个感受设为前提，虽然"直接的"生物本能应该比"衍生性的"社会本能更可信才对。

我们可以说，关于生命的价值和尊严的权利，并不源自"生殖行为"，因此我们也看不出为什么在三个月之内不可以堕胎。杀害发展超过三个月的胎儿所涉及的道德问题则将逐月增加。当父母获知自己可能生出一个有严重智力或身体缺陷的孩子而又没有能力照顾他时，他们很可能会狠下心决定结束其生命。功利主义把父母与胎儿两者的希望、意图以及潜在的痛苦放在天平上比较，虽然很残酷，却是无法避免的。如果孩子一出生后就处于昏迷的状态或不靠医疗仪器就无法存活，例如患有严重心脏病、一辈子都必须和医学器材相连，这时父母面临的抉择又更难了。父母们除了依据明智、诚恳的建议来衡量自己的感受（他们的道德感以及希望与意图）以外，难道还有其他的取舍标准吗？然而，这样的问题早已不再只是单纯的堕胎问题了，它们涉及一个完全不同的领域。他们要我们去思考："让一个人死甚至是依照他自己的意愿将其置于死地"在哪些条件下会是道德上站得住脚的呢？

第 19 章

人生的尽头：
应该允许安乐死吗？

　　瓦尔内港（Warnemuende）是一个充满生气而舒适的地方：海面浪涛起伏，天空明亮清澈。几年前，这位母亲曾和她的儿子来过波罗的海。很快，她将再次带他到那儿去，因为，儿子不会愿意被埋在厚重的坟墓底下。

　　厨房柜子上摆着一份海葬的广告单，玛丽－露易丝·尼希特（Marie-Luise Nicht）拿起来反复翻阅。这一切对她来说还是如此不真实，因为她的儿子就躺在隔壁，两个房间中那个较大、较漂亮的房间里。他呼吸着，心跳动着，身子是暖的，有时候他还会睁开眼睛。一个死去的人看起来不是这样的。

　　"那个名叫亚历山大的人，早在四年前就死了，"

尼希特太太说，"随之而生的是另一个亚历山大。"从医学的角度来看，他是个没有自我、没有感受的人，没有与外界接触的可能性，而这种情况也没有任何改变的机会；在尼希特太太眼中，他却是她的孩子，一个需要她的孩子。

开始的时候，她偶尔还会暗自握紧拳头，捶打他并对他叫喊："醒过来！你不能留下我一个人不管！"不过这个阶段已经过去了。

她的儿子现在看起来并不像是在受苦。他的肌肉放松，他不流汗，皮肤摸起来平滑柔顺。母亲早已习惯他的嘴总是张开着，有时还会流出唾液。她可以对他说话，为他按摩并抚摸他；天气好的时候，她可以把他抱上轮椅，推他到外头去。她其实是能够想象和他继续过日子的；不过，她仍然希望他有死的权利。因为尼希特太太非常确定亚历山大绝对不会想这样靠着胃管里的半流质食物来延续自己的生命。

2006 年秋天，德国明镜周刊（*Der Spiegel*）报道了亚历山大·尼希特的命运以及他的母亲玛丽－露易丝。2002 年 10 月的一个夜里，这名柏林的高中毕业生被一辆汽车撞上，造成头部重伤，被送到了急诊室。检查结果是，大脑皮质大部分的物质都受到无法修复的损坏。亚历山大就这样当了将近四年的植物人，没有交谈能力，也没有任何苏醒过来的希望。他的母亲很清楚自己的儿子不会愿意这样活下去。不过，柏林的医生却坚持让人工延续亚历山大生命的仪器继续运转，而多年来司法机构也强硬拒绝他母亲的请求。其实，现在的法律问题要复杂得多。在德国，虽然医生不可以违背病人的意愿而以人工方式延续其生命，但是医生如何能得知昏迷病人的意愿是什么呢？因此医生们执意维持亚历山大的生命，而不愿去相信他母亲所说——儿子不会希望在这样的状态下继续活着。

我们从许多案例中都可以看出法律现状、道德的取舍以及濒死或永久丧失意识者的意愿和权利问题有多么棘手；而如何对待处于不可回复之昏迷状态的病人，只是众多案例之一。究竟谁可以参与意见和做决定呢？医生行为的权限空间在哪里？医生可以中断医疗行为而结束濒死病人的生命（被动的协助死亡）吗？他们可以施以高剂量的止痛剂给治疗的病人而加速死亡（间接的协助死亡）吗？医生可以因为病人坚决的意愿而帮助他结束自己的生命（协助自杀）吗？最后，医生可以基于病人的意愿对其施以毒药或毒针致死（积极协助死亡）吗？

在德国，规定得最明确的是积极协助死亡的部分，那是违法行为。德国刑法第 216 条 "受嘱托杀人" 中写道："行为人受被害人明确及真诚之嘱托而杀之者，处六个月以上五年以下徒刑。"若是医生在没有病人明确同意下致其死亡，则可判以杀人罪。刑法第 216 条不仅保护人本身，而且还同时防止基于私人动机杀人并在法院上声称是被害人自己的意愿。法律设下这样的屏障，无疑是有道理的；问题是，这个屏障是否在任何情况下都合理呢？

虽然欧洲各国的法律规范差异很大，但是至今还没有一个国家直接允许积极的死亡协助。不过，2001 年在荷兰以及 2002 年在比利时都立法通过了间接的允许，积极协助死亡依旧是违法的，但在"可提出证明"的情况下仍可"免受刑责"。荷兰以这条法律来回应自 1969 年以来许多荷兰医生暗中进行积极死亡协助的情况；而大多数人也都支持这个被官方禁止的行为。为了防止这个灰色地带，政府建立了"原则禁止"的规定，同时又提供"免除刑罚"的可能，这个做法在司法上类似德国的堕胎规定。自 2001 年起，荷兰的医生已经可以结束病人生命，只要：（1）那是病人坚决的意愿；（2）有第二名医生提供咨询并作为证人；（3）医生向检察官通告其行为，使检察官得以请警方对过程进行调查。

主张允许积极协助死亡或除罪化的人，主要论点是"自主权"。根据自主权，每个头脑清醒的人都应该具有决定自己"生"的权利，那么也就同时具有决定自己

"死"的权利。若是对德国的基本法进行相对应的解释，那么"人性尊严"就不仅包含对生的自决权，更包含对死的自主权。有趣的情况是，无论赞成或反对积极协助死亡权的人，都以康德来作为理论根据。反对者指出人类生命的绝对"不可侵犯性"，因为按照康德所说，人本身就是目的，所以人是不能被"利用"（verzweckt）的；但是，赋予某人去杀另一个人的权利，将意味着我们不再能支配自己，而是让他人来决定自己。这么一来，一个自由的人就会被另一个人支配了。弗莱堡（Freiburg）马克斯－蒲朗克研究院（Max-Planck-Institut）的一位外国和国际刑法退休教授阿尔滨·艾舍（Albin Eser）便认为这是一种"滥用"（Verzweckung）。然而这个论据却不怎么令人信服，因为：我是在完全自由的条件下决定自杀，或是在同样自由的条件下请求他人杀我，因为我无法自己完成，例如我躺在医院的病床上，这两者真的有差别吗？如果有人违背我的自由意志而让我继续活着，岂不更是"滥用"我吗？据我们所知，康德晚年时非常害怕失智症的威胁，认为到那个时候，生命就不再有价值和意义了。在他那个时代，还没有什么间接协助死亡，而中断医疗行为也不会立刻导致阿兹海默症或失智症病人死亡，因此可想而知的是，康德至少应该会为了自己而对积极协助死亡投下赞成票。

我是谁?

还有个支持允许积极协助死亡的论点，是由统计数据提供的，不过这个论点并不可靠。要求积极协助死亡权的"德国人道死亡协会"每年都委托意见调查中心做问卷调查。根据调查结果，目前约有80%的德国人赞成允许积极协助死亡；这对该协会来说是个明确的信息，即当政者应该立刻将人民所想要的付诸实行才对。不过，把统计数据作为道德命令并不是如此简单的。直到几年前，德国对于同性恋仍然存在普遍的排斥。难道因此就可以把同性恋者送进监狱，像20世纪60年代以前那样吗？如果有人在2001年9月11日后立刻做个问卷，调查是否应该将德国境内的伊斯兰教徒驱逐出境的话，可能大多数人都会同意；而同样的调查结果今天则不可能再次出现。统计数据也会反映冲动的情绪，并且与提问的措辞方式息息相关。四年前，反对积极协助死亡的德国临终关怀医院基金会也曾委托意见调查中心；他们不仅向受访者解释什么是积极死亡协助，并且还说明临终关怀的可能性和做法。临终关怀是对濒死病人的医疗和照顾，尽量减轻他们的病症，让他们的余生在尽可能无痛苦的状态下度过。可想而知，这项意见调查的结果和"德国人道死亡协会"的调查结果大相径庭。在充分了解积极死亡协助以及临终关怀的受访者中，只有35%的人赞成积极死亡协助，而希望医院能加强临终关怀的则有56%。功利主义者若想以统计数据去断定社会里快乐和痛苦的比重，在这里恐怕就相当困难了。

第三个在德国赞成允许积极死亡协助的（间接）论点，是存在于司法现状中的严重矛盾。在德国，每年死亡的人数在 80 万 ~ 90 万人之间，其中至少有 2/3 是死于医院和疗养院，只有少数是在自己家里、在亲人的陪伴下死亡的。看起来，似乎没有人是经由医生或临终关怀人员的积极作为而死的。然而，事实上在过去十年中，却有超过300 名德国人买单程机票到瑞士去，就是从当地如Dignitas 或 EXIT 等协助死亡组织取得药物来自杀。这在法律上被称为"协助自杀"。和瑞士情况不同的是，在德国虽然协助自杀并非明确合法，却也不受禁止。而贩售致命的药物并不构成积极协助死亡。我们唯一能批判氰化钾交易者的，只是违反了麻醉品管制法。德国的司法因此便面临一个两难困境：那些商业性的协助死亡组织确实很可疑，但是又无法杜绝以自杀来做生意。美因茨大学法哲学家霍尔斯特（Norbert Hoerster）认为，这个法律漏洞（相对于他觉得应该准许的积极死亡协助）是很大的问题，因为那只要确实是依照病人的自由意愿就行了。虽然霍尔斯特赞成在满足上述条件时允许积极死亡协助，却还是建议对诱使或鼓励他人自杀者应处以最多五年的有期徒刑，除非他的确是根据自杀者的自由意愿。霍尔斯特论述的主要基础是偏好功利主义的原则,而他也暗中引用了第二个标准:重要的不仅是想自杀者的愿望和意图,还有其协助者的动机。因为,要诱使某人去做某事,必须有个可以就各方面去权衡的理由。功利主义一般只考虑行为的结果,却忽略行为的动机,这其实是众所周知的缺陷。比起因贪婪而殴打老妇致死的暴徒,难道在战争中迫于长官命令而杀害百人的士兵是更可恶的杀人犯吗?一种道德若是只评估对当事人或社会的结果,那么它显然过于短视。

几乎所有的偏好功利主义者都赞成积极协助死亡权,因为这个可能性关系到的是当事者(一般来说就是濒死的病人)的利益。然而反对者也总是以当事者的利益作为论证基础。想了解个中缘由,我们就得看看被动以及间接的协助死亡。被动协助死亡在德国是合法的,只要它符合病人(可能)的意愿。没有任何医生可以违背病人的意愿以人工方式延长其生命;至于处于昏迷状态下病人的意愿,我们从亚历山大的案例中就已经看到了其中的复杂性。间接的协助死亡在德国也是合法的,最常见的例子是所谓的"临终镇静"(terminal sedation)。依照临终关怀的计划,垂危病人会得到高剂量的止痛剂,外加如吗啡的药品,使他在面对难以忍受的疼痛时能够昏迷。医生尽量减轻病人在最后时日的痛苦。他唯一不做的,是供给濒死病人足够的水分。在疼痛的处理加上严格禁水的程序下,病人会在两至三天后死于脱水。临终镇静是符合临终关怀的概念的，并不会被视为积极协助死亡。

临终镇静主要执行于临终关怀医院，被视为死亡协助的人道途径。在德国，这也是间接协助死亡的普遍方式，当然其中仍有灰色地带。我们没有准确的数据，因为在德国不需要上报任何单位，也因此只要有执行间接协助死亡的地方，都会有不明确的案例，因为在实际执行上，间接和积极协助死亡有时很难清楚区分。近年来若干明显滥用的惊人案例也引发了批评者的挞伐声浪。我们如何能在事后审查病人是否明白疼痛处理的风险，还有病人不只是被动接受无痛死亡，而且还积极想要死亡呢？因此批评者认为，这种在德国已经被实际执行了千百次的"间接协助死亡"，比执行严格管制下的"积极协助死亡"更危险。

以上是赞成法治国家有限度允许积极协助死亡的重要论点。为了使整体概念更清楚，让我们再整理一下：（1）对积极协助死亡的要求是"自由人"的基本权利，是自主权的一部分；（2）大多数德国人都赞成将积极协助死亡合法化；（3）积极协助死亡比协助自杀和间接协助死亡更透明化、更好管制，因此应该成为合法的方式。

这三个论点与以下反对允许积极协助死亡的意见正面交锋：（1）准许积极协助死亡难道不会破坏病人和医生间的信赖关系吗？（2）积极协助死亡不违背医生"助人

和医人"的天职吗?（3）我们总是能够确实审查"积极协助死亡是不是病人的意愿"吗?（4）若是其家属出于自私的动机希望他死,谁来保护失智或昏迷患者呢?（5）积极协助死亡的合法化,难道不会让社会在思考如何对待濒死病人的问题时产生根本的改变,进而危害我们社会生活的条件吗?（6）它会不会造成一发不可收拾的"溃堤"现象,让原本只是"一种可能性"的积极协助死亡,变成间接强迫人去使用的方式,为的只是满足家属的目的或除去医疗保险单位的负担?（7）"死亡的自由"是否迟早会因此变成"无法自由生存"?（8）健康医疗政策难道不会因为积极协助死亡的允许,而不再发展其他虽然更昂贵却更人道的可能性,例如在临终关怀上做更多的投资?

　　关于医患关系的第一个和第二个问题,我们可以很快回答:它们并非哲学的问题,而是源于个人的心理状况;而这个状况是因人而异的。也就是说,医患关系可能会因积极协助死亡的可能性而受到负面影响,但不是必然的。此外,就算开放了积极协助死亡,也不会有任何医生有义务或被迫杀死他的病人。第三个和第四个关于家属可能滥用的问题则和司法有关;司法应该考虑是否能做到让法律规范尽可能滴水不漏,让制度透明。广义来看,只有第五个和第六个关于社会结果和对濒死病人可能产生的期望压力才属于哲学问题。有一个层面在这里极为重要,即整个社会伦理的层面。然而，我们如何能够评估以及衡量社会的结果呢？荷兰自 2001 年起对于积极协助死亡进行了三次大型研究；每年在医院里死亡的 14 万荷兰人中，约有 4500 位死于医生注射的致死药剂，更有其四倍的人数死于临终镇静，而这两个数字每年几乎都维持不变。赞成积极协助死亡的人觉得自己的主张获得了支持，也就是并没有产生所谓"溃堤现象"，因为期望透过医生得到死亡的人数并未增加；不过，反对者也在相同的研究结果中找到了支持自己的论点，因为每年至少都会有若干导致家属和医院间法律纠纷的案例。而且，有些批评者还推测存在一个未经呈报的、统计上看不到的非官方死亡数据。因此，从目前现有的医疗资料中，我们是无法得到协助死亡的明确道德论据的。

那么现在只剩下第七个问题，也就是积极协助死亡的合法化是否会因为其他比较昂贵的可能性而被牺牲了。大多数人肯定会在直觉上认为减轻痛苦的临终照顾要比施打致死毒针来得好；就像马克·豪瑟的测验题得出的结论一样，这种本能的感觉深植于人类天性，就算结果相同，主动杀人和不救人还是不一样的。因此，对于"主动杀人"的根本禁止，并不是因为人命具有"神圣性"这个宗教诫命，而是物种发展史中根深蒂固的直觉的结果。基于这个理由，用"宗教在我们当今这个时代的没落"来鄙视生命的"神圣性"，是站不住脚的，因为对杀人的先天顾虑是早于基督教历史的；虽然有这个先天顾虑，我们仍然能在每个时代和文化里不断看到许多例外状况。特别的是，连大多数赞成积极协助死亡的人，都承认在主动行为和消极放任之间有重大的差别。虽然很多人批评间接协助死亡的灰色地带，但是赞成积极协助死亡的人中，却几乎没有人认为施打毒针是更好的方法。因此，当不存在其他可行的方法时，积极协助死亡只能够作为最后的一条路。

综上所述，我们可以得出两个结论：第一，国家必须尽一切力量投入临终关怀，并且让间接协助死亡尽可能在人道和透明化的条件下进行，好让人们根本不会要求积极协助死亡。因为，当我们考虑那些患有不治之症且痛不欲生的病人时，关于他们剩余时日的问题并不是医学的问题，而是心理的问题。虽然一方面来说，"可以决定自己死亡的权利"是必须被尊重的人权，但是，谨慎审视这个愿望的前提环境也是同样重要的。积极协助死亡的问题并不在于病人的合法要求（而这是我们能够理解的），而是让他做出求死决定的生活环境。因此，不管对医生还是病人来说，临终关怀都是较为人道的方式。

第二，若是准许积极协助死亡，那么我们等于是把一个对"少数绝望"的状况来说"最后的"办法变成一个与其他办法无异的"一般"办法。有些家属将不再为濒死病人付出那么多心力；而医院也不再需要尽力让病人在剩下的几天或几个星期里无痛苦地度过。虽然荷兰的统计数据到目前为止还无法印证这个忧虑，但由于所有欧洲国家的健康医疗体系几乎都有经费短缺的状况，这个对自己死亡的自主权一旦通过，将可能发展成相反的结果，也就是一股社会的期待压力，好让自己不再成为医疗保险的负担。

在现今这个健康保险政策预算不断削减的时代，关键问题是：一种有尊严的死亡对于国家和社会具有什么价值？在面对这个问题时，"人类对自己死亡的自主权"这个有力的论点将变得相对不重要。今天，在德国医院里的个别案件都处于被动、间接和积极协助死亡的灰色地带，而比起在法律及道德哲学方面对于积极协助死亡有个清楚明确的立场，这个灰色地带还是好一点。对哲学家来说，重要的是一个立场的合理性、一致性和说服力；但是对从政者来说，其社会道德责任才是重要的，比起现实中可接受的灰色地带，他们并不在乎理论中不可接受的灰色地带。

也就是说，在对社会（可能）造成不可接受或不人道结果的问题上，人类的自主权都有其限制。然而，谁被我们归类在这个"社会"里呢？我们又如何对待那些能感受到痛苦却无法表达自己需求、要求自己权利的生物，例如动物呢？

第 20 章

香肠和干酪以外：
可以吃动物吗？

想象一下，有一天外星生物从外层空间来到我们居住的地球，那生物就像好莱坞电影《独立日》（*Independence Day*）里智力远超过人类的外星人。现实中不可能总是出现一位英勇驾驶战斗机的美国总统，而这次也没有什么让大家大跌眼镜的天才用地球的病毒造成外星计算机的瘫痪，因此外星生物很快就制服并囚禁了人类，一段史无前例的恐怖统治时期就此展开。外星人把人类拿来做医学实验，用人皮制作鞋子、汽车坐垫和灯罩，而毛发、骨头和牙齿也各有用途。此外他们还大啖人肉，特别是小孩和婴儿，因为他们的肉特别鲜嫩柔细，所以最合他们的胃口。

一个刚被他们从地牢里提领出来准备做医学实验的人对着外星人大喊："你们怎么可以这么做呢？你们难道看不出我们有感受而你们正在伤害我们吗？你们怎么能夺走我们的孩子，还杀他们、吃他们呢？你们看不见我们的痛苦吗？你们不知道自己有多么残忍和野蛮吗？你们一点同情心和道德感都没有吗？"

那些外星人点点头。

"没错"，其中一个说。"我们有可能是残忍了点。但是你们看……"他接着说："我们确实比你们更高级。我们的智力比你们高，比你们明智，会许多你们不会的。我们是比你们更先进的物种，过着与你们完全不同层次的生活，因此我们可以对你们为所欲为。跟我们相比，你们的生命根本没有价值可言。此外，就算我们的行为真的有些不妥，有件事是肯定的：没办法，你们就是太好吃了！"

1970 年秋天，彼得·辛格（Peter Singer）坐在牛津大学的大食堂里吃着牛排。他是个爱思考的年轻人，不过当时的他还没想过虚构的外星人以及吃人的习性；他刚结束在墨尔本的哲学学业，从澳大利亚回到英国，开始在大学授课。从少年时期开始，就没有什么比哲学以及生命的问题更让辛格感兴趣了。他的父母是住在维也纳的犹太后裔，德国和奥地利在纳粹统治时期迫害犹太人，他们只好于1938 年离开奥地利，年轻的他们从奥地利逃到澳大利亚，而他们的父母，也就是彼得的祖父母，则遭到纳粹逮捕并在特莱西恩施塔特（Theresienstadt）集中营里被处死。

辛格治学严谨，尤其是在道德问题方面；他渴望知道

我是谁？

什么是好与坏，什么是正确和错误的生活方式。他坐在历史悠久的大学餐厅里吃牛排，发现同桌一名学生把盘中的肉拨到一边去。这名学生名叫理查德·科申（Richard Keshen），后来成为加拿大卡普顿大学（Cape Breton University）的哲学教授。辛格问他是否觉得东西不好吃，理查德则说他自己永远不吃肉；他说他是素食者，因为吃动物根本就是不对的事。辛格对他明确而坚定的态度感到惊讶；但是理查德却问他，请他说明为什么吃动物在道德上是站得住脚的。辛格请对方给自己一点思考的时间，两人约定第二天再于餐厅会面，届时辛格将给理查德一个理由说明为什么人可以吃动物，接着辛格便静静享用他的牛排。此时的他并未料到那是他人生中最后一份牛排。

在返家路上，辛格开始思考。当然，人类一直以来都是吃肉的；从史前时代猎捕原牛和长毛象，到后来牧人和农夫饲养绵羊、山羊、牛和猪，都是要吃它们的肉。远古人类以及许多土著如果没有肉作为主要食物来源，就不可能存活。然而，辛格也很清楚，他的理由都不适用于自己；远古的人类或是必须以猎捕海豹维生的爱斯基摩人，都不足以解释为什么他可以吃动物，因为在英国即使没有肉也可以摄取身体所需的所有营养。辛格心想，毕竟狼、狮子和鳄鱼等动物也吃肉，并且从不在乎自己是否可以这么做啊！因为它们如果没有肉就会死。辛格知道，自己就算不吃肉也不会死；相对于狼、狮子和鳄鱼，他可以选择吃肉或不吃肉，而这个"可以选择"的事实，便是他与狮子的区别所在；他比狮子优越，也比他在大学餐厅里吃的牛、猪和鸡更优越。人类比动物聪明，有更高的智力，能说精确的语言，具有理性和知性。古代、中古和近代的哲学家都曾说：这就是为什么我们可以吃动物，人类有理性，动物没有理性；人类有价值，动物没有价值。但是，我们真的可以说，有智慧的生物比智慧较低的生物更有价值吗？虽然辛格并不知道外星人的虚构故事，但是就像许多读者一样，辛格也愤愤不平：如果外星人对待人类的方式是不道德的，那么人类与动物之间类似的关系难道不也一样吗？更优越的智力水平并不是"道德特许证"，让人可以为所欲为。辛格花了三年的时间，深入思考"人类应该如何对待动物"的问题，并于 1975 年出版了《动物解放》(*Animal Liberation*)。这本书十分畅销，卖掉了 50 多万本。

辛格在书中写道，对于生物的生存权来说，最重要的标准并不是智力、理性或知性。一个刚出生的婴儿在知性上低于一头猪，但是我们不能吃他或将其作为测试新洗发精效果的实验品。尊重生物及其生存权的决定性原因，是他有快乐和痛苦的能力。就此而论，辛格与边沁的看法一致。边沁在 1789 年法国大革命时就曾说："那一天将会到来,其他生物也将重获人类以暴行从他们身上剥夺走的权利。有一天人们将会明白,腿的数目、体毛的多寡都不足以构成如此对待一个有感受的生物的原因。但是,什么会是不能逾越的界限呢?是说话的能力吗?可是一匹长成的马或一只成年的狗比一个刚出生一天、一个星期甚至一个月的婴儿都要聪明,社交能力也更好;而且就算不是如此,那又能改变什么呢?问题并不是他们是否会思考或说话,而是他们会不会感到痛苦。"辛格沿用了边沁的功利主义:"快乐是好的,痛苦是不好的。"这不仅适用于人类,也适用于所有能感受快乐和痛苦的生物,因为作为有感受能力的生物,动物和人类在原则上是一样的。因此,当面对"人类是否可以吃其他动物"这个问题时,我们将很容易就做出决定,比起动物必须付出的身体、生命以及无法言说的痛苦,人类单纯的口腹之欲是微不足道的。

辛格关于"人类应该解放对动物的控制"的作品引起很大的震动:在英国、美国和德国都发起"动物权利运动"。而如"善待动物组织"(PETA)和"动物和平组织"(Animal Peace)的目标都已远超出传统保护动物者的要求。动物权利人士抗争的对象不仅包括"大规模饲养动物""毛皮兽养殖场"和"虐待动物行为",他们质疑任何对动物的使用权。他们认为人类既不能吃香肠,也不能吃奶酪;不能把它们关在动物园或马戏团里,也不能拿它们去做动物实验。他们要求动物也应该有快乐生活以及自由发展的权利。

虽然辛格的观点乍看之下很有说服力，却遭到许多哲学家的激烈反驳。若理性、知性或智人的属性不构成道德，而是感受痛苦的能力，那么道德的边界在哪里呢？猪和鸡会感受痛苦，这点一般人很容易认同，它们被折磨或宰杀时都会哀号。但是鱼呢？鱼会痛苦吗？根据最新的研究显示，鱼虽然不能表达，却似乎会感受疼痛。那么无脊椎生物，比如贝类呢？我们对于贝类的痛觉所知太少了，因此无从回答。更清楚地说，我们人类甚至不知道植物是不是也可能感到痛苦；当人把莴苣从土里拔起时，它是否觉得疼痛呢？

这么说来，疼痛的感受并没有很清楚的界限。而这个标准之所以有问题，是因为我们无法直接深入动物的意识状态。在探讨脑部的问题时，我们曾提到科学在描写人类主观的经验状态时有很大的困难，而面对动物的状况更是难上加难。1974年，正当辛格在写那本关于解放动物的书时，托马斯·内格尔（Thomas Nagel），也就是现在纽约大学法学院的教授，发表了一篇著名的论文《身为一只蝙蝠是什么感觉》。内格尔对动物并不特别感兴趣，他想要说的是，其实人不必设想自己是另一个生物，例如蝙蝠，因为那根本就不可能做到。他认为人唯一能够做的，

我是谁？

是想象自己如果具备回声定位系统在夜间猎捕昆虫的话，会有什么感觉。但是谁又知道这感觉和蝙蝠的知觉有多少关联呢？也许两者一点关系也没有。内格尔想要强调的是，意识总是主观的历程，因此是他人无法理解和进入的。

到目前为止一切听起来都很正确。但是"我们不可能完全知道动物的内在感受"这个论点，当然无法完全驳斥辛格"尊重动物"的立场，因为"我们不了解其他人的内心世界"并不能作为伤害他们的理由。没有法院会以犯人无法知道被害人的感受为由而容许伤害、谋杀或过失杀人的行为。我们假定人都有完整的意识，这便足以构成尊重他们的理由。相对来说，许多科学家在面对动物时，却只以生物学的角度去解释它们的心理；然而，这种"刺激与反应"的模式本身是有问题的。例如：长尾猴的欺骗行为是出于本能，还是有计划的手段？狮子之间的强弱斗争游戏是一种策略，还是一时兴起？谁能斩钉截铁地回答呢？人类的欲望也有如"厌恶疼痛""性渴望"等生物需求，但是我们不会认为欲望仅限于生物需求。既然我们不会把"人类的心理经历"降低为机械化的官能，那么为什么不能也如此研究动物的心理世界呢？当然，我们不能天真地把我们的感觉和意图投射到动物的内心世界；但是，偏激地把动物视为单纯的机械性行为，却也是很幼稚的。我们怎么知道动物们的"游戏本能"只是单纯的功能性机制呢？猴子的性行为和性欲的确可以从功能的角度去解释，但是我们因此就只能从功能去解释它们吗？

古代的中国人早就知道不可能真的了解动物的感受；但是他们却知道我们可以接近动物的内在世界，也就是透过类比推理。庄子与惠子游于濠梁之上。庄子说："儵鱼出游从容，是鱼之乐也。"惠子说："子非鱼，安知鱼之乐？"庄子说："子非我，安知我不知鱼之乐？"

现代的脑部研究也应用了类比推理。他们检查我们脊椎动物脑部的反应方式，并猜测其他脊椎动物脑部的类似结构可能会有和我们类似的经验。脑部学者不仅验证事实是否符合推测，更试着找出为什么我们认为自己对某些动物比对其他动物更能感同身受。当人们观察海豚时，会立刻从海豚的表情中联想到微笑，我们的镜像神经元因为我们以为自己了解海豚的表情而进行工作。几乎所有人都觉得海豚很讨人喜欢；而具有"陌生"面孔的动物则不会刺激我们的镜像神经元，不会让我们联想到熟悉的事物，也就不会刺激我们的同理心。另外，我们相信自己能够理解狗的某些行为，我们喜欢它们玩耍的模样，并觉得它们很快乐，不过这是有限制的。例如贾科莫·里佐拉蒂认为，"我们不知道狗吠是什么意思，因此我们也无法以吠

我是谁？

叫来与狗沟通。吠叫并不属于我们的活动机能。人类虽然可以模仿狗叫，有些人甚至学得惟妙惟肖，但是我们却无法理解狗吠的意义！"

即使脑部研究已有了进一步的发展，动物的内在世界仍然是个未知领域。正因为如此，人们在法律、哲学甚至日常语言的使用上粗暴地界定动物的内在世界，就愈加让我们担忧。在德国，没有任何动物拥有被善待的道德要求权。从法律上看来，黑猩猩与蚜虫之间的关系比黑猩猩与人类的关系更近。人类有宪法和民法，而黑猩猩却只有动物保护法。这使得黑猩猩所受的保护和鼹鼠相比并没有差别；每个深入探讨过生物世界的道德学者，都会对这样的结果摇头叹息。

这么说来，至少像猿猴或海豚这类高度进化的脊椎动物，是不应该被随意归类在没有权利的层级的。辛格和偏好功利主义者一样认为，"自我意识"是让生命绝对值得受保护的条件；虽然很有说服力，但是我们仍然必须承认自我意识并不是神经学上的确切范畴。一种生物是否具备自我意识，并不能透过核磁共振成像得知，有些哲学家把自我意识等同于"'我'的感觉"。在探讨"我"的章节中曾提到许多不同的"我"的状态，其中"身体的我"、"定位的我"和"观察点的我"，在猿猴身上应该都存在，否则它们的社会行为会极度失序。

第20章 香肠和干酪以外：可以吃动物吗？

有些脊椎动物无疑具备类似基本自我意识的东西。但是这在道德上又应该给予多高的评价呢？以大象为例，如果在非洲有猎人为了贩卖象牙而杀害这种高度进化且敏感的动物的话，是否能够枪毙这些"私猎者"呢（枪毙私猎者在肯尼亚是合法的）？对辛格来说，这个例子很清楚，答案是否定的，因为人类比大象具有更高的自我意识。然而，若是一个人杀了三头、五头甚至十头大象呢？若被杀的是母象，遗留下悲伤的小象因恐惧而导致精神错乱呢？那么辛格认为，天平此时将会往大象的那一边倾斜。不过猎人的家属们又如何呢？在这个例子上我们可以用一切想象得到的版本继续延伸下去，而就算我们考虑得再周到，最后也非得做出一个专断的权衡不可。功利主义在这里对抗的是不可测量性以及无法控制的后果，而且无法摆脱它们。

以"自我意识"作为生物的生命价值的普遍标准，最大的困难是我们在探讨堕胎问题时曾提到的"非直觉后果"；因为，如果生物的生命价值依赖于其感受和行为的完整性，那么初生婴儿以及重度智障者的层级甚至低于一只牧羊犬。辛格并无意贬低婴儿和智障者的生命，他只是要提高动物的价值。然而，他招致的反弹却有如雪崩一般，以致许多残障协会的代表至今仍视辛格为眼中钉。面对动物问题和面对堕胎问题时一样，以"公平"作为唯一的标准是不够的。母亲会出于本能而将自己的婴儿看得比一只牧羊犬更重要，由此我们知道不应该把直觉和本能从道德哲学中抽离出来。

因此，"人类可以如何对待动物"不只是理性思考的问题，更是本能的问题。将人类的生命和动物的生命做不同的评价，是人类自然的本能。我们的道德感就好比在水中投入一块石头，会激起一圈圈涟漪：最中心的一圈是我们的父母、兄弟姐妹、孩子和至交；外一圈则是朋友或我们的宠物；接着是普罗大众；而最外层则大多是盘中的鱼虾、烤鸡等。这些道德的圆圈并不能任意延伸。但是这么多可供食用的动物会处于圆圈的外围，并不是自然的法则，而是受到压迫和思想控制的结果。

如果我们把人的感觉纳入考虑，那么问题就会是：如果我无法亲自动手宰杀动物，我还可以吃它吗？在西方文明里，大多数人还是觉得难以动手屠宰一头猪或牛，即使我们知道屠宰的方法；但是要杀的若是鱼的话，则会有不少人下得了手；而"杀"鸡蛋这件事对大部分人来说就更不成问题了。屠宰动物在远古的人们眼中应该比较容易些，土著也不觉得为难；但是道德总是个文化敏感度的问题，它和"人"的抽象定义关系不大，却得视一个社会的感知能力而定。我们大可以认为这个感知能力在西欧目前已暂时达到了人类发展的高峰，因此我们今天才需要制造"假象"的肉品加工业，让小牛蹄尽可能看起来不像牛犊。我们的直觉将被误导，帮助我们更容易地驱散联想。我们社会中大多数人在吃肉时不会感到恶心和畏怯，是因为他们并没有目睹动物的痛苦。我们的镜像神经元会对屠宰场内牛犊的咆哮产生反应，而对一盒包装好的肉排则无动于衷。

在经过聪明的思考后究竟要不要改变自己吃肉的习惯，这是每个人自己的决定。如果理性考虑，那么我们恐怕必须说，无论是从功利主义的角度还是从道德直觉来看，反对吃肉的论点可能都比赞成吃肉的论点更好也更有说服力。至于现在是要完全放弃牛排、汉堡和烤鸡，还是只比以前少吃点，则要视我们在这个问题上自身的敏感度，或是"被刺激出"的敏感度而定了。换句话说，也就是要看我们是否将它作为我们自尊（Selbstachtung）的问题看待。相对于我们的多毛近亲，再来看看我们对自我的理解，将为这个思考提供更多的灵感。

第 21 章

文化丛林里的猴子：
人类应该如何与人猿相处？

"杰若姆死于 1996 年 2 月 13 日，再过十天就是他 14 岁的生日。他虽然正值青少年，却意兴阑珊、身形肿胀、郁郁寡欢、浑身乏力，并患有贫血病以及腹泻。他已经有 11 年不曾在户外游玩、享受新鲜空气了。当他还只是个 30 个月大的幼儿时，就被蓄意接种了 HIV-SF2 病毒；到了第四年，他又被注射了另一种 HIV 病毒 LAV-1；在他 4 岁生日的前一个月，人们再度给了他第三种病毒 NDK。"报告就是如此开场的。作者是哈佛大学法学院的法学家斯蒂芬·怀斯（Steven Wise），报告内容是关于一只名叫杰若姆的实验黑猩猩，它被隔离在位于亚特兰大埃默里大学（Emory University）的黑猩猩传染病大楼（Chimpanzee Infectious Disease Building）中，一个由钢筋和混凝土盖成的、没有窗户的小房间里，并在那里结束了生命；和它命运相同的还有另外 10 只人猿。怀斯是位于波士顿的基本权利发展中心（Center fort he Expansion of Fundamental Rights）的负责人。他积极主张的理想，是要让大型人猿在未来也能享有人类最重要的三种人权：不可侵犯的生命权、身体不受伤害权以及自由的个体发展权。

赋予黑猩猩、侏儒黑猩猩、大猩猩和红毛猩猩基本人权的要求开始于 14 年前，发起人为彼得·辛格和意大利的动物权利运动者葆拉·卡瓦里瑞（Paola Cavalieri）。他们于 1993 年共同出版的一本书，同时也成为一个新成立组织"大猿计划"（The Great Ape Project）的宣言。他们对于人猿的看法在当中说得很清楚：猿猴拥有与人类相近的社会及情感生活，它们的智力几乎不亚于我们，却没有完全的法律保护，这在辛格和卡瓦里瑞看来简直是不可思议。

这两位哲学家的看法正确吗？我们必须改变人类与大型人猿之间的关系吗？毕竟于 18 世纪发明科学"双名法"（Nomenklatur）的瑞典人卡尔·冯·林奈（Carl von Linne）早在第一次尝试分类时就把人类（Homo sapiens）和黑猩猩（Homo troglodytes）视为同一个"属"。他的看法在 230 年后被证实不是完全错的。1984 年，耶鲁大学的两名分子生物学家查尔斯·希伯利（Charles Sibley）和琼·阿基思特（Jon Ahlquist）发表了长年研究人类和猿猴 DNA 的结果，而这些结果在今天都被视为科学界的智慧财产。根据他们的研究，红毛猩猩和人类在遗传因素方面的差别约 3.6%，大猩猩和人类的差别约 2.3%；人类与黑猩猩和人类与侏儒黑猩猩的差别大致相同，都只有约 1.6%。当我们发现黑猩猩和大猩猩之间的差别超过 2%，而两个长臂猿种（Gibbon）间的差别约有 2.2% 时，这些相当抽象的数据也就变得特别麻烦了。据推测，人类（Homo sapiens）和黑猩猩（今日的学名为 Pan troglodytes）之间的基因差距出奇的小：98.4% 的人类基因同时也是黑猩猩的基因，而两个物种的相近程度大约如同马和驴子。从分子生物学来看，他们比小鼠和大家鼠、骆驼和羊驼之间的关系都要近。基于这些研究结果，美国加州大学洛杉矶校区的演化生物学家贾雷德·戴蒙德（Jared Diamond）便主张为人猿的分类制定一个新的系统。戴蒙德认为，生物学家在未来大概"必须从不同角度来看事物，也就是从黑猩猩的角度。这么一来，稍微高等的人猿（三种黑猩猩，其中包括人类黑猩猩）和稍微低等的人猿（大猩猩、红毛猩猩和长臂猿）之间只存在非常小的对比。而传统上对人猿（被定义为黑猩猩、大猩猩等）和人类所做的区分则不符合实际情况"。生物学事实表现出的效力显得十分惊人。既然如此，对于"人猿与人类是相同的，所以必须被相同对待"这件事，是否仍存在怀疑呢？

还有一个怀疑是来自演化生物学本身；因为在进行分

类时，不应该只考虑基因的远近，还必须加入其他完全不同的生物学标准。例如，从物种发展史来看，鳄鱼和鸽子之间的亲等关系比鳄鱼和乌龟更近，但是生物学家仍然把鳄鱼和乌龟同样归为爬虫类，而鸽子却不是。因此，对生物学系统里的分类而言，重要的不仅是近亲值，另外还有对环境的适应以及生活方式等要素。那么，人猿和人类在这方面又有多大程度的不同呢？ "动物之父"布雷姆（Brehm）早在 19 世纪中期就猜测说："我们对猿猴的反感乃同时基于它们在身体以及精神上的表现。它们的身体只在外表上近似人类，而它们的精神只在不好的方面近似人类，好的方面却不像。"现在是否真的应验了呢？

日本的行为学家于 20 世纪五六十年代在冲绳岛上露天观察了一群日本猕猴之后，证明"猿猴也有文化成就"。有些年轻猕猴在没有人类的指导之下，学会了我们从未在野生猿猴身上看过的行为方式。著名的新发现是在食用马铃薯前先洗掉上面的泥土，即所谓"淘金"，猕猴还会透过淘洗来分离小麦粒和沙粒；另外它还会开发新的食物来源如海里的海带和贝类等。特别的是，这些能力会被群体中其他成员仿效，作为一种"文化"传承给下一代。对人猿的观察结果在文化传承方面甚至还有更多的发现。著名的英国灵长类研究学家珍妮·古道尔（Jane Goodall）曾于 20 世纪 60 年代末提出报告说，野生的黑猩猩会搓揉树叶塞进缝隙

我是谁?

里以吸取缝隙里的水、用草茎捞食白蚁,甚至还会除去树枝上的叶子,然后用树枝来制作工具。当珍妮·古道尔向古人类学家路易斯·利基(Louis Leakey)报告她的观察时,她收到了一封传奇的电报:"我们现在要不就是重新定义工具,要不就是重新定义人类,再不然就是接受黑猩猩也是人类。"

然而,在比较人类和猿猴时,最明显且重要的标准其实是语言;更确切地说,是人类的语言。没有人会否认,猿猴具有复杂而完整的声音和沟通系统。在猿猴的颞叶部位也有负责字词理解的韦尼克区,在其额脑也有负责字词发音和语法的布罗卡区。但是为什么它们不能像人类一样,用不同的语音来沟通呢?这个问题的答案简单地令人吃惊。人类语言的秘密,如前面曾提到的,就在于喉头(见《玻璃瓶里的苍蝇》)。人类喉头的位置比所有猿猴以及人猿都要低几厘米,早期人类喉头部位的改变,很可能和负责符号沟通的脑区发展产生了交互影响,而这个过程却并未发生在猿猴身上。

即使如此,对猿猴的语言实验还是有些成果的。20世纪60年代,内华达大学的比阿特丽斯和罗伯特·加德纳(Beatrice & Robert Gardner)的实验就引起了轰动。他们教给名为"华秀"(Washoe)和"露西"(Lucy)的两只黑猩猩一种由听障者使用的美国手语(Ameslan)。根据他们的报告,这两只黑猩猩学会了几百个手语词。人猿有能力使用代表物体、情境和行为的抽象符号，并且和特定的人、动物或物体相联结。心理学家休·萨瓦戈－鲁姆博夫（Sue Savage-Rumbaugh）于 20 世纪 80 年代也以对倭儒黑猩猩坎兹（Kanzi）的实验得到相同的结论。坎兹在两年内学会了使用一个由 256 个文字符号组成的键盘，并且能够熟练提出请求、确认事实、模仿、做出选择或表达感觉；此外，坎兹还能对听到的几百个英语词做出反应。田纳西大学的麦尔斯（Lyn White Miles）也对红毛猩猩做过实验，并得到类似的结果。

　　然而以上猩猩的成就都远不如位于旧金山市南方、加州伍赛德（Woodside）的可可（Koko）。可可是一只母猩猩，经过 25 年的密集训练，竟然可以掌握上千个美国手语词，并理解约 2000 个英语词。1998 年就已经有了第一次与可可的网络在线聊天。它的句子由三到六个词组成，能表达时态，句子中甚至还包含笑话。可可专业智商测试的结果约为 70～95；而 100 就已符合一个正常人类的智商。可可还会押韵，包括 do 和 blue，squash 和 wash，并且还发明了一些比喻，如用"老虎马"来比喻斑马，用"大象宝贝"比喻一个皮诺丘玩偶。当人问它："为什么可可跟其他人类不一样？"它能聪明而正确地回答："可可大猩猩。"经过了 30 年以上的定期训练后，这只年迈的大猩猩夫人在人类语言上达到了其他非人类生物从未达

我是谁？

到的境界。帕特森（Patterson）[1] 认为，透过向可可学习，我们可以了解大猩猩的一般心理；例如，当大猩猩高兴时会说什么呢？答案是："大猩猩抱抱。"当它们生气时又会说什么呢？答案是："马桶鬼。"

在可可的学习实验中有个特点是，这些成果只有在隔离的实验室条件里才可能完成。野生或动物园里的大猩猩则不会有闲工夫去管人类的语法。不过，大猩猩看起来仍然具备了比"只需满足适应自然环境和觅食"更高的智力。就像人类一样，所有其他灵长类脑部拥有的智力也都源自社会行为的必要性。猿猴世界的一切挑战中，最复杂的要数它们群体组织的游戏规则了；而人猿的智力也要归功于社会性的游戏规则。当然，这个发现同时也指出了为什么对人猿的语言实验都存在着问题，因为人猿只能学习在它们的世界中也有的或是能从中推导出的词语意思，而对人猿来说，其他的一切"很自然地"不知所云的，就像人猿的许多行为对人类来说是难以理解的一样。因此，智力和特定的社会交际形式有着密切的关系。然而，人类对人猿的实验却不是依据它们本身的标准，而是依据人类的标准去测量它们的成就；在这样的方式下，它们的语言习得约等同

---

[1] 弗朗辛·帕特森（Francine Patterson），大猩猩基金会（Gorilla Foundation）创办人、可可的老师。

于两岁的孩子，而它们的计算能力则如几年前在京都发表的关于母黑猩猩小爱（Ai）的能力，有时可达到学龄前儿童的程度。这些研究证明的是：人猿能够学习语言以及计算系统中重要的基础元素，代价却是失去它们本身正常而特有的行为与沟通形式。这在道德层面上具有什么意义呢？

一般而言，语言能力和计算能力并不是判定它们是否该归于人类这个道德群体的标准。相对于人猿，重度智障者或是婴儿在这方面几乎都没有什么能力，却仍然有其应得而完整的道德保护。虽然黑猩猩和大猩猩在实验室里看似透过计算和语言技艺进入了人类这个道德团体，但智力对人类来说根本不算是道德考虑的标准。

即便如此，"大猿计划"的代表还是把人猿的智力表现作为论据。不仅是基因，还有根本的精神性质，如自我意识、智力、复杂的沟通形式和社会体系等，都将"同为人属的人类和其他人猿"归结在一个道德群体内。这些代表们以偏好功利主义的"位格"概念将人猿纳入人类的范畴。由于人猿有愿望和意图，并且遵循目的而行动，因此它们是"位格"。这样看来的话，它们不仅应该得到绝对的保护，而且还应该拥有基本权利：人猿应该有权于动物实验中不被滥用和伤害；它们应该有权不被展示在动物园和马戏团里；它们和受威胁的自然民族一样，都应该有权拥有自然的生活空间，而负责照顾它们权益的不

我是谁？

应该是物种保护者，而是联合国。

反对这些要求的意见可想而知：单单谈论保障人猿身体不受伤害、自由发展其位格等权利，却不同时思考它们该如何尽"义务"，是否真的有意义呢？例如，这些被视为人类群体一员的人猿们，未来该怎么缴税和服兵役呢？就算不用这种语带讽刺的论调好了，我们还是要问，若是有一只猿猴违反了那些不是它自己接受而是由我们赋予的"人权"的话，该怎么办呢？我们该如何评价黑猩猩之间的"战争"，以及发生在人猿世界中"残暴谋杀"和"同类相食"的行为呢？我们该如何对待一只伤害甚至杀害一个人的猿猴呢？难道应该根据我们要求"位格"的法律标准审判它吗？

"大猿计划"的第二个难题在于逻辑的矛盾。动物权利人士想要瓦解人和动物之间所谓"种族差别主义"的界线，他们认为道德的标准并不在于是否"属于人这个物种"，而是能够复杂感受且至少拥有基本的目的。也就是说，人类必须学习不要从自身出发，而是接受每一种能满足"位格"条件的生物。这些听起来都没错；但是"大猿计划"如何能以此为前提，而主张说"人猿应该享受道德的优待，因为它们是所有动物中最像人类的"呢？因此，有些动物权利人士甚至认为"大猿计划"还是太过消极、不坚定或过于"人本主义"了。他们和保守的批评者一样，都不想要一个区分动物和人类的新界线；因为保守批评者并不想改变目前的界线，却提出另一个疑问：重新界定目前区别人类和黑猩猩的界线，以区别红毛猩猩和长臂猿类，又有什么好处呢？

支持者为"大猿计划"提出辩护，说他们的要求具有象征意义。辛格也希望让界线范围超过长臂猿类，进而使所有能够感受痛苦和快乐的动物都获得权利。这样看来，为大型人猿的人权请命只是第一步而已；而这个尝试已经获得了初步成功。1999 年 10 月，新西兰政府正式赋予了在其国内生活的约 30 只人猿不可侵犯的生命权；英国也自 1997 年开始禁止对大型人猿的任何动物实验。这是个重大思想改变的开始吗？动物和人类之间古老的界线是否不再存在了呢？与其关注传统的道德，认知科学难道不应该探讨这类现象吗？如同我们所看到的，脑部研究在脉冲与反射、反应和处理之间的关系上划分了全新的等级制度。我们今天已经知道，人类的意识只有很小的部分和理性有关；我们的世界里大部分都是人类与其他动物共有的能力所决定的结果，而且这些能力早在语言形成以前就有了。把纯粹的知性当作人类行为的中心特质，其实是个幻想；而我们未来是否会因此认为人猿比较接近人类而不只是动物，则仍是个定义的问题。因为大概没有人能比日本灵长类动物学家西田康成（Toshisada Nishida）说得更

我是谁？

贴切了："黑猩猩本身就具有迷人的特色，它们在某些方面不如我们，在其他方面则超越我们。"整体来说，今天关于人类和人猿的知识都迫使我们进行一个思想改变，不管这个思想改变有多少会被纳入法规细则。思考的方向似乎很清楚了：我们从脑部研究中得到的知识越多，我们就越接近我们的动物近亲。当代行为心理学的研究结果将会很快地因脑部学者的研究结果而失去意义；而大猩猩可可对于死亡的认知，更是智慧、滑稽而平静（人们都有成见，以为动物不知道也无法想象何为死亡）。"死亡是什么？"帕特森曾对可可提出这个问题，可可思考了一下，然后用手指了三个词："舒服、洞穴、再见。"

当达尔文证明人类起源于动物时，他仍然犹豫了很久，不敢把人类称作"聪明的动物"。而在 20 世纪时，著名的演化生物学家朱利安·赫胥黎（Julian Huxley），也就是达尔文的战友托马斯·赫胥黎（Thomas Henry Huxley）的孙子，就为人类发明了完全属于人类自己的生物存在领域"灵生界"（Psychozoa）。今天脑部研究却又将我们从这个尊贵的独享地位拉回到我们的动物近亲旁边。它们也不再是只从事机械化动作的"低等"生物，它们也拥有我们必须顾及的价值。问题是，这个价值始于大自然中的何处？大自然的一切都是值得保护的吗？我们真的必须保护周遭的一切生物吗？

第22章

鲸鱼的痛苦：
为什么应该保护环境？

它们很聪明，具有音乐天赋，而且很敏感；它们的母亲会哺乳八个月之久，并照顾孩子长达多年；它们13岁时便具备生殖能力；它们的社会生活和多彩多姿的生活非常特殊；它们的语言复杂而完备；它们彼此的照应值得作为学习典范，而它们逸乐的天性显得优雅而动人；它们在经过漫长的一生后，才将于70岁到80岁间死亡，因为它们唯一的天敌只有那些可恶的挪威人、冰岛人和日本人。在过去20年中，有25000条鲸鱼丧命于捕鲸人的捕鲸叉之下，不是内脏撕裂出血致死，就是因肺部破裂或横膈膜被射穿而遍体鳞伤地窒息于新型渔业加工船的甲板上。上帝，或许应该说是具有理性的世界各国，为什么能够容许这25000条鲸鱼惨死呢？

1986年，国际捕鲸委员会决议规定禁止猎杀鲸鱼，仅有的例外则保留给北极地区的原住民，或是以科学研究为目的的杀鲸行为。自此之后,求知欲望强烈的日本人似乎就竭尽全力地进行科学研究,而且每年研究的鲸鱼数以千计;而挪威人也重新变成了原住民,只要是想杀鲸的人都可以放手去做了。国际捕鲸委员会却只是冷眼旁观,甚至就像上次一样以相对多数否决该禁令。

当然,捕鲸这件事确实是挺倒胃口的,这点日本人也知道,而捕鲸其实也不算是获利很高的生意。日本人中有比较敏感的,就像德国人里也有敏感的人一样,他们都对鲸鱼肉感到反胃。但是没办法,谁让捕鲸是日本自中世纪以来的传统呢?传统是不会因为现存鲸鱼数锐减而废除的。而鲸鱼数锐减却偏偏总是委员会中反对捕鲸者的唯一论点:它们要求维护鲸鱼的动机是它们的稀有性,而非它们的生命权!因此,虽然存在一个联合国人权理事会,却只有一个捕鲸委员会,而没有"联合国动物权利理事会"。既然不存在一个国际性的动物保护机制,更遑论明文规定的国际动物权了。不过也不见得如此理所当然,毕竟德国民法规定,动物不可以被视为无生命的物体,而德国的动物保护法也禁止对动物不必要的虐待行为;但在欧盟法和国际法那里却没有对应的规定,只有如捕鲸委员会这般的贸易委员会,或是作为最高当局的《野生动植物国际贸易濒危公约》(Convention on International Trade in Endangered Species of Wild Fauna and Flora)。会议首次召开于 1973 年，地点是华盛顿，因此也称为《华盛顿公约》。不过自 1973 年以来，人类依然无动于衷，而当时所有物种大约有一半已经绝种了，这可以说是极大规模的物种死亡，情况非常严重。人类近几十年来对地球的伤害已超过了自人类出现后到二战之前的伤害程度。地球表面每年有 5% 遭受烈火摧残，今天热带森林覆盖的地表范围只剩下 6%，那里是地球上物种最丰富的生物栖地。在不到 30 年的时间内，森林面积缩小了一半以上，若是现今的森林砍伐率维持不变的话，热带地区的最后一棵树将于 2045 年倒下。日复一日，每天都有数百种动物绝迹，而它们大都没有名字，科学界也从未发现过它们。

当今没有人知道地球上还存在多少不同的物种，可能是人们经常提到的 3000 万种，却也可能是 1 亿种或只有 600 万种。相对于白垩纪，当恐龙的时代结束而哺乳类动物的大时代来临时，目前的物种灭绝率应该比物种形成率高出了约 100 万倍。例如在所有已知的鸟禽类中，已经有 1/5 绝种或直接面临绝种威胁。每个物种的灭绝都代表了十亿至百亿个碱基对的复杂遗传特征永远消失。大众媒体和政治对这场生态灾难的漠视，为我们的后代带来一个几乎无解的难题。而让我们更惊讶的是，德国只有一位教"环境伦理"的教授，却有约 40 个教授讲授 18 世纪哲学。学术界这种漠不关心的态度令人不寒而栗,几乎没有任何哲学科目像"环境伦理"一样受到如此冷落。然而,若不透过环境伦理的话,我们又能如何回答关于物种保护的基本问题呢?问题也就是:为什么人类应该保护各类物种免于灭绝呢?做法又是如何呢?

乍看之下的答案通常都是很简单的:我们应该保护环境,为的是要保护我们自己,"现在死亡的是树木,接下来就是人类了"。也许这么说并没有错,但是事情也并非这么简单,至少当我们在问"环境到底应该是什么?"时,其复杂性就立刻彰显了。环境是一个"价值"吗?是个生态机能的相互关系吗?是一个巨大的生物吗?对英国人詹姆斯·洛夫洛克(James Lovelock)来说,只要是活着的一切都应该尊重。洛夫洛克是一位著名的化学家、医学家和地球生理学家,著作丰富并拥有多项发明专利。不过他的世界观可以说十分特殊:他不仅将植物和动物视为生命,还把一般认为无生命的物质如石油、腐殖质层、石灰岩和氧气等也囊括在内,因为它们全都是从具有强大动能之生化过程的交互作用中产生出来的。德国在20世纪八九十年代也有一些较不如此狂热却怀抱类似理论的环境哲学家,他们要世人把敬畏、责任、尊重和尊严扩及整个自然界。

像洛夫洛克这样把大自然中的一切都视为一种价值意

义的人，很容易会得出一些非常奇怪甚或不合人道的结论；似乎人类才是这个充满"流畅平衡"以及和谐的美好世界中唯一具有危险性的破坏因素。而 90 岁高龄的洛夫洛克会认为切尔诺贝利（Tschernobyl）核反应堆的惨剧有其正面意义也就不足为奇了，因为之后人类就不敢进入受放射性物质污染的地区，而这个无人之境也就能生长许多树林和灌木了。由于植物对于放射性的免疫力通常比人类强，因此产生了一个免受人类破坏之手威胁的生存环境，这使得洛夫洛克感到兴奋。不过，也只有未遭受事故的人才会有这种想法，试想一下：作为一个骨骼发生病变的切尔诺贝利宝宝的母亲是否会感到高兴呢？大概不会吧！

美丽的大自然并不同时是"善良"的大自然，而我们一旦经历过它的邪恶后，它也就不再美丽了。岩壁、峡谷、沙漠和沟壑令我们叹为观止，却是巨大灾难后留下的痕迹。宇宙大爆炸、陨石撞击、毁灭性的火山爆发以及其他地质灾难，为这个行星写下历史，使原本多样的生态如今仅留下了 1%，而其他的则永远消失了！在火山灰下窒息，在大气的灰色污层下冻死，被残忍的凶器和阴险的陷阱捕捉，被尖齿利牙和无情利爪钳制，在冷酷的基因存亡战中败北。要把这些生命的残酷与不和谐融入充满创世祥和气氛的天堂花园中，没有一定的浪漫情怀和忽视能力还真无法做到呢。大自然"本身"既不良善也不邪恶,它甚至不知道什么是良善和邪恶。

因此,大自然"自身"的价值是可议的。如果上百万的动物种类在没有任何人类作为的情况下绝迹,而西方哲学家依然认为这一切是个"和谐的过程",那么现在由人类所造成的动物绝种又有什么值得批评的呢?大家都知道人类也是动物,而他会去排挤或是灭绝其他动物种类也是"自然"的过程,在自然界不曾间断。这样看来,在过去几千年主宰地球并繁衍至亿万的人类,其实只是许多自然灾难的其中之一。作为生物的筛选因素,人类参与了演化的决定:谁可以存活,谁必须绝种。

对于"大自然具有绝对价值"这种说法感到不舒服的人,宁可采取另一种思考,即大自然毋庸置疑地是因为对人类有益处才有了价值。人们迫切需要维护自然界的多元物种,因为这在生态上是对人类有益的。"生态"和"有机"的概念在不到十年之间就从边缘的政治团体的主张变成了德国民众的普遍共识。这概念告诉我们,树木的倒下意味着下一个就轮到我们人类。为了大气层,我们需要雨林;为了气候和饮水,我们需要干净的海洋。一般人都认为,一切都在我们这个星球上交互作用。世界是个单一而巨大的生态系统,每个物种在其中都有其重要的位置。然而真是如此吗?这也是个有争议的看法,因为

"多元物种在生态上的意义"这个问题根本尚未完全厘清。简单地说，生态学家们基本上有着两种对立的观点。我们想象世界是一架飞机，那么无数的动植物种类将扮演何种角色呢？有一群生态学家认为，每个物种都是一个特殊的铆钉，以固定飞机结构，因此每缺少一个物种都会影响飞机的性能，直到飞机最后坠毁；另一群生态学家则持完全不同的看法：对他们来说，许多物种只像是飞机上不必要的乘客，而即便飞机上只有很少的执勤人员，也依然能顺利飞行。

　　无论哪一种看法较为正确，有一件事是确定的：并非每一种动物或植物种类在生态上都是不可或缺的！尤其是那些在自然界的宝藏里最耀眼的宝石，例如西伯利亚虎①、獾狮狓、熊猫、红毛猩猩以及某些海豚。虽然面临绝种威胁，锡霍特山脉的泰加森林却依然存在，并没有因为仅存最后 300 只老虎而倒下；另外，獾狮狓生存的伊图利原始森林、熊猫所在的中国和红毛猩猩所在的苏门答腊与婆罗洲也都是如此；而喜爱海豚的人可以放心的是，海洋并不会因为鲸鱼的消失而干涸。因此，虽然从长远的眼光来看，人类对大自然的侵犯造成的后果并不清楚，某些物种的绝迹却似乎不会带来必然而重大的结果。很有可能

---

　　① 即东北虎。——编者注

我是谁？

只需要少数几个树种就足以让雨林内的碳循环继续进行。饮用水的毒化和臭氧层的破坏是会造成大自然生态循环的严重伤害，但老虎、霍狐狓、熊猫、红毛猩猩和鲸鱼的绝种却不会。我们似乎想保护许多动物免于绝种，即使它们对自己生活于其中的生态系统完全没有存在的必要性。没错，比起一些重要的昆虫、微生物和细菌，人类有时甚至投入了更多金钱和精力去拯救对生态比较不重要的动物。因此，"生态"肯定不是我们关心濒危动物的唯一动机。不过这样也好，因为如果我们只根据动物在生态循环上的功能去评断它们的价值，将产生极为可怕的后果。例如有些细菌对于生态比人类更重要且更有益处，难道我们在必须抉择的时候就应该选择它们而牺牲人类吗？而我们应该为地球上每年只因饥饿就造成 700 万人的死亡感到高兴，因为这些人死后不再需要每天吃饭，所以如雨林等天然资源也就能因此受到保护吗？

　　一个真正经过深思熟虑的生态学是非关道德的。没有一个脑子正常的德国人会只把眼前的人们视为处理物质和能量代谢的"生物催化剂"，即使是费尼斯·盖吉这样有社会行为障碍的人也不会。如果我们尊重"人类具有和橡树不同的价值"这个事实，是因为人类有非常复杂的感受能力，那么狗、猫、猪、老虎或大象也都能够感受痛苦或快乐啊！这样说来，人类的生命权和其他动物的生命权之间，差别最多也只是渐进性的，是依照对于生活感受的复杂性来决定的。也就是说，物种保护如果不去考虑高复杂性生物的生命权的话就没有意义了，而这个生命权是唯一的道德论点。因此，《华盛顿公约》对鲸鱼限量猎杀的讨论并不仅限于挪威和日本所觊觎的灰鲸和小须鲸是否真的濒危的问题，射杀非洲象的准许与否也不能回避这个观点。认为杀害在国家公园内可能过多的动物是合理的人，必须面对一个质疑，就是他是否认为同样的做法放在显然过多的人类身上也是合理的。

即使在未来，要回答"物种保护的意义"这个问题时也不能只把对生态的益处当作唯一的考虑基础。而稀有性也不见得是个道德的观点，因为一种动物的稀有性并不会加强其感受痛苦的能力。毫无疑问，貛狐狻、老虎和红毛猩猩都具有存活下去的意图。然而，动物中个别存在的，是否也适用于整个物种呢？我们究竟是以道德之名还是以受迫害的动物之名去论证，在这里似乎还是有区别的。当一只动物所属的物种即将随着它的死而灭绝时，它究竟是否能认知或因此感受到其中的痛苦呢？如果西伯利亚虎在未来几年内永远从中国东北地区的桦树林内消失，它对其物种本身的"绝种"事实的兴趣可能还小于对我们人类的。我们并不是为了老虎的利益而救老虎，而是为了那些着迷于老虎的魅力的人们，他们不忍见到私猎者为

我是谁？

了几块钱而把这么美的动物赶尽杀绝。不过，如果涉及要长远保护濒危的动植物的话，其外表的美丽实际上究竟能发挥多大作用，还是见仁见智的。为什么锡霍特山脉的泰加森林内必须有老虎的存在？让它们在世界各地的动物园里好好地繁衍难道不够吗？人类有个需求，就是在地球上发现那些并非由我们自己所创造出来的"价值"；而这个"美感的需求"难道不会随着这些物种的灭绝而渐渐消失吗？

没有一位哲学家或生态学家能够真正解释为什么上百万种的动物必须存在于地球上；他们也无法在不必大费哲学周章的前提下解释为什么人类应该存在。关于人类价值最有力的论点，是其复杂的痛苦和快乐的能力，但如果也在鲸鱼和大象的身上成立的话，那么它们也应该有不被杀的权利，而它们的生存基础也应该有不被破坏的权利才对。并不是因为它们的稀有或是长相好看，而是因为它们有存活的意图，这是我们不能视若无睹的。就算是与自然界中意识较低的生物相处，我们也应该谨慎。我们对蛙类和鸟类、植物和水母的感觉世界所知太少了。就算是对自己和自己的利益所在，人类仍然了解得不够多；人们只是很轻率地以"人类中心主义"去思考，仿佛对海洋、空气的污染以及对所有资源无情的掠夺并不是出于单纯的愚昧，而真的都是从"人类中心主义"出发，所为的是人类的福祉和未来一样。

然而，我们在何处可以因为人类的利益而改变自然，在何处又不可以呢？两者之间的界限又在哪里呢？我们可以操控自然到何种程度呢？如果所涉及的是我们自己的"自然天性"呢？

第 23 章

复制人眼中的世界：
可以对人进行复制吗？

雷尔教派（Raelinaner-Sekte）究竟在干什么？那个由极端资本主义、科幻情节、嬉皮梦想和恐怖宗教杂烩而成的混合物，几年前曾于蒙特利尔（Montreal）宣布要制造第一个人类复制宝宝并开启永生之路！那名宝宝夏娃（Eve）如果真的曾经诞生的话，现在应该有四岁了，就像该教派公告的另外两个于 2003 年 1 月出生的复制儿二号和三号一样。答案很简单：雷尔教派没什么特别的作为，他们的创始者兼主席，一名法国的体育记者克劳德·佛里伦（Claude Vorilhon），偶尔只会公布一些不重要的消息，例如制造出花生过敏者可以吃的基因改造花生。如果法国小说家米歇尔·维勒贝克（Michel Houellebecq）没有极力推崇该教派的话，大概没有人会再问他们的下落了，因为雷尔教派经常成为被讥笑的对象，而他们就像一整个畸形山脉中的山峰一样，被怪异的世界观所围绕。

第23章 复制人眼中的世界：可以对人进行复制吗？

如果想看看那第二高的山峰的话，那么我们就要问：那位意大利籍的妇科医生塞维利诺·安提诺里（Severino Antinori）又在忙些什么呢？人们也许还记得他在 2002 年 4 月声称已让三名妇女怀有复制宝宝。同年 11 月底安提诺里还证实此事，并且预告第一名复制宝宝将于 2003 年 1 月的第一周诞生。然而安提诺里的复制宝宝却始终没人见过，就这样消失在佛里伦及其教派的旋涡里。安提诺里本人最后一次在媒体上公开的消息是于 2003 年 1 月底宣布因为反对意大利健康部长而打算绝食抗议。

接下来要问的问题是：那位位于美国肯塔基州莱克星顿（Lexington）生殖学中心的科学家帕纳伊奥蒂斯·札沃斯（Panayiotis Zavos）现在在做什么呢？2004 年夏天，他确实曾复制过一个人类的胚胎，却在四天后将它杀死。据札沃斯当时的说法，那只不过是个练习，是为了一项计划，也就是将一个复制的人类胚胎植入其母亲子宫。不过，这件事确实发生的可能性并不大，因为以札沃斯"健谈"的个性，若是真的成功的话，肯定会昭告天下。

从十多年前复制羊多莉（Dolly）在苏格兰的一群羊中睁开双眼以来，依然还没有一个复制宝宝秘密或公开地爬行在世界上的某个角落。而这个让某些人觉得兴奋、大部分人却感到讶异或惊恐的想法，到目前为止依然被证明是不切实际的。然而复制人的想法到底为什么会让我们不

我是谁？

安呢？复制本身有什么在道德上令人忧虑或鄙弃之处呢？更精确地说：复制的"不道德性"在哪里呢？

复制人的批评者认为，对人类进行人工复制是违反人性尊严的，因为根据康德的名言，人类"本身就是目的"，因此是不能被"利用"的。批评者指出，复制行为正是利用人类，使他"物化"并降低了他的尊严。为了检验这样的疑虑，我们得深入探究。基因工程学家今天把复制分成两个不同的概念："再生性的复制"以及"医疗性的复制"。

"再生复制"指的是创造一个在基因上与其范本几乎相同的有机体。为了达到这个目的，我们首先要从一个人体细胞中取出细胞核，每个细胞核里都含有完整的遗传资料，接下来是要找到一个卵细胞并移除它的细胞核，然后把那个人体细胞的细胞核放入其中，最后将这个被改造过的卵细胞植入一个孕母的子宫内。要是这个实验在人类身上成功的话，那么孕母在九个月后将会生出一个婴儿，而其遗传特征将会与提供细胞核者几乎完全相同。这个方法至今已成功应用在小鼠、大家鼠、牛、山羊、猪、非洲野猫、白尾鹿、野牛、马、狗和绵羊——闻名世界的多莉身上。至于在人类身上呢？如同前面所提到的，还没有一个成功的尝试。

其实只有极少数人希望对人类进行再生复制。虽然联

第23章 复制人眼中的世界：可以对人进行复制吗？

合国还没有通过全球一致性的禁令，但大部分国家以明确的法律禁止制造遗传特征相同的人类。而相对于人类，至少在植物和动物方面已无争议了；自20世纪90年代起，食用植物和动物的复制就已是司空见惯的事了。然而，为什么遇到了人类的再生复制问题，无论是在理性或直觉反应上，就会出现道德的疑虑，而这个道德疑虑在面对其他动物时却不存在呢？

当我们想象人类的遗传资料被复制然后转移到另一个人身上时，许多人本能地会有种非常奇怪的感觉。书本和电影的世界里充斥着这样的幻想，而它们几乎都是恐怖的情节。"每个人都是独一无二的"这样的观念显然是我们觉得最重要的事实。而个人的独特性也是许多人深信不疑的价值。因此，刻意违反这个"法则"也就像是一种亵渎行为。对于动物我们则不会这么敏感。自家养的狗对我们来说的确是独一无二的，猫和马也是，但金鱼对我们来说就无所谓得多，至于盘子里的猪肉生前是不是独一无二的，大概只有极少数人在乎了。由此看来，我们只把"独一无二"的感觉保留给极少数的生命而已。

还有许多其他的论点支持这个直觉的疑虑，不过只有当我们同意"独特性价值"的论点时，其他的论点才有说服力。想要对一个生物进行再生复制，需要非常多的卵细胞；原因是，在1000个去核并重新填入新核的卵细胞

中，只有极少数能够真的发展成进一步的有机体，并成为
健康的生物。也就是说，动物的复制成功率非常低，绝大
多数卵细胞都会死亡，人类肯定也是如此。就算一切在开
始时看起来都很顺利，经由这种方式制造出来的人能够存
活的时日也将颇为有限。那只名为多莉的羊只不过活了六
年，是正常绵羊平均寿命的一半，当多莉在 2003 年 2 月
死于严重的肺炎时，其身体是处于相当悲惨的状态的：它
深受关节炎之苦，而它的遗传特征也损坏得非常严重。

以多病且早衰的多莉作为论点虽然清楚而明显，但用
它来反对再生复制人类却仍然相当薄弱。因为以这个论点
为基础的人必须面对的问题是：如果能够排除"技术"
的问题，那么"制造遗传特征相同的人类"这件事是否
就完全可以被接受了呢？而指出那些在尝试过程中死亡的
众多卵细胞也只能引起特定人士的注意，也就是那些连人
类的卵细胞都视为有尊严的生命且应该加以绝对保护的
人。在此值得我们暂停一下这个思考，稍后再继续处理；
因为人类卵细胞的价值问题会带领我们直接进入复制的第
二个问题，也就是对人类而言"医疗性的复制"的优缺
点问题。

关于这方面，首先要说的是：这个概念的名称必须更
换。首先，"再生性的复制"这个概念本身就有问题，因
为复制总是再生的，所以在这里出现了"意义重复"的

问题；而"医疗性的复制"指的是一个医学界梦寐以求的未来境界，也就是有朝一日可以借助胚胎来培植组织甚至器官，并将其植入病人体内。要完成这个目的，胚胎将在经过少数几次细胞分裂后的最初期阶段被破坏，个别的细胞将被继续培植，以制成一个我们想要的组织。更远大的理想是希望有朝一日能用这些"干细胞"直接植入器官中来取代受损或遭到破坏的细胞。

以上是医疗性复制的想法。不过，就算这个想法有一天能实现（我们稍后将看到实现的可能性很低），这样的复制动作本身也不是"医疗性"的，而是和"再生性的复制"一样是"再生性"的。两者的差别并不在于复制的过程，而是我们借由复制想达到的目的：我是为了制造出遗传特征相同的人类，还是为了医学的目标？由于复制行为本身永远不可能具有医疗性，因此这个概念应该改成"为研究目的所做的复制"，这样才符合事实。

有些科学家对胚胎干细胞表现出的热情来自其理论的极大可能性。我们可以把胚胎干细胞想象成能够变成任何形状和照映出任何颜色的"新雪"，基因工程学家称它们是"全能的"（totipotent）。理论上可以用干细胞培植出任何想得到的组织，但是在这个句子里要强调的是"理论上"三个字，因为至今在这方面仍没有太多的成果。另一个很大的障碍是当陌生的干细胞组织植入时，免疫系统

我是谁？

产生的防卫反应，这种排斥状况在动物实验时的发生概率极高，而产生恶性肿瘤的可能性也非常大。

那么，我们该如何评价复制行为呢？让我们从人性尊严的论点开始吧。当我们在复制人类时，是否不认为他是"价值本身"，从而以不道德的方式"利用"他呢？再生复制的情况看起来很单纯。感觉自己是独一无二而有别于其他人的"自我"，显然是人类的自然需求（虽然马赫对此存疑）。我们的整个自我理解和对我们文化的理解都奠基于这个"独一无二"。难以对自己说出"我"的人，通常也都存在严重的心理问题。然而，一个再生复制出来的人却无法体验到自己是个"不可分割的个体"，因为从他的存在来看，他是个"可分割的个体"，他将被贴上"复制品"的标签，而非独一无二；除非（这也是最基本的条件）他永远不认识他的"原型"，并且永远不知道自己是复制人。

但是为什么我们要进行这个无论在心理或社会层次都如此残忍的实验呢？满足的只是那些对复制人内心与外貌感兴趣的研究人员，牺牲的却是一个人的命运，而且这个人将来产生心理疾病的风险非常高。这是再明显不过的"滥用"，也难怪大多数的人和国家都反对再生复制，并立法加以禁止。更何况目前尚未发现任何足以平衡这个巨大缺点的好处。

"为研究目的进行的复制"似乎就不同了，因为那些到目前为止提出的反对理由，在这里都不成立。简单地说：没有人会遭受到心理方面的伤害，受害或死亡的只是些完全处于初期阶段、尚无意识的胚胎。但是如同我们在探讨堕胎的问题时看到的，这样的胚胎在生物学上却也毋庸置疑地算是一个"人的生命"，是人类的成员。根据这个论点，德国以"胚胎保护法"禁止对胚胎进行的研究。

然而，即便是法律也对胚胎有着不同于人类的对待。非法摧毁一个胚胎和杀一个已经出生的人是两件完全不同的事，对于摧毁胚胎的刑罚明显轻得多。而从德国立法者仍然允许某些特定研究者对胚胎进行研究，就更能看出这两种犯罪行为之间的差别，因为国家并没有制定允许研究人员从事谋杀行为的例外情况。由此我们便可看出，立法者并非毫无保留地相信他们自己的论点：胚胎是绝对值得保护的。因此在这里就出现了和堕胎问题一样的矛盾，即将胚胎在生物学和道德意义上定义为人，却又允许这些人在初期阶段被杀死。

因此，胚胎的人性尊严问题还不是完全清楚的，而且若是我们维持前面的论点的话，那么一个生命的价值和尊严就不在于它所属的物种类别，而是这个生物是否具有意识：一种基本的自我意识以及需求。而这些对于一个经过六次或八次分裂的人类卵细胞来说，肯定都还谈不上，因此也并不存在任何赋予胚胎人性尊严的理由。胚胎的干细胞研究虽然是在生物学上"利用"人类，但不是在道德的意义上。没有了人性尊严，胚胎就是一个物品，是可以被拿来交换其他物品的。虽然研究者所提出的保证不切实际，但是对于他们想以医疗复制来治疗如糖尿病、帕金森症或阿兹海默症等疾病，我们大可安心以功利主义的方式来权衡：一边是被杀胚胎并不存在的痛苦，而另一边却是成千上万甚至上百万被治愈的病人们无法言喻的快乐。

这个论点极具分量，想推翻它必须得有个很好的反证。有趣的是，对"为研究目的进行的复制"最有力的反证并不够根本，而只是就功利主义而言的反证。过去八年来对"以研究目的之复制"的争论十分激烈，但至今那些"所谓的"基因医疗师却几乎没有取得什么成果。因此以改造的细胞取代病变的组织，虽然是个好主意，但问题是，在这个领域中，胚胎干细胞真的就是最好的途径吗？

干细胞不仅仅存在于胚胎中，我们所有人都拥有干细胞，例如在骨髓、肝脏、脑部、胰脏和皮肤里都有。科学家在此谈的是"成年"的干细胞。成年干细胞也是多面向且富有发展潜力的，它是"多功能的"（pluripotent）。在我们的一生中，成年干细胞都为我们的身体不停制造新的、特殊的细胞，它们还能在研究人员的培养皿内发育成许多不同的细胞组织；不过，和胚胎干细胞不同的是，成年干细胞有其局限性。一个取自脑部的干细胞可以发展成各种神经元神经组织，却极可能无法发展为一个肝脏细胞。不过取自羊水、脐带血和乳牙的干细胞却有可能是例外，然而这些观察目前都还在讨论阶段。

相对于胚胎干细胞，成年干细胞的极大优点是不容置疑的。若是能从我自己的脑部取出干细胞，以生化改造的方式培植成新的脑部组织，然后植回我的脑中取代病变的组织，那么我的免疫系统将不会发生排斥的状况，而且就目前所知也不会提高罹患癌症的风险。从 20 世纪 60 年代起，医学界就应用骨髓的造血干细胞来治疗白血病和淋巴瘤；到今天，已有许多以成年干细胞来治疗心脏和血管疾病的临床研究；另外，在瘫痪、帕金森症以及心肌梗死后的恢复上也都有成功的临床研究结果。目前医学界已经可以透过注射成年干细胞来治疗大家鼠的脑瘤。

目前看来，成年干细胞研究的发展前途是好的。基因研究学者经常预测治疗帕金森症的突破将于 20 年内实现；果真如此的话，人们对成年干细胞的研究便可比胚胎干细胞怀有更大的信心和期待。不过这两个领域的研究计划常常因为公共和私人的研究经费而产生激烈的竞争。支持胚胎干细胞的研究也总是意味着不会把相同的钱投资在成年干细胞这个更有成果的领域上。成年干细胞的研究不仅更有机会达到医疗治愈的目的，而且也没有造成社会问题的疑虑：成年干细胞在取得上没有问题，而胚胎干细胞却必须仰赖人的卵细胞，且大多是作为人工授精的结果，再者还有数量有限的问题。可以想见的是，卵细胞的提供在未来会是一门有利可图的生意，而发展中国家的女性则必须负责"供货"，这无疑是一个有道德争议的问题。

如果我们以功利主义的角度来衡量"胚胎干细胞研究"和"成年干细胞研究"的医疗承诺可能带来的快乐，那么后者这条路似乎理想得多。这并不意味着基于道德的理由就不可以对胚胎干细胞进行研究，因为功利主义的衡量总是只能考虑"可能"的成功。不过它还是削弱了对胚胎干细胞研究的要求、自我理解和社会意义，虽然这个研究领域在过去几年中引起了如此情绪澎湃的讨论。

基因工程学并不只是个根本的道德问题，它还有很大的社会伦理广度，而这个广度也将随着我们一同面对下一个现代生物医学的问题："胚胎着床前基因诊断"。

第 24 章

任君挑选的孩子：
生殖医学将往何处发展？

根特（Gent）是位于比利时东法兰德斯区（Ostflandern）的美丽港都，以花市和老街的小巷闻名。当然，在 2002 年和 2003 年间，许多年轻夫妻还有另一个造访这个城市的理由：在根特有一位名叫弗兰克·寇海尔（Frank Comhaire）的生殖医学家，他收取相当高的费用为这些夫妻提供非常专门的服务，即为他们未来的孩子选择性别。大约有 400 对夫妻在当时如愿以偿。

寇海尔的诊所和美国弗吉尼亚州费尔法克斯（Fairfax）的一间实验室合作。这位比利时人将精子寄到美国去，精子的细胞在那里完成由仪器挑选性别的过程。由于男性的 Y 染色体在激光的照射下较女性的 X 染色体为暗，所以很容易透过微选程序（Micro Sort）区分开来。精子回到比利时后，寇海尔将卵细胞放在试管内与父母双方选出的精子进行授精，最后植入。

我是谁？

这位比利时医生的诊所隶属于一项大型医学研究，且由美国国家食品药物管理局监督。参与这项有史以来最大预先性别选择计划的，总共有 60 家诊所及七个国际生殖中心，前来寻求服务的客户有西班牙人、比利时人、荷兰人、英国人、北欧人、法国人和德国人。

这些想要做性别选择的父母们，唯一必须符合的条件是母亲的年龄：她们必须在 18 岁到 39 岁之间，而且最好已经有一个孩子了，因为这样才能符合所谓家庭性别平衡（Family Balancing）的目的。其他的限制则由市场决定：血液分析费 1200 欧元，精子的运送和实验室费用 2300 欧元，试管授精和之后的着床还能为诊所赚进 6000 欧元。高昂的费用帮助寇海尔解决了道德的问题：这位比利时医生保证，在这么高昂的价格下应该不必担心造成过度的商品化：入口门槛越高，便可推断出这个方法的道德疑虑将越低。而此"家庭性别平衡"的目标比较让人担心的是司法问题。比利时当时并不禁止"出于非医学动机从事的蓄意性别选择"行为，然而媒体的大肆报道却使得寇海尔的家庭计划成为轰动一时的丑闻，比利时国会也因此而立法加以禁止。

美国方面的伙伴对此则表现出泰然自若的态度，他们的法律至今依然还允许试管婴儿的性别选择。微选程序于1992 年便已取得专利且极为成功；此方法原本应该是用来促进国民健康的，例如为血友病家庭挑选女婴，因为血友病较会遗传至男孩身上。第一个因此而挑选出的女婴于1995 年诞生，自 1998 年起该公司便对健康的夫妻开放提供这项所费不赀的服务。

2003 年有一对英国夫妻上了头条新闻。他们有三个儿子，唯一的女儿在一场意外中丧生，为了重新维持家庭里的"女性比重"，这对夫妻便申请以试管授精并选择其性别的权利。负责单位以无医学动机为由拒绝这项申请，而该事件也引起了媒体的兴趣；不过英国的小报和比利时不同，他们选择为这对父母发声。2005 年 3 月，国会要求在科学和技术方面修法，也就是父母如果具备正当理由，可以自行决定其试管授精胚胎的性别。虽然 2006 年12 月英国政府在白皮书中仍坚持全面禁止的立场，但是一般认为未来还是有允许例外情况的可能性。

技术所能达到的可能性越多，父母的虚荣心和欲望也就越强烈。能够选择性别的人，也会希望能决定其他如眼睛颜色或身高等特征。不少了解生殖医学的人都对这样的想法感到十分担心：孩子们是否将就此成为依照质量检测和商品检验规定挑选出的商品呢？批评者用的关键词是"消费性优生学"——一个选择出"设计师宝宝"的方法。就像美容手术一样，繁殖医学也将成为一个迅速成长的市场，为世界建立全新的标准。没有及时为自己孩子做健康和外貌确认的人,可能很快就会被社会视为太穷而做不到或是做事过于轻率,以至于把一个不起眼、在社会上运气不好的孩子带到这个重视外表的新世界来。虽然这还只是幻想,却也是很容易理解的。

因此,让我们试着就道德方面一步步检视"胚胎着床前基因诊断"这个大领域的可能性和风险。人类自我意识中重要的问题之一,就是人被"制造"的地方:是在床上、田野小径、汽车内还是试管中?并不是说人们往后真的会提出这个问题或是有什么必然的重要性;但是对法学家、医生和道德哲学家来说,这却是个关键问题。我们怎么看待试管造人这件事呢?关于这个被造的新生命有什么是我们在一开始就可以知道的?我们又可以依照什么来选择呢?

在试管内进行卵子和精子授精在今日已算是家常便饭了。妇科医生以荷尔蒙治疗让女性有多个卵细胞成熟,并检查男性精子的质量。荷尔蒙治疗若是产生功效,医生便从个别卵泡中取出卵泡液和 5 ~ 12 粒成熟的卵细胞。取出的卵细胞将于试管中与男性精子完成授精,其成功率在 70% 左右。

有种新的方法,是将一个(挑选出的)精子和显微操作仪注射入卵细胞中;如果卵细胞在第二天进行了两次分裂,就把两个这样的胚胎植入母亲的子宫中;另一个常见的可能性是在受精的第五天以后植入。多余的受精卵若不是被处理掉，就是像在某些国家中允许的被冷冻在液化氮中。大约在胚胎被植入的两周后便可进行可靠的验孕，足月分娩的成功率大约在40%。

以上是试管婴儿的做法和程序。在德国，每八个孩子中约有一个是试管婴儿。这种方式最初是基于如下两种想法：第一，是要帮助危险性遗传疾病发生概率高的家庭尽早检查并于必要时筛选他们的后代；第二，是给无法以自然方式受孕的夫妻提供一个机会。对于第二种想法来说，最特别的状况也可能是精子来自别的男性，或卵细胞取自别的女性，而非取自想要孩子的夫妻本身。另外也可能有由代理孕母分娩的情况。德国的胚胎保护法不但禁止卵细胞的捐赠，也禁止代理孕母，不过精子捐赠却是允许的。

"胚胎着床前基因诊断"在德国也是禁止的；相对来说，其他国家都允许在受精后第三天，从试管胚胎中取出一个细胞，就特定遗传疾病与染色体特性进行检查，接着医生和父母便可决定是否要把胚胎植入子宫。但是在德国，试管中的胚胎在着床之前不可以检查遗传疾病，只有在其于子宫着床之后，也就是对母亲和孩子都有危险的时候才允许。若是这时检查出未来将可能患上母亲自认无法应付的疾病，那么直到分娩之前她都可以选择堕胎。倘若胎儿在堕胎过程中依然存活下来，那么母亲不但必须接受这个患有先天疾病的胎儿,还得面对堕胎过程中带给胎儿的一切附加伤害。

赞成"胚胎着床前基因诊断"者认为这样的规定很不合理,因为试管阶段的早期检查将可能避免重大的手术;所以欧盟各国在"胚胎着床前基因诊断"的做法上有很大差异也就不足为奇了。例如在英国,有钱的父母可以在胚胎的试管阶段做各种检查,这和那对有三个儿子却很想再要一个女儿的苏格兰夫妇的愿望实际上已经非常接近了,而且其中也完全没有任何违反道德的顾虑。那么除了这些检查之外,如果再加上"性别"这一项来选出所要的胚胎,难道就真有这么严重吗?试想那对苏格兰夫妻将会多么快乐,而这也并不会直接损害到任何人。况且多余的人工授精胚胎本来就会死亡或是被冷冻起来,那么我们如果"刻意"挑选出女性细胞而不让男性细胞被"偶然"选中,又有什么关系呢?

大多数批评者也承认在这个案例上并没有什么违反道德的部分,例外的只有基于宗教理由反对"胚胎着床前基因诊断",因为他们认为在这里做决定的并非上帝,而是父母;而反对"胚胎着床前基因诊断"的主要论点,在于它带来的社会道德后果。要是提前检查胚胎成为惯例的话,将可能导致无法收拾的"溃堤现象"。因此,严厉的批评者采取根本上反对"胚胎着床前基因诊断"的态度；他们认为"胚胎着床前基因诊断"会导致人们选择"有生存价值"的生命而排除"无生存价值"的生命，但是这样的"淘汰"在任何情况下都是不道德的。他们认为基本上没有人拥有"要一个健康的而不要一个残疾的孩子"的权利。而较温和的批评者则不反对基于医学标准进行的选择，对他们来说，一切非医学的选择点，例如性别、身高或美貌的特征，才是违反道德的开端。

让我们来看看上述的第一个观点。区分"有生存价值"和"无生存价值"的生命何以是严重的呢？因为这样的区隔会让我们想起纳粹的野蛮和残暴：他们把精神和身体上有残疾的人归类为"无生存价值的"并加以谋杀；可怕的是，一个国家竟俨然以判定人民生存价值的法官自居，并且杀害有继续生存下去的意图的人。此两者都必须受到绝对的道德审判，都是严重藐视人权的错误。

这两个严重的道德错误是否与"胚胎着床前基因诊断"相契合呢？答案是否定的，因为就像我们曾多次提到的，经过分裂成为四或八个细胞的胚胎还不是人，而且动手的也并非国家，而是未来的父母进行的选择。如果排除了宗教理由的话，我们又该如何解释为什么夫妻没有权利去拥有一个健康、无残疾的孩子呢？此外，如果这个权利的行使根本不必伤害或杀害其他人呢？选择健康胚胎虽然违反了我们传统上"怀孕属于医学偶然"的观念，但

我是谁？

是人类社会已做了许多努力来降低偶然的发生率，因而减少了夭折的情况，改善了助产的条件。既然如此，为什么在"胚胎着床前基因诊断"这件事上却非要坚守传统不可呢？难道这项医学进步为世界带来的不是更多的益处和快乐，而是伤害和痛苦吗？

我们接着来看看第二个观点：为什么反对基于非医学性标准进行的选择呢？批评者担心，如果这件事合法化了，迟早会让每个人（至少是负担得起费用的人）都采用；而从前掌握在"偶然"手中的，有朝一日将完全被父母的品位随意掌控。发展中国家的男孩将越来越多，女孩越来越少，就像现在中国一胎化社会中普遍堕胎的后果一样；而在西方富裕国家中则将随处只见基因健康的、多数是金发碧眼的孩子，他们都长得高大、修长而健美。最糟糕的情况是：并非我们所有人而是只有富裕的上层阶级才能享受这种"特权"。有钱人能够选择，如他们的头发会越来越金；而低下阶层的孩子却只能继续"丑"下去。或者情况也可能正好相反：低下阶层的孩子将依照大多数人的品位来选择，但也可能因此成为"贱民"，因为所谓的"品位"改变了。一件事物若是过多地存在，便将迅速失去它的价值，而只有聪明的人能及时注意到这一点从而不跟着赶时髦。然而姑且不论以上哪一种情况发生的可能性较大，这整件事在道德上难道真的到了惊世骇俗的地步，让我们非得对它进行根本的禁止和阻挡不可吗？

许多人在想象这件事的时候，都会有种不安的感觉，但这算是充分的理由吗？到目前为止，这些都还只是科幻小说的情节而已；不过，一旦"胚胎着床前基因诊断"的可能性存在并且也被合法采用了，这种不安的感觉还是有可能改变的。当世上出现了第一代以如此刻意选择的方式出生的孩子后，他们是否不会再有任何不好的感觉，反而将这种方式视为完全正常且理所当然的呢？

美容手术在十年前还被视为见不得人，今天却几乎可以说理所当然了，至少就某些行业和特定的社会阶层来说是这样。未来将有多少孩子控诉他们的父母没有及时把他们"完美化"呢？因为在可预见的将来，"胚胎着床前基因诊断"后大概就会出现"胚胎着床前修护"和"胚胎着床前完美化"吧。胚胎内有缺陷的基因可能不久后便可以用健康的基因来取代，这种做法很可能比医治一个已经生病或残疾的人来得容易、成功率更高并且更经济。"胚胎着床前完美化"可应用于当负责特定遗传特征之基因被确定时；虽然在今天看来，"一个相应的遗传特征仅由一个基因决定"的情况很少，但并不是完全没有，例如决定我们眼睛颜色的就只是一个单一基因，如果进行更换的话，将可把蓝色变成棕色或棕色变成蓝色。"胚胎着床前完美化"的想法甚至让幻想家们开始梦想，将人类

我是谁？

完美化成为更温和、更有道德的生物，仿佛道德就只是基因决定的天性，可以在某一个特定的基因内找到似的。

想象中充满了许多可能性。在第一个试管婴儿路易丝·布朗（Louise Joy Brown）诞生 30 年后的今天，生殖医学已经变成了一个"充满奇迹的世界"。如果我们要让事情变得简单一点的话，我们可以捍卫医学性和非医学性选择（即"完美化"）之间的界限。医学性的选择和基因的错误矫正并不会对任何人造成伤害，却可以造福父母和孩子；但是父母若是对胚胎进行外貌美观的选择和矫正的话，则会给孩子带来无法预估的风险，因为做决定的是父母的品位，而不是孩子自己的品位。健康问题方面没有什么可争论的，但审美观却是见仁见智的。我今天看来美丽的事物，在 20 年后可能会令我觉得俗气又乏味；而就算我的品位维持不变，我的孩子也不一定会认同。那么社会何必合法化这种美感的取舍呢？社会难道不是更应该保护父母免于做出错误决定、保护孩子们不受父母的品位伤害吗？

这件事是可以这样看的；但是我们也可以提出一个问题，那就是立法者在这方面有义务干预到什么程度呢？"人民保护自己以不受自己伤害"什么时候变成国家的任务了？而"保护孩子不受其父母的价值观伤害"也是值得商榷的。五年前，德国联邦议会"现代医学法律与伦理调查委员会"主席玛歌·冯·瑞妮丝（Margot von Renesse）认为："任何第三者，包括未来的父母，都没有权利决定一个人的生命价值。"然而这句话就像所有其他好听的句子一样徒托空言。

因为堕胎正是最好的反例：母亲决定了胚胎的生命权，也同时决定了它的生命价值。瑞妮丝提出的基本原则在德国不被承认，在欧洲其他国家也同样不被承认，而这个基本原则将来在世界各地被采纳和遵从的可能性也非常渺茫。

比较可能的情况是：这个充满奇迹的世界将在许多地方创造出全新而有争议的奇迹。比如说，生殖医学已经在我们与"时间"的关系上提供了一个完全不同的可能性。2005 年 7 月，加州一名 45 岁的妇人生了一个孩子，这个孩子在 13 年前是以胚胎的形式冷冻起来的。她原本的一对 12 岁双胞胎因此多了一个，成了三胞胎，因为这三个孩子是同一个受精过程的结果。对于美国生殖医学家斯蒂芬·卡兹（Steve Katz）来说，这只不过是个开始而已。他预估，即使在 50 到 100 年后，当他们的父母早已离开人世了，冷冻胚胎仍然可以加以解冻。

另一个问题是"替代件"的培植。2004 年 7 月，英国有个关于两岁大的约书亚·弗莱彻（Joshua Fletcher）的案例，引起大众关注。约书亚患了一种血液方面的怪病，身体无法制造足够的红细胞，将不久于人世，唯有从他的近亲中取得干细胞的捐赠才能救他。由于父母和兄弟与他的基因都不够接近，因此必须先制造出一个这样的近亲，而且最好是透过试管挑选一个最接近的基因。被植入子宫的胚胎将成为约书亚的弟弟或妹妹，未来将在不伤害他或她的条件下，以其干细胞来帮助约书亚。英国负责人工授精与胚胎学的当局认为该案例具有正当理由并予以通过。在德国则受限于目前的法律不允许类似的情况。到目前为止尚无关于约书亚案例实验的结果。

生殖医学还有另一种新的可能性，也就是延长妇女可受孕的年龄。20世纪90年代末期出现并流行所谓的"卵细胞质移转"。如果高龄妇女在人工授精时担心其卵细胞的受孕力，便可以由另一个年轻妇女之卵细胞提供细胞质强化自己的卵细胞。发明者是纽约的生殖医学家詹姆斯·格里福（James Grifo），他是第一位试验卵细胞质移转并制造胚胎的人。这个实验成功了，而"格里福的孩子们"目前都生活在中国。为了规避繁复的申请许可程序，格里福决定前往中国这个在研究领域上毫无限制的理想环境。

在那不久后，研究人员连到中国去都省了。位于美国新泽西州莱克星顿（Lexington）圣巴拿巴斯生殖医学中心由贾克·科恩（Jacques Cohen）所属的一个研究团队，于2001年便呈报了15个新生儿，他们都是经由卵细胞质转移的强化而产生的。不过，格里福并未告知那些母亲的是，由年轻妇女所捐赠的卵细胞质并不单纯只是中性的原料而已；它当中还含有许多捐赠者的细胞器，包括扮演遗传物质承载者角色的线粒体。捐赠者的线粒体若和卵细胞的遗传物质混合，那么经由这个卵细胞质转移方式所产生的胚胎就有三个父母了：母亲和父亲所提供之细胞核内的基因，以及母亲和细胞质捐赠者提供的线粒体基因。如此产生的孩子并不是两个人而是三个人的基因混合体。

2005 年 11 月，加州大学尔湾校区的道格拉斯·华莱士（Douglas Wallace）发现，细胞质转移有极高的风险：许多以这种方式出生的小家鼠后来都被证实不具生育能力。也就是说，格里福和科恩制造出的孩子也有可能呈现高比例的无生育力。这个研究显示，几乎所有工业国家在制造任何一种护手霜或止咳糖浆时都须遵守先进行繁复的动物测试的规定；在美国，那些生殖医学家们却显然不必理会。研究同时还显示，当面对生殖医学新的神奇方法时，若是没有恰巧出现一个幸运的意外（在这个案例上算是个令人沮丧的预测）的话，大部分国家在立法上将显得多么无助！

以较宽的条件允许胚胎实验和"胚胎着床前基因诊断"的人，很快会面临弥补漏洞和不断禁止新技术的窘境，因为新技术都是以先前允许的方法为基础，但其后果却可能犯法。因为当一个看起来似乎毫无问题的方法导致危险的后果，那会是非常严重的司法问题。道德上困惑的程度和司法纠纷的发展到目前为止似乎还无人能预料：格里福和科恩制造出的孩子们，有一天是否会反过来控告他们，因为这些人的轻率造成了他们的不孕？这些孩子会不会甚至对和他们有基因关系的第二个母亲提出遗产继承和供养的要求，虽然她们当初只是想借由自己的细胞质来帮助强化他人的卵细胞而已？更有可能的是，这些"第二个妈妈们"会不会出来要求她们自己的权利，也就是要探视和照管她们那些被蒙在鼓里的孩子？

如前所述，一方面，"保护准父母们免受自己的品位和想法所伤害"并不是一个国家的任务，因为这样的立法必将导致极权主义；另一方面，国家却有义务防止社会遭受可预见的损害。生殖医学的新可能性就在这个道德与司法的角力场上争夺着活动的空间。如果今后我们可以对那些过去命定的事物进行选择，那么势必会产生一连串无法预估的后果。因为这样一个经过剪裁的社会，将失去一个目前为止必然且无法避免的特性：接受并安于所处的生活状况！

美容手术是要让每个男人和女人的容貌和身体达成更美丽的梦想；生殖医学却保证在一开始就避免或去除掉缺陷。如此一来，健康和美貌就成为双重的要求：父母对孩子的要求，以及反过来孩子对父母的要求。这样的社会不仅失去了对"感受缺陷"和"少数人的异常"应有的理解和包容，还为父母和孩子带来尴尬的处境：孩子们对于父母所施予的"矫正"会表示赞同吗？而反之，如果父母不为他们做这些矫正而可能因此让他们烙印为"边缘人"，他们能够接受吗？

每个新的可能性对于立法者来说都是一项不可能的任务：他们必须权衡潜在的益处和可能的伤害。如果弗莱彻能得到一个弟弟或妹妹，而他／她又能在自己不受伤害的情况下拯救弗莱彻的生命的话，这难道不是美好而又正确的事，就算这个孩子有一天会知道他是为了什么目的制造出来的？即使是我们其他一般人也并非总是出于无私的爱而生的。此外，谁又能告诉他的弟弟或妹妹，他／她的出生纯粹只是因为这个目的而不也是因为父母想要再有一个孩子？所以，一个非关利益的可能性也可能是违反道德的。

另外，对身体特征进行挑选的"消费性优生学"，也为社会发展带来几乎无人乐见的影响：一种普遍而沉重的不安感！就算消费性优生学在个案中可以因为不违反道德基本原则而被接受，但从公共利益的角度来看，其结果还是令人担忧。因为我们究竟想把我们的孩子塑造成什么形象呢？孩子是有自主能力的生物，我们难道要把他们变成

我是谁？

由我们所构建的物品、把对他们的教养权"扩大"成为所有权吗？又是怎样奇怪的生命认知赋予我们这个"扩大"的权利呢？就算知道并非生命中所有事物都是可以矫正的，也不见得就一定是个缺憾。不过相较之下，遗传工程学和生殖医学提供的矫正可能性在未来也许还只是个"侏儒"：相对于仍在沉睡的巨人——脑部研究。

第 25 章

通往精神世界的桥：
脑部研究允许做些什么？

"那只猴子看得见，它的目光跟着我扫过房间；它也还能吃，如果你把手指头放进它嘴里，它会将它咬掉。"罗伯特·怀特（Robert White）很喜欢讲述他的猿猴实验。30 年前，那些实验让这位现年 82 岁、来自美国俄亥俄州克里夫兰的脑部学者一夕成名。关于这只爱咬东西的小猴子，故事的高潮在于：虽然猴子的头稳稳地和身体相连，那却不是它自己的身体！

从那之后，怀特在克里夫兰凯斯西储大学（Case Western Reserve University）校内实验室中究竟还砍了多少只灵长类的头，他自己已经记不得了；估计有好几百只。一切都于 20 世纪 70 年代开始，就在医学院大楼侧翼，一个带有古典主义列柱门廊、形如婚礼蛋糕的建筑里，怀特认真投入工作。他谨慎地取出一只猕猴的脑部，接在另一只还活着的猕猴的循环系统。实验成功后，这位神经外科

我是谁？

医师便转而尝试头部的移植。他先切开皮肤、肌肉和筋，然后割断气管和食道、脊椎和脊髓，只剩下六根血管供应脑部血液。怀特在短短几分钟内将猴子头部的血液循环和一具猴子身体相连。那些硬接上的猴子头颅存活了好几天，然后它们的脸开始鼓起，舌头厚得变形，最后那肿胀的眼皮终于永远地阖上了，免疫系统对陌生的身体产生排斥反应而终告失败。不过另一个发现却令这个大胆的实验者欣喜若狂：一切迹象显示，脑部并没有受到排斥。

这位美国最年轻的神经外科教授喜欢就他那些恶名昭彰的实验向"高层"争取支持。身为 10 个孩子的父亲和一名积极的天主教徒，他和教皇约翰·保罗二世有多次对谈；他也是世界上最高等研究团体"梵蒂冈主教科学研究院"的成员，因而算是一位世界精英。然而，新任教皇心中可能会有较大的疑虑，因为这名"来自俄亥俄州的钟楼怪人"于过去几年中屡屡提到他那最大的梦想：对人类进行头部或脑部移植术。

这位外科医师在对灵长类进行实验时，天主教的教义一直为他豁免道德的疑虑。怀特认为，猴子"与人类并没有共同之处，至少在其脑部和精神方面都没有"。但渎神的问题则是，这个人预告要帮助某些人，如（现已过世的）半身瘫痪演员克里斯托弗·里夫（Christopher Reeve）和患有肌肉萎缩性侧索硬化症的物理学家斯蒂芬·霍金（Stephen Hawking），给他们一个新的身体。五年前，怀特曾经问过我："我植入一个肝脏、更换一只手臂还是移植一个身体，这当中的区别在哪里呢？没有人想要在肝脏或手臂里寻找精神，精神就只存在于脑部中。"

教皇也许并不这么认为，不过他也不必去支付这项计划的费用。怀特说，他只缺 400 万 ~500 万美元就可以到乌克兰的基辅去进行第一例人头移植手术。他还说，这项"人类史上最大的手术"当然会造成一些美观上的缺陷，患者的腿和手臂将无法活动，他不能说话、吞咽和消化食物。怀特笑着说，至少这么一来他也不能抱怨了。他认为大概还要 20 年的时间，头和脊髓才能完成联结，而所有的问题才能一次解决。当时我问他，是否可能用自己的身体做实验呢？他又笑了，回答说："当然！不过我宁可提供我的头，因为它更有价值。"

怀特多次前往乌克兰，不过那"人类史上最大的手术"却只闻楼梯响，未见人下来。因此，哲学家、医学家和法学家今天都还不必探讨在怀特的手术里被移植的究竟是什么：是头还是身体。而他们也不需要回答，当身体捐赠者的家人去拜访身体接受者时，他们见到的会是谁。但是，尽管怀特的计划没有成功，我们却不应该过于放心。他的实验只是冰山一角；脑部研究不仅是 21 世纪最大的科学挑战，也是对我们道德的最大挑战。脑部研究的成功,让神经生物学改变了我们传统的人类观,也创造出全新的可能性和危险。

在这些可能性中,有许多无疑都是种恩赐。"神经辅助"(Neuroprosthetics)——一个新学科,结合了脑部研究和工程技术;它的研究成果已经足够让人梦想一些神奇的可能性。神经辅助能刺激人体器官如心脏、膀胱和耳朵并产生决定性的效果。例如对重度听障到几乎全聋者的人工耳蜗植入(或称助听器)。"耳蜗"是耳朵中状似蜗牛构造物的学名。而这项技术的程序如下:重度听障者于耳后装置一个声音处理器,这个处理器能将周围的声响转换成电子信号,接着透过线圈把信号传送到位于皮肤下的植入器。脉冲将从这里透过耳蜗的电极传导至听觉神经,最后在脑部进行处理。这种神经刺激的窍门在于耳朵后面的处理器可以把声响转换成脑部听觉神经能够理解的信号,虽然这些听觉神经严格说来什么也没"听到"。神经刺激是让脑中电子信号的传导发生作用,并"略过"身体上受损之感官功能的技术。

人工视网膜辅助视觉处理器也是相同的做法:恢复重度视障到近乎全盲者的视觉能力。而目前这项技术至少已经能做到区别明暗的程度。另外还有一些有趣的项目仍处于临床测试的阶段。研究者尤其花了许多精力尝试让半身瘫痪患者能再度行走:"以人工方式刺激体内的电流信号路径。"这个想法似乎也很有成功的希望。20 世纪 90 年代初期，研究者以感应器精确地测出病人的肢体运动状况，找出肢体运动神经元使用的语言。剩下的问题只是在运动上是否也能达到控制和调节的效果。慕尼黑的一个研究团队于 5 年前便有了突破性的成果：首次让一位半身瘫痪患者以助行器的把手对背包里的电脑下达"站起来""走"或"上楼梯"的指令；接着电脑传送脉冲至固定于病人双脚的电极，脉冲果真导致肌肉做出适当的反应，而其他感应器也同时测量活动过程，并向电脑回报结果，最后电脑再根据行走的需求调整下达的命令。

另外还有个可能性是"运动辅助植入"，它和助听器类似，也是装置在病人的皮肤下，而且现在的研究进行得相当成功。虽然目前为止半身瘫痪的患者只能够行走几步路，未来却是希望无穷的。

不过当下就已经有些令人看了会吃惊的纪录片，内容是帕金森症和癫痫症患者如何通过脑部刺激法解除痛苦。这两种病症都和一个脑区有关，透过一个"脑部节律器"传出的电子脉冲，能对病态过动的脑区产生影响，并即刻阻止症状的发生。因手部严重颤抖而无法举起杯子的帕金森症患者，马上解除了所有疼痛并且坐在沙发椅上平静地喝咖啡；癫痫患者也立刻中断了症状。而神经辅助在听觉和行走方面对于精神障碍也可能有所帮助。脑中的电极可能直接影响神经化学的循环系统；忧郁症患者可能因为脑中的一个电极启动了平时已停止作用的"正面"信号物质，而产生积极的改变。

以上这些都是了不起的成就，而原本只存在于《圣经》中的医治故事也有希望成真：聋人可以听见，盲人可以看见，残疾人可以行走。那么问题在哪里呢？神经辅助植入和脑部刺激两者与用钟楼怪人的手法进行的头颅移植有什么关系呢？其实答案很简单：所有这些对我们脑中神经系统的新的操控行为，人们也都同样可以拿来应用在有争议的目的上，甚至刻意加以滥用。无论如何，以目前生化医药的进展程度来看，未来对脑部进行更大规模的影响是有可能的，而这个事实将会激起人类的欲望。

可能滥用的人们当中，最可怕的应该就是军方和秘密警察了。当他们审问囚犯时，将不难利用脑部刺激来施以刑罚，并透过对脑区的影响进行深入的操控。传统的测谎器怎能与现代新型的脑部扫描相比呢？费城宾夕法尼亚大学的精神病学家丹尼尔·蓝格本（Daniel Langleben）早在七年前就想到了这一点。透过核磁共振成像可以观察脑部的活动，因此只要找出说谎的所在位置就行了。蓝格本认为那是位于前运动皮质内的一个区域，它会在衡量冲突状况时启动。蓝格本的主张其实非常简单：他认为，因为说谎比说实话要费力得多，所以说谎必定伴随着一个较高强度的脑部活动。这个看法是否在所有情况下都成立，还有争议；因为当一个惯性说谎者在说些平日说惯了的谎话时，很可能比说实话（对他来说是个复杂的尝试）要轻松得多。不过目前仍然有两家公司正尝试将蓝格本的测谎脑部扫描器量产。

美国的法律实务在这方面的需求很大。目前，借助于核磁共振成像的专家鉴定已在法庭上扮演举足轻重的角色。精神病理学家运用该仪器来测定重刑犯的责任能力。在残暴的罪行和连续杀人案件中，经常可以发现犯案者的脑部腹侧区有欠缺或受损的情况，就像那位著名的盖吉（Phineas Gage）一样。针对杀人犯和强暴犯的精神状态所拍下的那些图片，不仅有助于探究"犯人是否具有完全责任能力"，也替司法提出"如何处理和解决"的问题。

有些会导致严重行为障碍的脑部损伤，在不久的将来很可能透过手术治愈。让脑部受损的罪犯接受脑部手术，甚至强制执行，这对于作案者和社会来说，难道不比终身监禁或死刑更好吗？然而在这样的情况下，谁有权做出最后的决定呢？是精神病理学家、法官、作案者还是他的家人呢？谁又能阻止有人打着"在脑部动刀，总比花钱让罪犯终身坐牢来得更好、更便宜"的口号加以滥用呢？

我是谁？

下一个可能滥用脑部研究结果的人则是毒品贩子。我们对脑部所知越多，就越能有效操控它。能够帮助痴呆患者改善专注力的"精神作用性物质"可能会让年轻的毒品消费者得到非常强烈的兴奋感。它们对血清素受体和多巴胺代谢的影响尤其危险（参考"斯巴克先生恋爱了"）。多巴胺内含有和麦斯卡林（Mescalin）以及迷幻药（LSD）相同的化学原生质苯乙胺，它会导致某个脑区兴奋或过度兴奋。我们越能直接影响脑中多巴胺的平衡，就越能制造出效果更好的毒品。

撇开违法的高危险性毒品不谈，那些用来提升专注力的精神作用性物质，其合法应用的界限又在哪里呢？痴呆患者吗？健忘者？有轻微注意力集中障碍的人？或者就在不久的将来，父母们早上都会为学龄孩子在热巧克力饮料中放进一颗小药丸，让他们在重要考试时提高专注力？如果用这么简单的方法就能将孩子的成绩提升至理想境界，那么我们真的还需要遗传工程技术和生殖医学吗？政治人物和高级经理们将每天都能够精力充沛地工作 16 个小时；而环法自行车赛（Tour de France）的选手们也将不仅在生理上被施以兴奋剂，其精神就算在爬最陡的斜坡时也依然能维持亢奋的情绪。

相对来说，另一群早已经竖起耳朵、吸收任何神经心理学新知的人们，便显得无伤大雅多了：那些超级市场里的营销部门、广告商和网络设计公司，每天都乐于听到关于他们客户潜意识的新资讯。例如，当人们在陌生环境里要辨认方向时，会很自然地倾向"右转"，而超级市场便利用这一点放置架子和商品。色彩心理学家对受测人员测试色彩目录并在核磁共振成像上进行观察。娱乐电子业或在线游戏的制造商也用脑部扫描来找寻他们顾客的心理爱好。上述一切是否真的都无伤大雅呢？以前靠的是推测和问卷调查，现在这些信息来源却变成了可直接利用的人类中枢神经系统。

然而，在我们生活周遭的这类实验有什么反作用呢？无疑，我们所处的环境不仅只对我们的脑部产生影响，它也会改变（有时甚至是永远地改变）我们神经元的联结状况。经常下国际象棋的人，能够借此精进特定的能力，这对他来说是件好事，而且显然没什么负面影响。但是一个玩"毁灭战士"（Ego-Shooter）游戏、每天轰掉上千个敌人的人呢？他也会是个杰出的玩家。问题是：除此之外，那千万次射击动作在他的脑中会造成什么后果呢？那些飞快的影像和电影片断难道只是不留痕迹地在脑中闪过吗？只要是对脑部研究稍微有些概念的人应该都不会同意吧。

应用神经心理学上不断增加的知识可以发展出更新的刺激，而这个发展还尚未达到尽头。我们是否很快就要经

我是谁？

历娱乐电子业者和精种病学家之间的战争呢？一方总是找到新的刺激，另一方则因为可能的或已经诊断出的短期和长期伤害而不停要求立法禁止。"专注力掠夺"是个至今没有任何社会加以处罚的"违法行为"，未来我们难道不应该改变吗？

美因茨大学哲学家托马斯·梅岑格（Thomas Metzinger）为此创造了"人类学后果评估"的概念。就像我们为社会评估"科技风险"一样，我们未来也应该评估脑部研究的风险。脑部研究的挑战是要重新思考我们脑部的可能性和危险性：一种"意识文化"。在儿童教育上，梅岑格建议学校应该安排一门无关宗教的冥想课。我们的孩子必须学习保卫自己的注意力、聚精会神以及不受干扰的能力，以对抗周遭越来越多的专注力掠夺者。至于医学实务方面，他则规定一系列脑部学者和神经技术专家的守则：不与军方合作、研究成果不可违法商业化、不可违法取得人体组织，以及不可对患者进行医学和商业的滥用。

一套缜密的规则无疑是必要的。我们不必想到怀特在克里夫兰进行的移植，就能想象状况的严重性了。未来几年，国际上在中风研究领域可望开始出现脑部移植，以更换特定"受损害的"脑区。不过前提是医学必须能恢复移植过程中被阻断的神经通路和神经接触。如果我们真能做到这一点，那么我们不就等于具备了自制大脑的知识吗？"人工脑"一向都是个激发人类想象空间的题材，而今日"神经辅助"和"神经仿生学"（Neurobionics）的最新技术却已真的让我们可以梦想"脑部义肢"实现的一天。

我们很难想象这对我们的人类观而言意味着什么，因为就已知的意义而言，脑部义肢是不死的；它是个具有精神的机器。配备这个永不朽坏的脑的人们，难道就不会因此而变成"超人"吗？这样一来，科学界是否达成了艺术家弗朗兹·马尔克（Franz Marc）曾经就表现主义绘画提出的主张：建造"一座通往精神世界的桥梁"？

因此，脑部研究和其实际的技术应用至少有两层道德挑战：它一方面必须保护人类免于不当对待；另一方面，脑部的医学手术意味着我们对自我以及世界理解的巨变，而脑部研究也许还必须为社会做好面对巨变的准备。在这里我们必须再次提到康德所说的界限，也就是人不可以被利用，因为任何经由军方和秘密警察甚至营销和娱乐电子业的滥用，至少都包含了利用的成分在内。

上述一切的社会后果可能会相当显著，而功利主义对快乐和痛苦的权衡有时候却非常困难。因此社会应该尽早进行道德的控制；而哲学家、心理学家和社会学家应该帮助脑部研究学者和神经仿生学家评估他们的研究工作并预想可能的发展。

在我们离开人类的界限以及我们传统的人类观之前，也许还应该对我们自己有更多的认识。我们学到了一些关于我们认知能力的知识，也思考了几个重要的道德问题。接下来便要看看人类的"渴望"（若是没有渴望的话，我们将不会是现在这个样子），也就是我们的要求、我们的快乐和我们的渴慕，简而言之：信仰、爱和希望。

第三部

我可以期望什么？

第 26 章

最大的想象：
神存在吗？

神存在吗？我们能够证明他的存在吗？我们这么说吧：我们唯一能对神做出的有意义的想象，是一个无限巨大而且完美无瑕的本质。因为所有其他想象似乎就不是神了，至少不会是基督教意义上的神。我们可以说，神就是极大值，我们无法想出什么东西超越他。不过，如果"拥有一切伟大属性"属于我们对神的想象的话，那么"他是存在的"也就是其属性之一，因为如果他不存在，那么他至少就会缺乏一个属性，也就是"存在"，而他就不是神了。也就是说，必须存在一个东西，是我们想象不出有什么比他更伟大的了，否则这个想法就会是荒谬的。因此我们可以得出的结论是：神存在！

我不知道读者觉得这个说法是否有说服力，但是如果你的答案是否定的话，我得说明责任并不在我，因为这个"上帝存在论证"当然不是我想出来的。这个思想来自一

我是谁?

个终生都在法国度过的意大利人,不过他却因为一个英国城市而闻名:坎特伯雷(Canterbury)的安瑟伦(Anselm)。安瑟伦原名安塞尔默(Anselmo),1033 年前后出生于意大利北部的奥斯塔(Aosta)。15 岁时,他进入附近的一间修道院,不过他那望子成龙的父亲对他有着更远大的计划:他觉得自己这个天资优异的儿子应该在政治上一展宏图。23 岁时,安瑟伦到法国各地生活了三年,法国北部让他深深着迷。早在 100 多年前,诺曼人就不断把弗兰克人排挤出法国北部,并在当地发展出丰富的文化;他们继承了前人的法语以及基督教。在诺曼时代计划建立的修道院超过120 座,使其成为文化、经济和精神高度发展的所在。

即使在教堂艺术方面,诺曼底也是法国最丰富多彩的地区之一。其中最著名的寺院和修道院有圣旺德里耶(St-Wandrille)、蒙 达 耶 (Mondaye)、瑞 米 业 日(Jumieges)、韩贝(Hambye)以及位于索里尼(Soligny)的特拉普教派修道院和位于勒贝克(Le Bec)的本笃会修道院。当安瑟伦来到诺曼底时,勒贝克的修道院最著名的学生兰法朗(Lanfranc)正把这座修道院扩建成诺曼底最重要的属灵中心。安瑟伦在经过短暂的犹豫后,也于 1060 年进入了勒贝克修道院。三年后,兰法朗转到较大的卡昂(Caen)任修道院院长,而安瑟伦则承接他主持勒贝克修道院。兰法朗与"征服者威廉公爵"之间的熟稔关系决定了他往后的命运。1066 年，威廉征服了英格兰，而兰法朗随即成为坎特伯雷的大主教。那座后来闻名世界的大教堂在诺曼战争中被焚毁得只剩下断垣残壁，于是，兰法朗将曾经在勒贝克完成的成就在坎特伯雷复制。他从废墟中建造出一座雄伟、带有十字形翼部和圣坛的罗马式教堂框架。而当兰法朗在坎特伯雷建立英国最重要的文化和宗教中心时，安瑟伦也在勒贝克继续着他的扩建工作。

这个男人细微的侧脸轮廓可以在唯一一幅清楚的中古绘图上看出：棱角分明的头部线条、大鼻子、光秃的前额以及后脑门白色的长发。事实证明他是这个职位最理想的人选。他所领导的修道院越来越兴盛，而这间修道院同时也是培训领导干部的神学和修辞学学校。他开始撰述自己的哲学与神学著作，1080 年前后，他完成了《独自篇》（*Monologion*）和《论证篇》（*proslogion*）。前述的"上帝存在论证"便出自《论证篇》。

"神就是无法设想比他更伟大的那一位"，这句话是哲学史上最受广泛讨论的论证。安瑟伦的论证被视为第一个证明上帝存在的存有学论证，"存有学"（Ontologie）意思是"关于存在的科学"。而一个"证明上帝存在的存有学论证"也就是一个从思考直接推论出上帝存在的论证。我们还记得论证的重点是：由于神是所能想象中最伟大的，因此他不可能不存在。因为如果他不存在，那么就会严重贬低了上帝的伟大。如果可以设想出更伟大的东西来的话，就会抵触"无法设想比他更伟大的东西"的概念；因此我无法真的想象神是不存在的。

整个中古时期直到近代初期，安瑟伦的上帝存在论证都有着重要的地位，虽然这个论证只有一页的篇幅。当然，这个论证也一直引起诸多批评。他的第一个思想反对者是蒙蒂尼（Montigni）的伯爵，这名伯爵在经历了一段骇人听闻的人生后，于卢瓦尔河（Loire）边杜河市（Tours）附近的马穆提修道院（Marmoutiers）出家，成为高尼罗（Gaunilo）教士。他给安瑟伦的信写道：不能用杂技式的概念释义来推论出某物存在的结论。高尼罗复制安瑟伦的论证，只把"完美的本质"改成"完美的岛屿"，并用安瑟伦自己的话来证明它的存在，就如同神无与伦比的卓越性证明了他的存在，那么这个岛屿无与伦比的卓越性也同样能证明自己的存在。

安瑟伦沉着冷静地答复他。他辩护说，他的论证只是一个特例，并不适用于岛屿或其他事物。从"完美性"推论出"存在"，只适用于绝对完美的东西，也就是神。而一座岛屿却永远不可能是完美的，从它的本质来看也不会是所能想象中最伟大的。安瑟伦非常认真地处理高尼罗的批评，甚至坚持其他教士若要抄写或传播他的上帝存在论证，就一定得附上高尼罗对他的批评以及他的回复。这个做法颇能表现出安瑟伦的强烈自信，而关于上帝存在论证的意见分歧更让他声名大噪。

兰法朗于 1089 年去世，这位著名的勒贝克修道院院长便是继任坎特伯雷大主教理所当然的人选。不过威廉二世，也就是征服者威廉的儿子和继承人，却犹豫了四年才把这位聪明而自信的安瑟伦接到英国来。国王的怀疑后来证明是有道理的。虽然坎特伯雷大教堂在安瑟伦的主持下在许多方面都经历了辉煌的时期，例如教堂建筑大规模扩建，教育水平也持续提高。但是这位强硬的国王和他那位自视甚高的大主教很快就开始在王冠和教堂的权力上激烈较劲。在威廉眼中，安瑟伦是个不忠的大主教。安瑟伦任大主教四年后，在一次罗马之行结束后欲返回遭拒。于是他在里昂（Lyon）待了三年，直到威廉的继承者亨利一世即位，才让他重返英国，当然只是为了于 1103 年再次将他放逐，而这次的时间是四年。安瑟伦于 1107 年回来，在坎特伯雷度过了生命中最后两年的时光，以 76 岁的高龄去世。这位相信自己证明了上帝存在的人于 1494 年被封圣。

安瑟伦过世 150 年后，一位在名声上远远超越坎特伯雷大主教的神学与哲学家深入研究了安瑟伦的上帝存在论证。和安瑟伦一样，托马斯·阿奎那（Thomas von Aquin）也是意大利人，于 1225 年出生在阿奎诺（Aquino）附近的

我是谁？

罗卡塞卡城堡（Roccasecca），父亲是一位公爵。他 5 岁时就被送进修道院，19 岁时成为一名道明会修士。他曾到科隆、巴黎、维泰博（Viterbo）和奥尔维托（Orvieto）学习和任教，并于 1272 年在那不勒斯（Neapel）建立了一所道明会学校。虽然他于 1274 年以年仅 49 岁辞世，却留下了数量庞大的著作；中世纪没有任何哲学家像托马斯一样对当代思想产生如此深刻的影响。

自安瑟伦以后，于文章开头就对上帝存在的问题尽可能清楚阐明，便属于神学论文写作的惯例，不过这位聪敏的道明会教士却无法认同安瑟伦的上帝存在论证。托马斯以不指名道姓的方式批评安瑟伦过于轻率地从对神的想象推论出确实存在的结论。他认为从"我设想一个完美无瑕的神"，只能推论出"神存在于我的想象里"，并不代表他确实存在。而托马斯所想到的还远不止于此，他认为讨论"一切所能想象中最伟大的"根本没有意义，因为"所能想象中最伟大的"若非大到我完全无法想象，那就是太小了；不管我想象出的是什么，我永远都还可以想象出比它更大的东西来：在最大的已知数之上，总是还有"加一"的可能性。因此，安瑟伦的上帝存在论证一开始就失败了，因为"所想象中最伟大的"根本不存在。

托马斯完全无意指出上帝不存在；相反的，他想要阐明如何提出一个最好的上帝存在论证。和安瑟伦不同的是，他认为上帝的存在的伟大，非人类的想象力所能及，因此，他另辟蹊径去证明上帝的存在。托马斯从原因和结果的逻辑去解释上帝，他的上帝存在论证是一个因果关系的上帝存在论证。由于这个世界存在，因此它必然是在某个时间点形成的，因为没有什么是无中生有的。必定有第一因造就了一切或启动了运作；而这个初始的"东西"本身是不动的，否则它就不会是那个初始，因为它自己也得有一个起因。照他的说法，一切的初始是个"不动的原动者"——这是托马斯沿用希腊哲人亚里士多德的概念。

但是我们该如何想象"不动的原动者"这个概念呢？如前所述，他其实是不可想象的。因为他之所以能够是他，就必须具备这个世界所没有的一切属性：他必须是绝对的、永恒的、真实的、具有不可思议的智慧并且是完美的。人类必须一点一滴地去除所习惯的想象，才能设想一个上帝的形象。我越是能够抛弃人类的想象，这些想象就越无法迷乱我的认知。我必须设想一个不是由物质组成、不受时间束缚的本质。神是全知全能的，他也是无穷尽且深不可测的；他的意志是绝对且完美的，他有无尽的爱，而且他的存在本身就代表着幸福。

对于像托马斯这样的哲学家来说，他们的目标是尽可能调解理性和信仰的冲突。上帝存在论证的艺术就在于解释人究竟如何以及从何得知"上帝是谁或是什么"。中世

我是谁？

纪没有任何重要的哲学家怀疑过"上帝确实存在"这件事。他们只是要指出，我们对上帝的认知如何融入我们的知性里。

康德于 1781 年在《纯粹理性批判》中便持完全相同的看法。康德说：我对世界的一切想象都是存在于我脑中的想象（见"我心中的法则"）。我以感官获得经验，我的知性塑造观念，而我的理性则进行分类和评价。凡是超出感官经验世界的，我都一无所知。康德认为这就是每个上帝存在论证的困难所在。如果我要设想一个完全完美的本质，那么这就是我的一个想象，这一点安瑟伦也承认。但是如果由我的想象推论出"现实存在"是神的完美属性的话，那么还只是我脑袋里的一个想象而已！这一点安瑟伦显然并没看到，对他来说，上帝已经从脑中跳进了世界里。不过事实上安瑟伦只指出了上帝必定存在的想象如何在他的脑中形成罢了，不多也不少。脑中一切的定义都和经验之外的世界完全没有关系。

康德对整个上帝存在论证的逻辑的批评从"存有学论证"开始，而他所认识的存有学论证是与安瑟伦非常接近的笛卡儿版本。康德的影响无远弗届。虽然后来仍然有人试图证明上帝存在，但是存有学论证却在很长的时间里被认为是站不住脚了。

令人惊讶的是，关于上帝存在论证的科学讨论，竟在我们的时代重新出现。而支持该论证的，竟然就是平常显得很理性的脑部研究；今日脑部研究不仅在各个领域都让"感觉"有发挥的空间，有些脑部学者甚至相信他们已经发现了上帝的秘密。第一位认为自己有所突破的，是位于萨德伯里（Sudbury）劳伦森大学（Laurentian University）的现年 62 岁的加拿大神经学家迈克尔·波辛格（Michael Persinger）。他早在 20 世纪 80 年代就进行了一连串十分怪异的实验。他让受测人员待在大学里一间有隔音的地下室里，让他们坐在沙发椅上，并给他们一副深色的眼镜。接着他为他们戴上一顶稍经改装的机动车安全帽，上头附有能发出相当强烈脉冲的磁性线圈。受测者头上的磁性不仅可以让我们测量到脑波，甚至还可以影响脑波。许多受测者都感觉到一个"更高的真实"或"存在"，仿佛突然还有个人出现在地下室里一般。波辛格提出报告说："有的人声称感觉到了他们的守护天使、上帝或者类似的东西。"对这名大胆的加拿大人来说，这个实验结果清楚说明了宗教感受显然是在磁场的影响下产生的。波辛格认为，当地球磁场发生断断续续的波动，例如地震时，我们尤其可以看到类似情况。我们不是经常听到有神奇的经历伴随着自然灾害发生吗？特别是颞叶很敏感的人，对这样的磁场影响是很没有抵抗力的。因此，至少从波辛格的观点来看，上帝和地球磁场之间的关系非常密切。不过，可惜还没有其他脑部学者成功重复该实验，因此在脑部学者当中，这名来自萨德伯里的科学家至今仍被视为特例。

相对来说，宾夕法尼亚大学年轻的安德鲁·纽博格（Andrew Newberg）就成功多了。20世纪90年代末，这名内科、核子医学以及核子心脏病学的专科医师，设计了一连串实验来探索信仰的奥秘。他只选择灵性感受特别敏锐的人做实验：天主教方济会的女性教徒以及男性习禅者。纽博格让他们接受核磁共振谱仪测验，并观察他们脑部血液的供给状况。受测者开始默想并全神贯注于信仰，如果受测者达到某个静态的瞬间，就按下一个快门；这时纽博格便检视屏幕画面改变的情况。观察结果中，产生变化的主要区域是顶叶和额叶：当顶叶的活动力下降时，额叶的活动力则相对提高。因此对波辛格而言，上帝触碰我们的地方是颞叶；对纽博格而言则是额叶。

不过，波辛格小心谨慎之处，也正是纽博格大胆和感到兴奋的地方。这位现任的放射学教授认为，如果在脑中存在一个负责宗教情感的中心的话，那么它不可能是偶然出现的；若不是上帝自己，又有谁会配置这个中心及其能力呢？纽博格把实验著书出版，该书在美国极为畅销，书名为《超觉玄秘体验》（*Why God Won't Go Away*）。字面意义的书名其实应该叫"为什么上帝不会离开我们"，因为这正是纽博格的观点：就因为上帝是停泊在我们脑中，所以他总是与我们同在，我们也无法摆脱他。

传说中哲学家第欧根尼（Diogenes）在木桶里的顿悟，现在却是由教徒们在核磁共振谱仪里找到。不过，波辛格在颞叶、纽博格在额叶里认定出人类的宗教情感中心，则充分显示了研究人员有限的知识。颞叶的主要功能是负责听觉以及语言理解的韦尼克区；此外它在精确的记忆上也扮演重要角色；额叶则操控我们的肢体动作以及我们的活动与行为计划。这两个脑区的共同点是，它们主要都负责"更高的"意识工作，但是它们的任务却十分不同。批评者对波辛格和纽博格的看法一样，都不认同他们在做结论时的坚决态度，因为这些具有重大意义的结论背后的实验基础都太少了。与我们的宗教情感相关的，难道真的就只有一个脑区吗？而就算确实存在纽博格认定的那个接受宗教信息的"信箱"，谁又能宣称真的有个名叫"上帝"的寄件者以这样的方式对我传道、开示呢？这一切是否也可能是我在无意识情况下自己制造出来并将自己挤爆的"垃圾邮件"，就像是演化错误操纵下的结果呢？

这么说来，"神经神学"的上帝存在论证也并不很站得住脚，最多只能指出我们感觉到的宗教在神经化学上是如何发生的；但是上帝是否真的对人说话，则依然是个推想。因为即使证明脑中有负责宗教经验的中心，也仅是停留在脑部，并不会跳出脑部的范围而进入超感官的世界。

我是谁？

康德便曾批评"上帝存在论证"不当地从自身的经验世界跃入一个其声称的客观世界。

康德的批评不只是针对存有学论证，也适用于"神经神学"的论证。然而，它是否也适用于因果论证呢？如前所述，因果论证并不是从想象出发的，它是在"为什么世界存在"的问题上寻求答案。难道我们不必把神看作让一切开始运作的那个第一因吗？我们可以，但是我们并不一定得这么做。"没有东西是无中生有的"这个推论指出了"第一因"的存在性，但是这个"第一因"一定就是上帝吗？

对有些人来说，设想一个永恒的上帝比设想一个永恒的物质来得容易，对另外一些人来说则正好相反。毕竟我们知道物质是存在的，却不知道上帝的存在，至少不是经由类似的感官方式。"物质可以是永恒的"这个想法让罗素（见"玻璃瓶里的苍蝇"）怀疑"第一因的必然存在性"。因为如果一切都有个动力因，那么就不会有"开始"的存在，不会有物质的开始，也不会有"第一个"上帝。罗素冷酷地描绘了一个想象的画面：也有可能存在着许多依序被造的神。

因此，托马斯认为上帝是第一因的理论，并不是真正有说服力的上帝存在论证。也许他应该更坚持对安瑟伦的批评，也就是任何对上帝的想象都必然是太小的。任何无法完全进入我们经验里的，都不应该被认定为规范性的普遍准则。基于这个论点，也有许多神学家反对任何的上帝存在论证。例如，新约神学家鲁道夫·布特曼（Rudolf Bultmann）就认为："想以上帝存在论证来说明上帝真实性的人，所论述的其实根本是个幻象。"我们哺乳类动物的脑部无法直接通达超感官的世界，否则它也不会是"超感官"了。因此，我们无法认知上帝，而只能透过不同方式体验到（或体验不到）上帝，这正是世界的本质所在。

不过那些仍然想证明上帝存在的人，口袋里还有最后一张王牌：如果我们基于上述的种种理由无法直接证明上帝存在的话，难道不能间接证明吗？选择这条路的，正是今天于美国再次引起热烈讨论的"自然神学"。

第 27 章

会走长的时钟：
大自然具有意义吗？

年轻的达尔文（Charles Robert Darwin）在众人眼中可以用"一场灾难"来形容。他在爱丁堡（Edinburgh）读医学时，总是学习力低落而且心不在焉；而解剖课的练习更让他反胃。比起教科书，大自然中举凡被海浪冲到岸边的海星或螃蟹以及栖身田野的鸟类等，都更让他感兴趣。父亲眼看他如此不务正业了两年后，终于丧失了耐心，命令他结束医学的学业。于是，这个散漫的儿子来到国内最具盛名的英国圣公会大学之一：剑桥大学基督学院（Christ's College）。父亲心想，既然他做不成医生，说不定还有机会让他成为有用的牧师吧。

当达尔文于 1830 年来到剑桥大学基督学院时，被分配到两个非常特别的房间。曾经有一位名气响亮的人物在这里住过，那就是哲学兼神学家威廉·裴利（William Paley）。而这时裴利虽已去世 25 年，却在大学里受到近乎圣人般的崇拜，他的著作被印在达尔文的课表上，而且都不是过时的陈旧思想，而是无法超越、接近永恒真理的神学巨著，连达尔文也赞叹不已。虽然神学的学业比医学更乏味，但裴利的文章却是例外。空闲时，达尔文会漫游在原野和森林里搜集甲虫和植物，回到书房中便阅读裴利的《自然神学》：一本关于宇宙创世计划和大自然体系的书，让人可以从每只甲虫、每颗鸟蛋和每根草茎中看出伟大造物者创造万物的巧思和计划。这个让达尔文如此热衷的人究竟是谁呢？他为上帝的存在写下了如此具有影响力的证明，而他的作品直到 19 世纪中期仍被视为对于自然的完备解释。

威廉·裴利，1743 年生于彼得伯勒（Peterborough），出身自一个教堂执事的家庭。在大教堂里担任执事的父亲勉强能够负担养活妻子、三个女儿和小威廉的重任。他杰出的希腊文和拉丁文能力使他还能在约克郡（Yorkshire）西部吉格斯威克（Giggleswick）的乡村里主持一所小学。威廉自小即名列前茅，他敏锐的理解力和智力让人对他的未来充满期待。在他 15 岁时，父亲为这个柔弱、缺乏运动细胞却天赋优异的儿子报名进入剑桥大学。剑桥大学基督学院是一个英国神职人员和从政人员的干部养成中心。父亲认为，威廉应该要有一番事业，达成自己仅能梦想的成就。

我是谁？

裴利是剑桥大学里年龄最小的学生，而他的能力也确实非常出众。他在大学时就非常引人注目；他那一头很费工夫整理的长发、织了许多花边的衬衫以及脚上昂贵的丝质袜子，都透露出他是个想尽办法要出风头的年轻人。他在学院里的公开辩论会中也是个耀眼的人物，总是带着夸张的动作和过度的热情。也许有些人认为他是个疯子，但大多数人都非常喜欢他，并佩服他那清晰透彻的思考与雄辩的天才。裴利最后终于以第一名的成绩毕业。

不过，他期望得到的回报并未实现，在不得已的情况下，他前往格林尼治（Greenwich）一所高等学院担任拉丁文教师，直到突然有人请他回从前的大学授课。他于1766年回到剑桥大学基督学院，一年以后被祝圣成为英国圣公会的牧师。不过，裴利的抱负还不止于此，他无论如何都要出人头地。在幻想的世界里，他看见30岁的自己成为律师，站在皇家法庭上；他常在自己的房间里对着墙壁练习慷慨激昂的辩词，也曾在脑海中与首相威廉·皮特（William Pitt）以及国会里最杰出的演说家辩论。然而出身平凡的他被分配到两个小教区。1777年9月，他来到艾波比（Appelby）的教区，也就是他日后的生活重心。虽然与梦想的发展相去甚远，但裴利得自于教区的收入至少还能够保障生活。他后来娶了一名富裕酒商的女儿，这名女子为他先后生了四个女儿和四个儿子，却不常见到丈夫的面。1780 年，卡莱尔（Carlisle）（邻近苏格兰边境辖区的首府）的主教将裴利调到当地的大教堂，并于两年后任命他为会吏长（archdeacon）。

裴利在 40 岁时终于可以向世界展现自己的能耐，他并非在国会里与人进行雄辩，而是在书中写下令人折服的论述。他的风格洗练、极具说服力而又浅显易懂。他支持同样来自英国的当代名人边沁，调解功利主义和教会的立场。和边沁一样，裴利认为一切哲学的目的都只在于一个基本原则：增加快乐。因此在基督教的意义上，人之所以是善的，不是透过他的信仰，而是透过他的行为、责任以及对社会的投入。就像上帝在自然界中设计出不同的机制、联结和彼此交错的关系，每个人也必须去适应所处的社会环境，才能完成他的使命。

裴利成功了：伦敦主教给他提供了一个在圣保罗大教堂的优渥职位；林肯（Lincoln）的主教任命他为主教堂区的会吏；杜伦（Durham）的主教为他谋得一个位于贝士威尔茅斯（Bishop Wearmouth）舒适且高薪的教区职位。不过他对教会的批评态度以及众所周知的自由派政治思想却使他无法晋铎为主教。裴利被授予剑桥的荣誉博士，并迁往贝士威尔茅斯这个位于北海岸的秀丽小城。

他在这里找到了完成其晚年巨著的时间。他依然认为"增加快乐、减少痛苦"是最重要的基本原则；越能够符

我是谁？

合这个个人和社会的原则的目的，人生就会越好。然而，这个关于效益的想法是如何存在于世界的呢？造物者的意志和个人的生活原则之间存在着怎样的自然关系呢？裴利最重要的著作《自然神学》就在他位于贝士威尔茅斯的研究室里诞生了。

这部著作是在很缓慢的进度下完成的。患有严重肾脏病的裴利偶尔会有好几个星期的时间无法工作，剧痛经常突然来袭。而这部巨著本身亦是十分艰难的挑战：一个以缜密研究自然现象为基础的宇宙理论。裴利谨慎研究他在贝士威尔茅斯所能搜集到的关于大自然"建构图"的一切：他到院子里搜集鸡毛，到海边搜集鱼骨，在路旁摘取花草并潜心阅读关于解剖学的书籍。

他这本新书中的关键词是"适应"。上帝如何将这些数以百万计的生物安置于自然界中，而这些生物又如何依他的意志彼此适应、交织成一个在形体和精神上的伟大整体呢？这本书完成于 1802 年，并且成为畅销书。50 年后，裴利的《自然神学》依然是英国神学界最著名的"目的论上帝存在论证"。如同裴利的副标题所写的，这是"取材于自然界现象，为上帝的存在所做的证明"。

裴利非常敬畏生物界的复杂性。他了解生物界必须以特别的方式去解释，不过他的答案既不新也不具独创性。早在 100 多年以前，也就是 1691 年，自然科学家约翰·

雷（John Ray）也有类似的尝试，许多哲学与神学家起而效仿。然而裴利对其观点的陈述比前人更为清楚且具说服力。其中最有名的部分就在于开头的钟表匠比喻，有什么比制造钟表内齿轮和弹簧的要求更精细、比将这些零件组装起来更复杂的呢？如果我们在荒野中发现一块手表，即使我们不知道这块表是怎么做的，单凭它的精密和设计的细致，我们就不得不想到"这块表肯定有个创造者：在某个时间、某个地点一定存在一个或多个精密工匠；他了解表的结构、规划表的用途，以符合测量时间的目的制造了它。我们在手表上能够找到的计划背后的意义、设计背后传达的想法也都存在于自然界的作品里；差别只是：这些意义和想法在自然界里更大或更多，达到了超越一切想象的程度"。

从此这个自然界钟表匠的比喻就和裴利的名字密不可分了。他的《自然神学》以超过 20 版的发行量深入广大群众，不过钟表匠的比喻并不是他发明的，是他在阅读时发现荷兰神学家伯纳德·纽汶提特（Bernard Nieuwentijdt）使用了这个比喻。但是纽汶提特也不是这个比喻的发明者；威廉·德汉（William Derham）于 1696 年就发表过一篇《技术纯熟的钟表匠》的文章，而他也不过是将一个古典时期的概念翻译成适合当代的比喻而已，西塞罗（Cicero）在《神的本质》里就做过这个大自然复杂机制的比喻。

虽然裴利的"钟表匠"比喻原创性不高，但是他的态度却比所有前辈都更为严肃。他从头到脚指出身体的每一个部分、每一个细小单位都能有其特殊功能，就像精细的钟表的内部结构一样。他尤其赞叹的是人类的眼睛，将其比喻为望远镜，认为眼睛被创造来看东西，就像望远镜被创造来辅助眼睛的功能一样，这证明了：无论是望远镜还是眼睛，两者都必定也有一个创造者。裴利以数量惊人的例子来说明自己的论点。"若是改变人类身体上任何一个小细节，比如把手指甲改装在手指的前面而非背面，那将变得多么不方便且不合理啊！同样的道理也适用于老鹰的羽毛，甚至整个太阳系。这些都是最伟大的睿智的作品。"

这本书是裴利在承受身体的剧烈疼痛下完成的。他不断地问为什么在上帝良善且深思熟虑创造的世界里竟会有苦难和疼痛。如果上帝创造了肾脏，为什么不防止它疼痛和流血呢？这个问题并没有清楚的答案。有时候裴利会为上帝辩护，说"善"在多数情况下还是能超越"恶"；但有时候他又希望万物能够一直发展到邪恶与痛苦都完全从世界上消失的那一天才结束。然而裴利肾脏病的痛苦却没有消失，反而日益严重。他未能戴上期待已久的主教帽，那从格洛斯特（Gloucester）迟来的机会。他生前的最后几个月只能非常虚弱地在床上度过。1805 年 5 月，双目失明但神志清醒的他，终于在贝士威尔茅斯的住所里带着病痛离世。

裴利的著作完成了。他相信自己用生物"适应"自然的原则解开了一切受造物的秘密。整个生物界都是经过造物者有目的地安排和设置的。然而裴利却不知道自己并未将自然哲学推到终点；相反，他竟然在 30 年后成为一个新理论的先驱，这个理论为"适应"的概念赋予全新的框架。

在读了裴利的《自然神学》两年后，刚通过圣公会牧师考试的达尔文搭上了探勘船"小猎犬号"（Beagle）前往南美洲，他在那里对动物以及化石所做的观察撼动了他的世界观。如裴利所言，动植物确实会适应它们生存的环境，但是它们的适应行为显然不止发生一次，而是不断重复发生。他所看见的不再是一个伟大的计划、一个将整个大自然如齿轮组一般环环相扣的体系加以调治妥当的钟表匠；而教会关于位格的上帝存在的教义也不再可信。

达尔文思考并犹豫了 20 多年，才于 1859 年出版了不同于裴利观点的巨著《物种起源》。他十分感慨地说："我们不能再继续推论出这样的结论，如同人类创造了门一样，贝类两片壳的完美啮合肯定也是由一个充满智慧的本质所创造的。"裴利想看到的完美和谐，却被达尔文视为"生存竞争"。如果自然界是一位钟表匠的话,那么这位钟表匠就是盲人,因为自然界没有眼睛,不能看到未来。它不预先制订计划、没有想象能力、没有先见之明,什么也看不见。那位备受推崇的卡莱尔会吏长在达尔文的书里只被提到过一次,也就是称赞他的一个正确的观察:"自然选择永远不会在物种里创造出任何对同一物种坏处多于好处的产物来。如同裴利所察觉到的,没有一个器官被造的目的是要带给其主人痛苦及伤害的。仔细衡量每个细节的益处与坏处,将发现它在整体看来永远是有益的。"

裴利对于达尔文的影响并没有妨碍他"物种自行适应自然"的演化理论。达尔文用自然来取代上帝作为动力因以及作用的原则,"自然为之"(Nature does)是他经常使用的说法。与达尔文同时代的佛洛昂(见"心灵的宇宙")曾批评这个取巧的说法。他认为自然并不是个主体,如何能既没有目的却又为着某个目的行动呢?如果它不思考,又如何能构想出效益性来呢?虽然达尔文的"物种自行适应自然"的理论在大约30年内被广泛接受,但直到目前仍然存在一些根本的疑问。今天他的批评者喜欢将之整合在"智能设计"(Intelligent Design)的概念下。

这个概念的原创者正是达尔文顽强的对手,也就是爱尔兰重要的物理学家凯尔文爵士(Lord Kelvin)。凯尔文的批评对达尔文有很大的杀伤力,因为这位格拉斯哥大学的物理学教授声誉卓著。凯尔文首先怀疑达尔文提出的演化并没有足够的时间来让它确实发生。他计算地球的年纪为 9800 万年，后来又再把数字缩减到只有 2400 万年。凯尔文论述说，倘若地球的年纪更大的话，那么它的内部将不会像此刻一样如此高温，他忘了考虑放射性可以延长地球内部的高温。1871 年（达尔文出版那本关于人类起源于动物的书的同一年），凯尔文提出一个强烈的推测，即存在一个"有智慧且调整至最完善地步的设计"。

直到今日，"智能设计"这个口号仍然号召了许多人，他们认为复杂生命共同体的原因不在于自然，而在于上帝。他们最有力的代言人是"发现研究院"（Discovery Institute），一个位于华盛顿州西雅图的保守基督教的思想工厂。"智能设计"的许多理论都具有两个共同的基本立场——它们都认为物理和生物学不足以解释这个世界；而他们也都相信这个问题只有一个真正具说服力的解决之道：设想一位睿智的、预定一切的上帝。对这些人来说，"物理世界的常数能彼此完美地协调"就间接证明了上帝的存在。只要有一点偏差，就足以让地球上一切生命（包括人类的生命）无法继续下去。

这个观察无疑是正确的。但是，能否从而推论出"上帝为之"的结论，则必须看我们如何评价这个精密的协调性。事实上，如果说人类是由偶然所创造出来的，那

我是谁？

么这个偶然也未免太惊人了，以至于人类自己也难以相信。但这难道就可作为"人类存在之必要性"的证明吗？就算是或然率极低的偶然，作为几百万分之一的状况也还是有可能发生的。有些自然科学家认为我们不应该高估大自然界的意义。生物学家尤其无法接受"自然界里的一切都是精心安排而且是美丽而有意义的"的想法，毕竟我们地球的历史在各个地质时期曾经历过五次地理灾难，且伴随着动植物大规模的死亡。并不是每个演化的细节都是好的；所有哺乳动物具有七节颈椎，但是对海豚而言，若是减少一至二节的话肯定能更便于活动；相对地，观察过长颈鹿喝水的人都会希望它们能多长几节颈椎。生活在苏拉威西岛（Sulawesi）上的东南亚疣猪，其公猪都长有奇特的装饰性獠牙，这对獠牙显然对它们没有任何好处。至于它们仍长有獠牙，则不能说那是适应性的表征；更可能的解释是：这对獠牙并没有造成干扰，却也没有带来任何坏处。

我们近距离的观察，发现并非所有东西看起来都是经过智慧的设计的。例如深海虾鲜红色的外表既不是上帝的智慧，也不是适应自然的结果；它们看起来的确很漂亮，但是要给谁看呢？在深海底下没有光，伸手不见五指，甚至连虾子自己也辨认不出它们的颜色，因此红色对它们并没有任何好处，就连达尔文的演化理论也无法解释它们为什么要有鲜艳的色彩。另外，鹩鸟为什么在过了交配期、没有任何演化的益处时，还会模仿手机铃声、鸣唱最动人的鸟啭呢？其中有什么更深层的目的吗？有些人为什么会爱上同性伴侣呢？演化理论将每个现象和行为都诠释为对环境的适应，而这些悬而未决的问题也正显示出这个演化理论的弱点。不过，这些弱点却并不因此支持"智能设计"的想法，因为当我们指出达尔文理论违反效益性的原则时，也会批评"存在一个伟大计划"的想法。

因此，今天的生物学倾向以相对的角度谨慎看待这个"绝对效益性"。如此一来，"智能设计"的概念光芒更显黯淡了。新的观点是：生命大于所有个别部分的总和。人们不再只是四处关注简单的因果顺序，新出炉的神奇词语名叫"自我组织"（Selbstorganisation）。

自我组织所要传达的是：生物体并不只是由原子和分子像乐高积木般组合起来，而是经由与环境互动的过程形成的。例如，一个马铃薯芽若是在地窖里无性生长的话，将呈现白色无叶的状态；若生长在田里则会是绿色多叶的样子。所有生物显然都有相同的作用。而大自然在与世界的反馈过程中不断创造出新的面貌。可以推想的是，生命有极为复杂的结构，有非常特别的组织形式，会产生大于部分的总和的东西。就像在解释宇宙起源时一样，古典物理学的概念和思考模式在此依然显得不足。

1929 年，爱因斯坦曾在接受一个访问时说："我们的处境相当于一个孩童。这个孩子走进一个庞大的图书馆，馆内装满了许多不同语言的书籍。他知道这些书是某个人写的，却不知道这是怎么回事，也不懂得书里头的语言。孩子隐约感觉到这些书在编排上依循一个神秘的秩序，却不知道这个秩序是什么。在我看来，最有智慧的人对于神的看法也不过如此。我们眼见一个组织完美、遵循某个法则的宇宙，但我们对这些法则却一知半解，我们有限的知性无法理解这种让星系运动的神秘力量。"

我们看看这段话，暂且不管爱因斯坦是否认为存在一个有智慧的自然常数的创造者，也就是那位图书馆内众多藏书的作者。在他的比喻中，一般接受的事实是：我们的知性基本上是有限的，无论我们探索什么，都只是不断利用我们的思考方法与可能性来勾勒这个大自然。然而"脊椎动物的脑"以及"客观现实"却如同两块不相容的拼图；其中的原因就在于我们对"客观现实"的所有想象都是自己创造出来的。而"真正的真实"也将一直是个虚构的概念，至于那个我们想放置神的位置，则由每个人自己决定。

我们究竟应该用因果论的基础还是用"自我组织"的基础来解释我们生存的世界？这一点仍将困扰生物学家

很长时间，因为这里的争辩正处于开始的阶段。尤其值得
注意的是，"自我组织"这个生物学理论自始就被一个不
同领域的科学家所利用：一名社会学家。这个 20 世纪后
半叶最重要的社会学家，将在下一章中与我们见面，并为
我们带来他对宗教以外最神秘的现象的解释：爱。

第 28 章

一个再平凡不过的不可思议：
爱是什么？

1968 这一年，德国多数大学的校务与往年不同。大学生运动正如火如荼，除了柏林之外，最大的中心应该要算法兰克福大学（Johann Wolfgang Goethe-Universität Frankfurt）了，其中又以社会学系的学生和教师之间的论战特别激烈。尤尔根·哈贝马斯（Jürgen Habermas）与西奥多·阿多诺（Theodor W. Adorno）两位教授虽然在政治上与学生们的立场相近，却不愿支持他们的革命冲动。这两位教授觉得将德国的现状视为"反动"和"后资本主义"是合理的，却不认为可以用暴力的手段来改变国家。

终于，大学在 1968 年到 1969 年间的冬季学期发生了一件不堪的事。阿多诺在授课时遭到学生严重抵制，这使这位著名的哲学和社会学家面对外界颜面无光；而"社会科学研究所"（Institut für Sozialforschung）也被学生占据。阿多诺在经历了这些事件后，一夕之间取消了自己所有的课，于是大学面临一个难题：学期进行到一半，该到哪里找一位胆子够大、敢奋勇跳进社会科学研究所这个危险旋涡里的人来做代课教授？令人惊讶的是，真的出现了这样一个人选，一个默默无闻、41 岁、来自明斯特（Münster）的行政专家。他的名字是尼克拉斯·卢曼（Niklas Luhmann）。而他开的课名为"作为激情的爱情"。

一门关于爱情的课？正当社会学和所有人文社会学科都在讨论"后资本主义"的当前和未来的时候？在学生的骚动情绪达到极限的时刻，这位勇气十足的代课教授来到大学主楼位于四楼的大讲堂中，站在仅约 20 个好奇且不想参与罢课的学生面前，以"亲密关系的理论"为题消磨时间。他究竟是怎样一个人？

卢曼于 1927 年出生于吕内堡（Lüneburg），父亲拥有一家酒厂，母亲则出身自瑞士的一个旅馆业家庭。卢曼就读于约翰中学（Gymnasium Johanneum），就在毕业考即将到来之际被召入空军服役，并于 1945 年身陷美军战俘营。1946 年，他重新完成高中毕业考试，接着到弗莱堡大学念法律。通过了国家考试后，卢曼于 1953 年转到吕内堡的最高行政法院，不久后又到汉诺威去。由于他在那里感到枯燥乏味，便开始阅读各个时期不同知识领域的专业著作，并把每个有趣的想法记在卡片盒里。1960 年，他在

我是谁？

偶然的情况下获得了一个到波士顿哈佛大学深造一年的机会。

卢曼在哈佛大学研究行政学，并结识了著名的美国社会学家帕森斯（Talcott Parsons）。帕森斯的理论将社会分为个别独立的功能系统（functional systems），而这个想法立刻说服了卢曼。他回到德国，随即在施派尔（Speyer）的行政学高等学校接任了一个小小的讲师职位。当时没有人注意到他的大材小用。直到他出版了第一部著作《形式组织的功能与后果》（*Funktionen und Folgen formaler Organisation*），才有两位明斯特的社会学教授注意到这位性情固执而奇特的行政专家。谢尔斯基（Helmut Schelsky），当时德国的社会学大师，发现了这个"沉睡中的巨人"。如同罗素在剑桥发现了天才的维特根斯坦，谢尔斯基发现了卢曼这个尚未被发掘的天才。不过卢曼对于在大学里发展的兴趣不高，而谢尔斯基费了九牛二虎之力才说服卢曼到明斯特，让他"不至于以一个没有博士头衔的高级行政专员身份埋没在历史之中"。1966年，39岁的卢曼凭借他在施派尔发表的著作获得博士学位，这在德国大学是很不寻常的，却也与维特根斯坦的际遇相仿。更不寻常的是，他又于同年取得了教授资格，而且谢尔斯基甚至还为卢曼在刚成立的比勒菲尔德大学（Universität Bielefeld）准备了一个教授职位，使他于1968年正式获聘为教授。由于当时系务尚未真正运转，他就在 1968 年至 1969 年间的冬季学期到法兰克福暂代阿多诺的教职。直到 1993 年退休前，他都在比勒菲尔德任教。刚开始的十年他也居住在比勒菲尔德；妻子过世后，他即迁居到邻近位于托伊托堡森林（Teutoburger Wald）的小城奥林豪森（Örlinghausen）。他每天的作息非常规律：清晨便致力于写作直到深夜，只有中午会带狗出门散步一小段。1998 年卢曼因血癌逝世，享年 71 岁。

谢尔斯基的眼光一点也没错，这位行政专家果真成了社会学的巨擘。本书将他介绍为一个"爱情哲学家"其实是有些轻浮而诡诈的。不过他肯定会喜欢这个诡诈，因为从他在法兰克福冬季学期的表现来看，他是一个富有敏锐的幽默感的人。当然，他应该还是会露出那招牌的、带有讽刺意味的眼神，对此浅浅一笑。从卢曼的著作里只选出关于爱情的思想，大概就像只把康德视为宗教哲学家，或只把笛卡儿看成医生一样。不过这么做还是有道理的：因为一方面来说，卢曼整个复杂的思想可以清楚地在爱情这个主题中体现出来；另一方面，他也确实在爱情哲学上做出了重要的贡献。不过，我们在此还是得对他的整体思想做一个简短的总结。

卢曼主要的目标是要找出社会的功能。他在帕森斯的系统理论中为自己的思想找到了一个非常有意义的出发点。另一个出发点则来自生物学，这其实并不让人意外，因为与达尔文同时代的斯宾赛（Herbert Spencer）（社会学的创始人之一）就已经自心理学推论出社会学，从生物学推论出心理学。不过，卢曼对于这个模式（把社会视为由简单生物体构成的巨大生物体）却只能摇摇头。他认为，社会系统的发展虽然可以像帕森斯那样用演化理论的概念来解释，但是，虽然人类是生物，社会系统却不能因此就被归为生物系统的复杂形式。为什么不能呢？因为卢曼认为社会系统的构成并不是由生物的物质与能量的交换，而是由沟通和意义的交换。由于沟通和意义两者和"蛋白质"基本上是完全不同的，因此对社会学家来说，根本不值得过度考虑生物学的基础。人类是生物，是"社会性的动物"，对这一点卢曼根本不感兴趣。"向生物学学习"对他而言代表着另一种完全不同的意义。

真正启发他的，是智利的脑部学者温贝托·马图拉纳（Humberto Maturana）和他的学生弗朗西斯克·瓦雷拉（Francisco Varela）。马图拉纳是"理论生物学"的创立者。这位脑部颜色感知专家于 20 世纪 60 年代专注研究"生命是什么"这个问题；他把生命解释为"一种自我生成并组织的系统"，就像脑部自己制造出所处理的物质一样，生物体也不断维持自己的生命并产生自己。马图拉纳称这个过程为"自生系统论"（Autopoiese）。当他于 1969

年在芝加哥的一次会议上发表这个基本想法时，与他同年纪的卢曼正开始在比勒菲尔德授课。卢曼后来听说"自生系统论"这个构想，立刻被吸引；因为这名智利的脑部学者不仅说明了生命和脑部的自我生成，还重新定义了"沟通"的概念。他认为，进行沟通的人不只是传达信息而已，他更以他的语言（不论是何种语言形式）组织出一个系统。细菌彼此交流而建立一个生态系统；脑区之间也进行沟通并产生一个神经系统（意识）。卢曼继续思考着：社会系统难道不也是一个自语言（"符号"）沟通产生的自生系统吗？

卢曼的计划很早就拟好了，也就是以沟通概念为基础去说明社会系统。他在"自生系统"的想法里找到了当时欠缺的一块拼图。虽然马图拉纳后来并不赞同卢曼大胆的沿用做法，这位比勒菲尔德的社会学家却远远超越了那位智利的生物学家和其他所有启发他的人。卢曼不仅成为20 世纪后半叶最敏锐的社会过程观察家，而且是"知识的大陆"、最伟大的理论构建大师——光是把"沟通"这个概念作为出发点就已经是个创举了。

在此之前，社会学家谈的是人、规范、社会角色、机构和行为；但是对卢曼而言，人的行为不再重要，真正重要的是沟通；而谁在进行沟通，基本上是无所谓的，关键只在于"结果是什么"。在人类的社会中交流的，并不是

我是谁?

如细菌般的物质和能量,也不是在脑部中的神经元,而是"期待"(Erwartungen)。然而"期待"如何交流呢?有哪些"期待"会被期待呢?而它又能产生什么结果呢?换句话说:沟通如何能造成期待的交流,好让现代社会系统形成,而且它们是在大致稳定而不受其他因素影响下运作的?这些系统包括政治、经济、法律、科学、宗教、教育、艺术,或者还有爱情!

根据卢曼的理论,爱情也是一个由期待建立的社会系统;或者更精确地说:是由被期待的、固定不变的期待所建立的,即"符号"。卢曼的《作为激情的爱情》(*Liebe als Passion*)(他在法兰克福授课的 15 年后才将它出版)是一本关于爱情符号的历史和现状的作品。卢曼认为,我们今日对爱情的理解比较不像一种感觉,而更像是一种符号,而且是一种产生自 18 世纪末、资产阶级意味非常浓厚的符号;"我爱你"这句话远远超过了像"我牙疼"的感觉表达,而意味着承诺和期待的整体系统。一个为自己的爱提出保证的人,同时也许诺了他对感觉的可靠性以及为所爱之人付出的关心,也就是愿意在行为上做一个符合我们社会其他人眼中标准的"爱人"的人。

对于爱的需求其实源自某种"自我关系"。一个人越不受社会的固定框架所限,他就越需要"觉得自己是特别的",是"独一无二的个体"。然而现代社会给予个体的处境颇为艰难，因为现代社会解体为许多单一的社会系统，即自生系统的世界，而它们只在意如何保障系统的延续。在卢曼的说明中，这些系统确实如同生物体一般，遵循着达尔文主义的条件运作——它们利用环境来维持自身的延续，而个体也就没有太大的发展空间。十年的行政事务经验，似乎让卢曼印证了社会系统并不重视个体性。今天，单一的个人分身于众多不同的领域——家庭里的父亲或母亲、职场中的某个角色、保龄球或羽毛球选手、网络社群的成员和邻居、纳税人和丈夫或妻子，在这样的情况下很难建立一个统一的自我认同，他少了一面自我确认的镜子，让他在其中看到一个整体、一个"个体"。

根据卢曼的看法，爱情可以实践这个"自我表述"（Selbstdarstellung），这就是爱的功能。由于这个沟通形式很罕见，也因此"不可思议"，但仍是很平凡的沟通形式。这样看来，爱是很平凡的不可思议，也就是"在他人的幸福里找到自己的幸福"。人在心里为对方的设想，将因为爱而产生很大的变化，不再以"一般"的观察角度去认知对方。这就是爱情独特的性质：恋爱的人只看得见对方脸上的笑容，却看不见嘴里缺了牙的空隙。卢曼以他独一无二的冷静客观说："与外表世界的关联被淡化，而内心的波动则被激化（意为增强）。爱情必须靠个人的性格资源才能稳定持续。"

恋人协调彼此的期待的过程当然是非常麻烦的，因为那极可能会带来失望。它是所有符号中最脆弱的（而这就是爱情的矛盾之处），却应该保障最高的稳定。恋人越能够确定他对"稳定"的期待可以得到满足，那么这个恋爱关系（无论是正面或负面意义）就会越和谐。完美而和谐的"对期待的期待"（Erwartungserwartungen）虽然很可靠，却没有刺激感，因为它正削减了"不可思议性"，而那正是刺激感的来源。卢曼认为，把爱情视为感觉、性欲和尊重之综合体的浪漫想法，永远都会是一种苛求。因此，要在另一个人的世界里找到意义（就算只是在有限的时间里），其实是很高的要求。

我们得停下来想想："为什么会这样呢？"卢曼并未提供答案。为什么爱情关系初期的热切渴望无法长久持续，反而会日渐耗损呢？这真的只是因为可预见的"对期待的期待"吗？而它在沟通（也就是在期待的协调上）效果不佳的爱情关系里，耗损得难道不会更快吗？这个"日渐耗损"的情况是否可能还有个卢曼看不到的不同原因，例如生物化学的原因？

卢曼完全不考虑生物学及其对我们感觉世界的影响，因而招致诸多批评。不来梅（Bremen）的脑部学者杰哈德·罗斯（Gerhard Roth）完全无法理解为什么卢曼这样一位社会学家在将人类视为个体时，竟然完全不考虑生物学的角度。更糟糕的是，卢曼的启发者马图拉纳和瓦雷拉还被大部分的脑部学者讥为异类，因为他们的看法并不能通过实验去验证。

卢曼的回应非常泰然自若。他认为，只要脑部研究认定在脑部中彼此沟通的不是期待而是神经元联结，那么社会学家就大可以认定是期待而不是神经元联结在进行沟通。根据卢曼的看法，生物学和社会学在功能系统上的独立性正表现在这里，因为重点只是：在一个系统里重要的是什么？即使如此，我们还是可以指出，从生物学的角度来看，卢曼在"爱"的概念上整合了许多非常不同的意识状态。我们虽然可以为他解释说，他每次所指的"爱"的概念，在社会的语境中大体上并不容易引起误会，我们在生活中总是能了解对方当下的意思；然而这却无法改变一个事实，那就是卢曼很笼统地将"爱"的概念视为我们在他人眼里"自我表述"的需求。这不仅在生物学，甚至在社会上看来，也只是众多状况中的一个。这个"爱"的概念肯定无法完全适用于初坠情网的感觉，爱慕某人并不一定也想在对方眼里看到爱慕；否则的话，青少年对偶像明星的爱岂不是没道理可言了吗？（虽然这种爱可能本来就没什么道理。）还有性爱也不见得是想要合为一体。某些人在性爱中的刺激点可能正是另一些人不想要的。性爱的诱人之处非但不是要让自己的主体性受到肯定，反而经常是角色扮演的乐趣，像是演戏一样。

另一个反对意见是：如果爱真的只是人类的社会符号，那么这个概念就不适用于动物世界（我稍后再回来谈这个观点），也不能用在人与动物的相处中；不管从任何角度来看，"对动物的爱"都将成为荒谬的冒险。因此，"爱"（Liebe）这个中古高地德语的概念（原意为"好的、令人舒服的、有价值的"）严格来说必须加以拆解。两性的爱、手足的爱、朋友的爱以及动物界和亲情的爱，它们只有一个共同点，那就是付出爱的生物体对另一个生物体表现出强烈的意向，也就是"疼爱对方"。其中还必须区分感官和精神的爱、更复杂的情感以及道德命令，例如基督教的诫命："要爱别人如同爱你自己。"不过，许多宗教都提到的"爱人如己"，其意义很值得怀疑。爱的感觉是无法强求的，因此以它作为道德的保障也是颇为可议的。"尊重别人，虽然你并不爱他"肯定是比较容易实践的要求。

动物是否有爱的感受，这当然是个见仁见智的问题。如果我们不知道身为一只蝙蝠是什么样子（见"香肠和干酪以外"），我们也不会知道动物是否会爱，关于这一点的看法分歧严重。无论如何，行为研究始终忽视"爱"的概念，并将它拆解成性行为和"结合"（Bindung）。许多行为研究者都有些奇特的想法，其中之一是从人类持久的单一伴侣关系推论出其独具的爱的能力。这里至少存在三个问题：第一个问题是完全没有提到"父母之爱"，高等哺乳动物里非常深刻的母子关系，在这里非常草率地被视为"结合"而晾在一旁；第二个问题是为什么我们不把动物界的一夫一妻制也描写为爱情关系呢？如果是这样的话，长臂猿和老鹰就有爱的能力，而黑猩猩和鸭子则没有；第三个问题是，我们知道人类也有非单一伴侣的爱情关系，而且从许多"不知生父为何人"的例子来看，这很可能是自有人类以来就存在的现象。从历史来看，人类单一配偶制的出现估计比爱的感觉要晚很多。生物学里常用的理论，亦即演化出"爱"作为一种"社会关系"（Soziales Band）以确保人类特别长的哺育期，现在也有争议。难怪当有经验的生物学家被问到对爱的看法时，也只能耸耸肩或皱起眉头，因为"爱"的概念在生物学里找不到定义。不过在这里更勇敢的还是脑部学者，至少人们已经知道，控制我们性欲的是哪些脑区，而其中最重要的是下视丘。显然男女在这里是由不同的核心所负责——女性是由"腹内侧核"，男性则是由"内侧视前核"控制性欲（部分神经生物学家认为这正是男性在视觉上比女性更容易受刺激的原因）。晚近借助于成像方式的研究更显示，这两个核心也与恋爱的感觉有关；如此一来，性欲和爱情两者之间在生物化学方面就有了一个联结，不

我是谁？

过我们面对这个结论时还是得小心，因为在成像仪器之外的现实生活中，这两者还是经常分开出现的。就算爱情的感觉常伴随着性欲发生，但性欲却并非总是伴随着爱情；否则色情图片或影片的消费者岂不就持续处于恋爱状态吗？

爱情里的关键角色是一种名叫"催产素"（oxytocin）的荷尔蒙。当男女在享受彼此的性爱欢愉时，两人体内都会释放出催产素，其效用可比作鸦片，既有刺激也有镇静的麻醉效果。有趣的是，催产素被冠上"专一荷尔蒙"或"结合荷尔蒙"的称号，竟是因为平原田鼠的研究。平原田鼠是单一配偶制的，和其另一种具有较少催产素受体的近亲高山田鼠不同。在亚特兰大埃默里大学（见"文化丛林里的猴子"）著名的约克斯灵长类研究中心（Yerkes Regional Primate Research Center），以中心主任为首的美国学者们用注射催产素阻断剂（oxytocin-blocker）的方式，拆散了大量幸福的平原田鼠伴侣，它们立刻变得不再忠诚专一，而是像高山田鼠一样性欲高涨。如果说平原田鼠此时表现的是"无选择性交配行为"，那么原本性欲强烈的高山田鼠在被注射抗利尿激素（Vasopressin）（和催产素非常类似）之后，就变成忠诚专一、两相厮守的老鼠了。

现在一般相信催产素受体对于人类的相互结合的欲望

和能力有重要影响。蒙特雷加州大学的心理学教授波拉克（Seth Pollack）便指出，孤儿体内的催产素低于双亲关系亲密的孩子。也就是说，催产素是一种长效接着剂，催产素会启动产妇的分娩阵痛、决定乳汁供给并强化母子关系。而对两性而言，它则会让刚开始的性爱关系延续为长久的伴侣关系。

不过除此之外，恋爱中的大脑还有其他不同的区域以及生物武器在执行工作。有嫌疑的包括与注意力有关的"脑区扣带皮质"，扮演如"报偿中心"角色的"中脑边缘系统"以及产生"愉悦"感觉的苯乙胺（phenylethylamine）。当然还有其他的嫌疑犯（见"斯巴克先生恋爱了"）也不能漏掉，也就是与情绪激动有关的去甲肾上腺素和与亢奋有关的多巴胺。若它们的数值上升，而有让人入睡作用的血清素下降，则会造成某种程度的神志不清。另外还有适量的身体内生麻醉剂，如脑内啡和可体松（cortisol）。这场喧闹会在一段时间后自然平息：一般认为三年的时间是恋爱感觉的极大值，3 ~ 12 个月则是平均值。根据国际上的统计，离婚平均发生在固定关系的第四年，从前看不见的齿缝，此时看得一清二楚。从生物化学的观点来看，此刻只有靠催产素才能挽救两人的关系。

以上对于"爱"这回事说明了什么？我们在催产素受体和"在对方眼里的自我表述"里面认识到什么？大

我是谁？

脑的现象和卢曼的说法何者为真？凡是新的都让人感到刺激，凡是惊奇的都让人兴奋，而且不管是负面还是正面的事物；不可思议的比真实的更引人入胜。风险无论是好是坏都让人着迷。脑部研究和系统理论在这些点上都看法一致。无论在生物化学或是社会学的意义上，爱都是"一个再平凡不过的不可思议"：一个由著名生物化学模式以及同样著名的社会符号所规范的例外经验。我们的脑部害怕无聊，而它似乎就基于这个理由喜欢爱情。因此，没有什么比那位杰出的新教牧师潘霍华（Dietrich Bonhoeffer）所说的"爱不要对方的任何东西，爱要为对方付出一切"这句包装得很好听的话更可疑了。因为我们大概可以问：为了什么呢？如果爱真的是对方眼里的自我表述的话，那么它就算再无私，也永远只会反映出我们所认识最刺激的影像：我们自己。

当然，我们还是不知道这个"自己"是谁或是什么？不过它无疑和我们在生命里做过或即将做的决定都有很大的关系，因为根据卢曼的理论，决定就是那些让我们的生活变得不一样的差别。问题是，我们在做决定时究竟有多大的自由？

第 29 章

行动、存在、行动、存在、行动：
自由是什么？

　　纳克索斯岛的老城科拉（Chora），就像希腊的许多城市一样，从海边沿着山坡攀附在赭黄色石地上。半山腰的某处有一个小广场和一家小吃店，阳光下，尤加利树在栉比鳞次的屋影间巍巍地伸展着红树冠。小吃店里的食物称得上物美价廉，因此每天晚上店里总挤满了背包客和年轻的小家庭。广场上可听见有人对着四周高谈阔论、女孩们的咯咯笑声以及儿童如麻雀般的叽喳声，至少这是 1985 年夏天的景象。当时在基克拉迪群岛的那段旅程，对我而言正是一切哲学的起点。我的第一个热爱——生物学，开始于小时候，当时我正思考为什么人在吞下了樱桃子之后不会从肚子里长出樱桃树来；而我的哲学之旅则始于一则格言。就在来到小吃店的第一个晚上，有一块如墓碑般嵌在墙上的石版吸引了我的目光。上面写着：

我是谁？

> To be is to do（存在就是行动）——苏格拉底（Sokrates）
>
> To do is to be（行动就是存在）——萨特（Satre）
>
> Do be do be do（嘟比嘟比嘟）——辛纳屈（Sinatra）

后来我才知道，这则挺著名的格言其实并不是小吃店里的人发明的；不过它当时对我而言很新鲜，而它引起我兴趣的时间也远远超过了理解一个文字游戏所需的时间。如同前面提过的，我是在这次的旅行中才第一次认真接触到苏格拉底，我当时并不知道他是否真的说过"存在就是行动"，不过这不重要，因为我基本上已明白了"存在意味着行动"这个想法。第二个句子才是更值得思考的：行动的意思是存在吗？这的确令人困惑。我在那之前就听说过萨特了，我知道他是个非常热衷政治的人，曾经到古巴拜访卡斯特罗（Fidel Castro），到监狱探访过恐怖分子安德烈亚斯·巴德（Andreas Baader）；但是他从来不曾说明为什么行动就是存在。我们难道不是必须先存在，才能够做些什么吗？我当时无法理解这句话的意思，而这可能也有个很好的理由，因为今天的我认为，萨特和苏格拉底两个人都错了。唯一有道理的人是辛纳屈，而这也正是我在本章所要阐述的。

结束了希腊之旅后，我开始在科隆大学主修哲学。学期刚开始，我就认识了一个同年纪的女孩；她有一头深色卷发、清澈明眸和恳切而低沉的声音。我不知道她是否希望在这里被提到，所以我们就称呼她为罗莎莉吧。当我第一次到她的住处时，除了映入眼帘的宜家（Ikea）书架、高挂于织网中的植物和简单的日式床垫①外，特别引起我注意的就是她的枕边读物：西蒙娜·波伏娃（Simone de Beauvoir）的《名士风流》。这位身兼萨特好友的法国著名女哲学家在书中描述战后巴黎美好的悲观主义年代，法国知识分子的代表们——其中当然包括萨特与波伏娃本人——在无数的挑灯夜话中畅谈"存在"的无意义和人与人之间的不了解，而他们共同梦想着透过一个伟大的作为来获得解放。这本书非常畅销，虽然罗莎莉当时已经30多岁了，这本书还是给她很大的启发，其中的第一个原因当然是对巴黎的向往。巴黎在20世纪80年代依然是欧洲最令人向往的城市，至少在大学生的幻想中是这样的。这个光景直到1989年的围墙倒塌后，才由柏林取代许多人心中巴黎原来的地位；第二个原因是，罗莎莉喜欢她在萨特哲学里发现的"个人的绝对自由"这个想法。

① 当时年轻世代的品位象征。

我是谁？

萨特认为，社会或心理特质并不会决定一个人，每个人都有自由去做他要做的事，他完全为自己负责。个人的特色是自己"创造"出来的。今天被各地消费产业重新唤起的公式"人应该要不断创新自我"正是源自萨特的话："人的面貌是由其行动刻画出来的。"行动就是存在。

当时的我也很喜欢"我的所有决定都仅取决于我自己的自由意志"这个想法。然而在那之前，我和罗莎莉却都没有积极利用我们的自由意志。与巴黎的那些知识分子相比，我们在科隆的生活颇为无聊，而这只因为我对于生活的胆怯吗？这个念头让我沉吟思索，同时也令我感到不畅快，我隐约感到有什么不对劲。这难道真的只在于我缺乏勇气吗？或者背后还隐藏着什么其他因素？罗莎莉毕竟还是改变了她的生活：她中断了大学学业，搬到斯图加特（Stuttgart）去上演艺学校。然而，演戏也不过只是个职业罢了；罗莎莉参加了"寻找自我"团体，找寻那个神秘的"自我"。当我们见面时，我总是以严厉的态度挑战她，我对她引述当时在科隆大学相当风靡的那位卢曼的话，我后来的博士指导教授将卢曼的理论从比勒菲尔德引进哲学院。我当着她的面义正词严地说，"我是谁?"这个问题"必然会引向一个混沌不明的境地，而且人们只能以虚伪的方式从这个境地脱离出来"。这番话丝毫没有打动罗莎莉。她还报名接受了心理咨询，对此我甚至也有一个卢曼的答案："心理咨询师对于道德的影响力很难评估，却肯定令人担忧。"心理咨询（至少当时的我如此认为）大约恰好与萨特的"行动就是存在"背道而驰。心理咨询是在寻找一个"可拿来作为其他一切之基础"的存在，而我当时认为这根本就是胡扯。

现在的我则觉得当时自己对罗莎莉的批判太过严厉了，我并没有注意到自己其实正以我私底下怀疑的标准去评断她，也就是"人是自由而不受内在与外在约束的"。当然这个人必须坚强得足以摆脱这些约束。而我也怀疑是否可以单纯只用一个人的作为来评断他，如萨特所说："人的面貌是由其行动刻画出来的。"这难道不是对人太苛求了吗？萨特究竟为何会这么想呢？

萨特的重要著作《存在与虚无》提出了一个想法：人是"受到了诅咒"而"成为自由"的。这本书大体上是萨特与其启发者胡塞尔（Edmund Husserl）以及海德格尔（Martin Heidegger）的思想讨论。胡塞尔是现象学（Phänomenologie）的创立者；其中的新意在于他不再像康德一样，以有着规定和法则的"隐藏的本质"或"内部的存在"去解释人和世界，而是采用完全相反的方法，如同现代的脑部学者一样，他也探索我们的"经验的各种条件"。康德虽然探究认知的条件，却没有研究经验的条件，因为他在不明就里的情况下就直接以它为前提；相对的，胡塞尔却把经验当成重点：我的感官是如何向我传达这个世界的呢？由于他并不是生物学家，因此他以许多美丽且清晰易懂的图像与概念去描绘我们的感官知觉，特别是视觉和认知的关系。他的学生，也就是那位著名而又具争议性的海德格尔，则将它们变成了一种生命哲学，一种对世界的"态度"。相对于胡塞尔精辟的概念，海德格尔的文字则有神秘主义色彩而晦涩难解，而这些文字也正因此而吸引了许多人，包括萨特在内。

萨特出版他的巨著时 38 岁。那是 1943 年法国被德军占领之际，而那些激起海德格尔认同感的纳粹党正是萨特的敌人。萨特加入了反抗组织，不过他在思想上依然欣赏海德格尔，和他的思想辩论更是《存在与虚无》暗藏的战争之一。第三帝国的学术泰斗与法国文化界的后起之秀，两者之间的分歧到了最大的地步：一方是乖僻、爱国、极度资产阶级的海德格尔，具备了社会主义者的政治双重道德以及小资产阶级对性爱的双重道德；另一方则是瘦弱矮小（仅 156 厘米高）的萨特，他对资产阶级深恶痛绝，企图摆脱一切政治与性爱的双重道德，总是挺直身子坚持绝对正直的道路。

萨特的父亲是名英年早逝的海军军官，母亲来自阿尔萨斯。20 世纪 40 年代初，他回顾自己那优秀的、市民阶级的童年与青少年时期：他在祖父家长大，受的是私人教师与精英中学的教育。他为自己定下了一个严格的工作规律，而习得令人惊叹的广博知识：他固定的阅读和工作时间是每天早上九点到下午一点、下午三点到晚上七点，并且终生维持这个规律。在哲学上，他深信没有什么可信赖的、至高的力量，在人类心中也没有道德的法则。他感觉到自己在祖父家中的多余，并认为每个人的处境也都同样是偶然且无助的。海德格尔视人类的存在为"被抛到生命里"（ins Leben geworfen），萨特则用自身的经验印证了这个形容。他以中学教师为职业，到法国许多城市去经历了多彩多姿的生活，其中有部分时间还有西蒙娜·波伏娃做伴，而她与萨特也曾有过一段情侣关系。1933 年希特勒上台，萨特就在这一年到柏林住了一年，并开始撰写富有自传色彩的小说《恶心》。他返国后便与波伏娃开始了他们在巴黎"自由的"生活，他们同居于巴黎一间小旅馆中。二战初期，萨特开始着手创作一部关于启蒙时代的作品。部分是在服役期间撰写的，当时他身陷德国特里尔（Trier）的战俘营，日子还算过得去。他于 1941 年因为眼疾而提前获释，并与波伏娃共同创立了一个反抗组织，对抗亲德的法国军事傀儡政权"维希政府"。萨特这时写了一些戏剧和小说，并开始撰写他的哲学专著。在德军于斯大林格勒（Stalingrad）会战失利后，他再度联系反抗组织并积极投身于政治。1943 年春，《存在与虚无》在纸张短缺的情况下仍然得以出版,这时萨特已经是位名人,一位法国知识圈人脉关系良好的重要人物。

《存在与虚无》的书名有个颇为简单的含义。萨特认为,人类是唯一能够思考"不存在的东西"的动物,所有其他动物都不具有复杂而完整的想象力,无法去想已经不再存在的东西,也无法去想尚不存在的东西,而人类却能发明出从未存在过的事物:他们能说谎。一种生物的想象力越丰富,它就越自由;而相反的(萨特如此认为),这也意味着人类作为"赤裸裸的存在",根本没有实体性。动物有固定的本能和行为模式,而人类却不同,人类必须先找到自己的行为模式:"存在先于本质。"萨特认为,神学家和哲学家一直误解这个事实,而都想探求规律和模式以定义人类,然而在一个没有上帝的世界里,这些由价值以及道德规范所确定的本质也就不再有意义了。人类的唯一存在就是他的感觉:恶心、恐惧、担心、无趣以及荒谬。萨特称自己的哲学为"存在主义"。

萨特彻底抹杀了前人投射在人类身上的一切,并强调种种负面的感觉。对于这样的严厉态度,我们也许只能理解为他对战争的经验。而他对惰性及空无的憎恶也同样强烈,对他而言,重要的是反抗(纳粹)以及建立新的东西,而这个感觉在哲学上则表现于萨特无数的行动号召中:"人就是自己所完成的结果",或者"只有在行动中才存在真实"，人没有任何借口可以无所事事、醉生梦死，因为这么做只是逃避自己和责任的行为，而萨特认为这就是自我欺骗。

对这位存在主义哲学家来说，在这里便推论出一个有挑战性的任务：在他不久后完成的《存在主义是一种人道主义》里，萨特将哲学家定义为启蒙者，其责任是教导他人如何自由地生活，并借此实现自我而成为一个人。萨特认为，重要的是人对自己所做的"规划"（Entwurf）。"人首先得是个规划，没有什么是先于这个规划存在的，而人首先将成为他所计划要成为的人。"根据萨特的看法，意志只是这种"预先规划"的一个结果：人先为自己拟订计划，然后才添加上适当的意志。萨特确实这样主张："我们所理解的意志，是一个有意识的决定；这个决定对我们大多数人来说，都是在人们为自己规划以后才形成的。"他这个想法不仅吸引了我的朋友罗莎莉，还启发了一整个世代的战后知识分子，让他们去过"规划"的生活。只不过这些强调个人色彩的规划却往往相似得惊人：这些存在主义者穿着黑衣，神色忧郁地往来于地下爵士酒馆、大学、电影院和咖啡馆，他们独一无二的地方就在于向时尚妥协。

直到 1980 年去世前，萨特的生活都是刺激而精彩的。他是 20 世纪法国最重要的知识代表和广受推崇的道德指标，至于他那关于人类自由的想法是否切乎实际，这一点则是见仁见智。个人真的拥有不受内在与外在约束的自由，就像艺术家设计艺术品一般能规划自我吗？倘若萨特是对的，也就是说，为自己所设计的这个"计划"是在意志之前的，那么人不仅能够摆脱所有的社会期望，甚至还能够驾驭他的本能、习惯、愿望、角色模式、道德观以及从小就养成的反应，就像是人只需要勇气去仔细考虑并改变这些外部与内部情况即可。萨特所谓的"自我实现"就像是对我们的心理的盘点：滞销品将被清空，架上取而代之的是更吸引人的货物。你那市侩的教育阻挡了你的前进吗？摆脱掉它吧！宁可去过艺术家或享乐主义者刺激而无忧无虑的生活！康德早已相信意志有巨大的力量，能够理性而自由地做决定；不过，他认为自由的行为也必须是善的行为，这也是个巨大的限制。萨特也有类似之处，他虽然不相信康德所谓存在于我们心里的"道德律"，但是"自由是自我决定，而自我决定是好的"却也是萨特所认定的方程式。

然而，意志自由是有争议的。如同我们前面曾讨论过的（见"利贝特实验"），现在大多数脑部学者都抱持着与萨特完全不同的看法。对他们来说，人类是不自由的。首先，人类是其天资、经验和教育的产物；其次，告诉我们该做什么的，并不是清楚的意识，而是隐晦的潜意识。

就算我能够摆脱掉外在束缚，我的愿望、意图和渴求却依然是不自由的；并不是我支配我的需求，而是它们支配着我！正因如此，许多脑部学者认为我是绝对不可能"重新发明"我自己的。

这确实是个令人沮丧的消息，因为我们必须承认萨特的自由哲学是很吸引人的。在穆齐尔（Robert Musil）那本当时让我着迷的小说《没有个性的人》（*Der Mann ohne Eigenschaften*）里，一开始便思考生命除了"现实性的感知"（Wirklichkeitssinn）之外，还应该有个"可能性的感知"（Möglichkeitssinn）。我是在一个可怕的莱茵威斯特法伦邦的小地方成长的，打从年少便有个深切的渴望，那就是睁开双眼去接收世上众多不同的可能性。然而若是实践或转化它们的自由意志根本不存在的话，那么这个"可能性的感知"又有什么意义呢？如果我真的因为我的经验、教育和塑造而在社会框架里被决定了，那么我的行为其实只是重复社会程序、扮演角色、满足规范和遵行社会脚本罢了，而我的意志、我的想法和我的机智，都只是意识形态与文化模式的反射而已。换句话说：我完全没有意志，也没有我自己的想象，我只是将它们记录到我的身上。

不来梅的脑部学者杰哈德·罗斯认为，我的意志和想法在脑部学者的眼中也是如此。那被我视为我的意志自由的东西，其实只是一面被我不当竖起的自由旗帜，其中的理由在于意识极度的自我膨胀。位于额头后面的前额叶皮质把许多成就都揽到自己身上，但它们其实只是提供服务而已："我们的知性可被视为一个由专家组成的团队，被控制行为的边缘系统所支配。"因此，真正"开放允许"我们行为的那个决定者是在间脑里，它们是经验与情绪的专家、感觉领域的管理员，即使它们对复杂的思考和权衡一无所知。虽然如此，边缘系统还是我们最终行为（只限于被认定是"情绪上可接受"的行为）的唯一决定者。

毋庸置疑，潜意识的黑暗势力不容忽视，问题只是：它会带来什么后果？如前所述，自由对罗斯来说是个幻想，而我们的确可以这么看；但我们也可以去问，意志自由是否真的取决于"我是否完全透视我的行为动机呢"？反过来问：我必须透视和控制自己到何种程度，才能让罗斯承认我至少具有一定的意志自由？

让我们看一个例子：在我有限的可能性的框架下，我相信我认识自己。从前，若是有个偏颇的政治或哲学意见让我感到愤慨，我会很难控制自己的感觉，因此我在大学里经常情绪激动。现在，当我与人争论时，我会保持冷静，而且也经常做得到。我从前虽然不想让感觉失控，却直到今天才让感觉乖乖听命于我的意志，个中原因在于"经验"。当我今天与人争吵时，我会坚定要求自己保持沉着，且一般都会成功。我会说：我的感觉学会了臣服于我知性的控制。这难道不能够证明"不只是感觉指挥知性，知性也指挥感觉"吗？当然，这个例子若用放大镜来看会变得有些复杂，因为我之所以会压抑我的激动，基本上也和我的感觉脱不了关系。我难道不是经常在这种充满火药味的讨论之后对自己生气吗？也就是说，这个"要保持冷静"的决定是"在情绪上可接受的"，是情绪所希望的。虽然如此，我还是认为我的自由意志影响了我的脾气，就算有些事情在我看来是情绪上"不可接受的"，我还是维持了沉着的态度。

这个例子的关键点在于：感觉具有学习能力！我小时候害怕的，现在不会再让我感到恐惧；而几个月前让我感到兴奋的，现在却觉得索然无味。这个"感觉的学习"肯定与我的知性有关，因此感觉和知性都融合在我的生活里，它们彼此影响；就算在某个具体的行为状态中是由感觉做决定，但长期来看，我的知性在背后也决定着我的感觉。虽然脑部研究目前仍无法说明这个冗长而复杂的作用过程，却不代表这个过程不存在，因为如果没有"具备学习能力的感觉"的话，成年人在面对一切状况时的反应和决定都与幼童无异，而世界也将一片混乱！

因此我们可以说：没错，我们在某种程度上是自由的，因为我们的确能决定自我。不过，这个自由会受限于

我是谁？

我们的经验，我们被我们自己的人生经历包围，成了我们自己的框架；然而，在这个框架里仍然可能会改变，只不过我们应该小心不要高估或低估这个自由，因为如果一个人裹足不前，那么他就不会有所发展；而一个人若是想依照萨特的想法完全发挥内在自由的话，他的要求将很快超过自己的能力范围。因为人类并非先自我规划，然后添加适当的意志；难怪存在主义的高唱入云、基督教的"爱人如己"以及社会主义在心理方面的过分要求都已不再流行了。

知性和感性两者间强烈而又相互的依赖性，说明了为什么人类的行为如此无法预知，也解释了为什么有这么多美好的想法和远大的目标——酗酒的人想戒酒、职员决定要对老板说出心中的想法——都无法实现。虽然对个人来说，这些听起来可能很不舒服，但是对社会却很可能是件好事。一个"所有人都能绝对依照自己的愿望实现自己"的世界，应该也不会是个天堂。而我们也许该想想，许多外在的约束确实有其正面意义：它们给了许多人稳定和安全，若是没有了它们，恐怕将不会是众人之福，因为人们应该不会想要脱离家庭、脱离家乡的温暖、脱离温馨的回忆而生活吧。

那么，针对"是心理决定行为，还是行为决定心理？"这个问题，答案也就是：两者都对。行为和脑部状态活跃地交互影响，呈现了由行动与存在、存在与行动组成的无尽连续性："行动、存在、行动、存在、行动"（Do be do be do）（嘟比嘟比嘟）。至于在这个串联里有多少自由的活动空间，则因人而异，并且它与生活条件也有很大的关系。我是否可以实现自我，也依赖于我在物质上的自由，即我的经济能力。由此我们便进入下一个与快乐和希望有关的主题：财产带来的自由和依赖问题。

第 30 章

鲁滨孙的废油：
我们需要私有财产吗？

　　我是个好人，而且非常大方，所以我决定将种在我花园里的两棵树送给你：一棵是我钟爱流连、弯弯曲曲的老樱桃树，另一棵是非常美丽的柳树。这两棵树你都可以拥有，但唯一的条件是：你必须向我保证不会砍掉它们或对它们做任何的处理。

　　怎么样？这个礼物让你感到失望吗？为什么呢？因为你一点好处也没得到吗？没错！然而究竟为什么呢？你回答说，因为如果能够随自己的意愿处理所拥有的东西，如此拥有它才有意义。原因何在？正因为它是属于我的！你说，私有财产的意义就在于可以对自己的东西、物品甚至动物为所欲为；一个你不能支配的东西，就不能算是你的。也许你说得对，那么我收回我的树好了。拥有一件东西却完全不能加以支配是没有用的。但是为何如此呢？

　　你说，私有财产是属于个人的。没错，它涉及个人和物的关系，与其他人无关。这么说也正确吗？你说，当然！你指着你的脚踏车说："这是我的脚踏车！"你指着你的夹克说："这是我的夹克！"这个以你对财产的理解为根据的基本原则，早在1766年英国人威廉·布莱克斯通爵士（Sir William Blackstone）就在他著名的《英国法释义》卷二里明确写出来了："没有什么比财产权更能刺激人类的想象力、更吸引人类的热情；财产权是一个人对外在事物的独占和控制，并排除这世界里任何其他个体的任何权利。"

布莱克斯通是个前卫人士，在当时很受欢迎。他在世时，该书就印行了八版，一整个世纪都被视为权威之作；而他的目标是不以传统的想法而以"自然和理性"为基础去建立法律系统。对他来说，财产是个人和物的关系。而我猜想你也会完全同意，你和你的夹克之间的关系，与任何人都无关。然而真的是如此吗？

让我们再来看看另一位英国人的作品。该书写于1719年，也就是在布莱克斯通的释义出版前约50年，作者是个经商失败的生意人，名叫丹尼尔·笛福（Daniel Defoe），书名叫《鲁滨孙漂流记》。他于60岁出版这本书时，已经历了非常坎坷的人生：他参与过反抗英王的起义、坐过牢，并以烟酒买卖致富；不过好景不长，英法战争让他损失了好几批价值不菲的船货而终至破产。最后他

我是谁？

开了一间砖瓦厂并兼职当记者勉强糊口。

他最关心的两个主题是宗教和经济。他是长老会教徒，和当权的英国国教对立，也极力争取宗教宽容；1692 年的破产对他造成莫大的影响，使他越来越投入政治和经济的游戏规则。他在许多文章里大力鼓吹建立新的财产制度，如废除传统贵族的特权、重新整理英国的地产。他对经济、社会以及文化方面的改革建言源源不断，而这些建言也确实引起各方讨论。对此感到自豪的他甚至为自己在名字中间冠上了自己发明的贵族称号"De"（"笛"福）。不过，笛福在著作中如此激烈对抗贵族的特权，却偏偏以贵族称号自我包装，不免有点讽刺。1703 年，教会和政府当局以"煽动性的诽谤文章"为由使他再次短暂入狱。

他这本畅销著作写于和水手亚历山大·塞尔柯克（Alexander Selkirk）的伦敦邂逅之后，当时塞尔柯克的故事在伦敦曾轰动一时。这名水手在 1704 年秋天反叛船长。塞尔柯克的五港同盟号船（Cinque Ports）被凿穴蛤啃蚀破坏，他基于安全考虑坚持不再随行出海。船长为惩罚他的行为，便将他放逐到位于智利海岸外、胡安费尔南德斯群岛（Juan-Fernandez-Archipel）中的孤岛马萨提拉（Masa Tierra）。后来五港同盟号果真沉船，船员几乎悉数罹难；塞尔柯克则独自在马萨提拉岛住了四年又四个月。

1709 年 2 月，一艘海盗船救了他。讽刺的是当年放逐他的那位船长已被降级当船员。塞尔柯克以英雄之姿回到伦敦，但不久后多舛的命运再次把他抛到无边的大海。笛福的脑筋转得很快，将塞尔柯克的故事改编成一部冗长的冒险小说。他让这位英雄与世隔绝地生活了 28 年，并加入无数对宗教和经济政策的观点。其中的一个重要主题就是"财产"。

让我们看看笛福笔下的鲁滨孙这个角色，了解为什么财产对他来说如此重要。请你想象自己是鲁滨孙，必须在马萨提拉岛生活 28 年。这是一座多山的岛屿，从沙漠般贫瘠的海岸延伸出绿油油的山地景观，树林和草丛组成了茂密的植被，山坡上长满了高大的蕨类植物；气候冷热适中而怡人；岛上四处都可见到被你不认识的海员所留下的羊群。在你勘察过这个岛屿并发现这一切都还未属于任何人之后，你开始宣称：这棵蕨类植物是我的，这些羊群是我的，这只鹦鹉是我的财产，这座由我盖起来的房子只属于我一个人。你甚至可以说：这条海岸线是我的，这片海是我的。而鲁滨孙正不断这么做。但他为什么要这么做呢？这么做当然是毫无意义的，因为只要没有其他人来把你的东西占为己有，那么你的所有权根本可有可无。

你将发现，财产的想法其实只有涉及其他人时才会变得重要。我不需要对我的手机宣告它属于我，但是当有别

我是谁？

人想侵占它时，我就必须向他声明这个手机是我的所有物。因此，财产并非只是人和物之间的问题，更是人与人之间的一种"契约"。布莱克斯通提到"排除所有其他个体的权利"，也承认了这一点。不过，布莱克斯通这句关于财产"独占和控制"的话也许对鲁滨孙适用，却并不适用于我们现在的社会。

对于我花钱买的巧克力棒，我的确可以独占而控制，可以不经任何人同意就吃掉它。但是在一个不是孤岛的世界里，我却不能像鲁滨孙一样随时随地自由支配我的财产。要是鲁滨孙有废油要清理，他大可倒入海中；而我却不能将我汽车的废油任意倒入海中，没错，我甚至不可以倒在自家的花园池塘里，因为我可能会因污染环境而被告发；如果我把房子租给别人，就不能不征求房客的允许或先行告知便擅自进入；我也不能闲置待租的房子；我不能虐待我的狗或把它训练为斗犬，这可能使我被控虐待动物；即便这一切——汽车、废油、花园池塘、房子和狗，都是属于我的。

财产权是个复杂的议题，"财产权是我和物之间的关系"此刻看起来几乎站不住脚了。因为财产权一方面应该是人与人之间的契约，另一方面这个物并不单单只是物，更可说是由权利与义务组成的复杂而完整的事物。德国基本法甚至明白写着"财产权负有义务！"（Eigentum verpfiichtet！）然而这就解释了一切吗？其实并没有。

因为鲁滨孙的例子还没完，他虽然到处寻找并标记属于他的财产，却也没有那么天真。当他宣告岛上"渐渐喜爱"的所有东西都是他的财产时，心中很清楚没有人会来争夺它们。如果有人问他的话，他会回答说，所有权就是人与物之间的关系，虽然法学家不这样想。鲁滨孙对于所有权的声明，是他的心理和物的关系。比起那些不属于他的东西，他与他的财产关系更加亲密。对他而言，属于他的财产才是重要的，而其他东西则无关痛痒。

人与财产之间的心理关系，也就是对属于我的物的"爱"，是人类心理最晦暗不明的部分。这一点着实让人惊讶，因为这个"爱"，对"渐渐喜爱"的对象的渴望和拥有，在我们的社会中扮演了重要的角色。这个领域的研究先驱——齐美尔（Georg Simmel），是柏林的社会学家，他对心理学的历程有非常敏锐的理解力。除了许多其他社会现象以外，他还研究对象在人的自我价值感里扮演的角色。

1900 年，这位当时 42 岁的大学编外讲师出版了《货币哲学》（*Philosophie des Geldes*）。虽然齐美尔并没有谈到鲁滨孙，却让我们明白为什么鲁滨孙像狗划定领域一般在岛上四处标记财产。人一旦得到了某件物品，就会宣示为自己的所有物，即使只是如鲁滨孙一般象征性为之。我们

我是谁?

也可以说，他把这个东西"融入"自己，变成了自己存在的一部分。这个"融入"的行为有两个方向：物融入自我，以及自我融入物。用齐美尔的话来说："'拥有'的整体意义一方面在于触动心灵的特定感觉和脉动；另一方面，'我'的范围也得以扩展，超越这些客体的外在，进入它们的内在。"因此，财产权或拥有是经由对象来延伸心理的一种可能性，或如齐美尔所说的"扩展自我"。

我生活周遭的对象，都应该是我的对象，并且是"我的存在"的一部分。穿在我身上的衣服，为我的性格塑造显现于外的样貌，我在别人眼中的样貌；我开的汽车也一样，借由这一交通工具，我有了一个形象，一个在我和其他人的目光里的自我形象；摆在我家客厅的沙发不只是勾勒了一个空间，也勾勒了我自己。我的品位表现于外的符号表现我的身份认同；开保时捷的人、戴劳力士的人或留有北美印第安易洛魁族（Irokesen）发型的庞克族，都是性格色彩鲜明的身份认同。

就算鲁滨孙不想把自己设计成某个族群（蓄着大胡子、穿毛皮裤和撑着阳伞的隐者），却仍然符合齐美尔所描写的：扩展自我并延伸到他拥有的物。在小茅屋盖好之后，鲁滨孙成为屋舍主人而感到骄傲，而捉到羊只并豢养它们，他内心也充满了当农夫的骄傲。当每个让他骄傲的时刻出现时，鲁滨孙都以他拥有的东西来塑造自身的形象。他必须创造出无人荒岛不能反映出来的东西。用齐美尔的话来说："我的感觉超越其直接的界限，扩大到它只能间接接触的客体，这证明了占有它只是意味着人格延伸到它里头，且在支配它时扩张其领域。"

然而，为什么人们会在他们获取的财产里"实现"自我（虽然程度各异）？为什么这个"获取"比"拥有"本身更重要，而且"拥有"相较于"获取"显得颇为无趣呢？对于争取物品的欲望及其伴随的情绪，至今的研究并不多。齐美尔认为，猎人以及收藏者的工具和武器就是"自我延展"至物的雏形。今天，物的取得（包括形象的取得）是工业化世界里最重要的快乐来源。一个可能的解释是，在这些国家里，其他快乐来源已经没有价值了。值得争议的是，"爱情寿命的缩短"是不是消费行为的结果？就如同人们经常说的：爱情成为一个由短暂的欢愉、获得和抛弃组成的市场。

不过，这个逻辑其实也可能正好相反：由于爱情不能保证天长地久，因此我宁可选择消费来逃避，因为消费比爱情可靠得多。如此看来，无节制的消费行为可以说是生活的焦虑或舒适安逸的表象，甚至两者皆是。因为他人的感觉世界过于复杂，所以我宁愿信赖更可靠的客体图像和感觉世界：一辆奔驰车五年后还是奔驰车；而我爱的人、伴侣或朋友却无法保证如此。这或许也可以解释为什么年

我是谁？

纪稍长的人在平稳的生活条件下偏好能维持长久的、价值较高的东西；而年轻人对于情感稳定性的需求则比较低，反而是对快速的变化（如时尚）更有兴趣。

从文化史的角度来看，"对物的爱"在工业化国家已经到了前所未有的高峰。因此，我们也正在参与一项巨型社会实验：我们的经济是以全新而短促的"喜新厌旧"的节奏运作；除了某些宗教教派以外，没有任何社会曾经质疑财产的占有权。就连共产主义，例如东欧国家的国家社会主义也不反对私有财产。他们禁止的只是私人占有生产工具，因为生产工具能创造"剩余价值"，而这个剩余价值会以资本主义的方式让占有的分配更不均。在人类的历史里，还没有任何社会或生活形态像今日的工业化世界如此依赖财产的取得来自我定义。

"财产是什么？"这个问题并不只是法律问题，也是心理学的问题。因为财产让自己的情感得以稳定延伸，即使有时候会牺牲其他社会延伸的可能性。追求财产对于产权人要求的代价为何，这个问题至今依然不受心理学青睐。相对的，几个世纪以来不断讨论的是"追求和拥有财产对于社会其他成员要求的代价"是什么。而在这个问题的开端便存在一个哲学的问题：如果财产真的是一个契约的结果，那么这个契约是根据哪些基本原理产生的呢？一个公平的社会秩序具有哪些原则呢？

第 31 章

罗尔斯的游戏：
正义是什么？

　　我们来玩个游戏：试着想出一个真正正义且完全公平的社会吧！我们有一块游戏板和一组棋子，你我两个人担任裁判，决定游戏规则，让所有参加者都有机会获得最好的结果。我们的前提是：一群人共同生活在某个封闭的地方，也就是我们的游戏板。里面有人们需要的所有东西，每个人都有足够的食物和饮料，温暖舒适的起居室和足够的空间。里面有男有女，有老有少。为了使我们在这个理想的社会真的可以从零开始，我们规定在游戏板上的人都对自己一无所知：他们不知道自己的贤愚、美丑、强弱、年纪或性别。在他们的个性、偏好和能力之前挂着一片"无知之幕"，他们是一张没有生平记录的白纸。

　　这些人必须看看他们怎样和平相处。他们要有规范，才不至于陷入混乱和无政府状态。当然，他们首先都想满足自己作为人的基本需求：要能取得饮用水，要有足够的

我是谁?

食物和温暖的寝室。其他需求都还未知,因为无知之幕让他们无法看清和评估自己;因此人们得聚在一起,在所有一切都还完全不确定的状况下找寻规则。

你认为人们首先会在哪个基本原则上达成共识呢?这个问题可是一点也不容易,因为在无知之幕背后,没有人知道他在真实生活里是谁,也没有人可以预见什么是对他最好的。无知之幕让人个别的需求不能影响其决定,它应该要承诺公平,并确保所有人共同的需求都得以实现。由于人在无知之幕的另一边的真实情况中可能并不具备一个好的初始条件,因此我们建议应设想自己为最弱势的角色,最好是采取一般大众的立场,并积极支持一些也能照顾到最弱势者的公平规则。因为没有人会甘冒风险,没人能够评估自己是否承受得起风险,所以这组人列出所有的建议来分配一切重要的基本物资。接着他们为这些建议规定一个大家都能接受的优先顺序,以保证每个人都得到最基本的自由和物资。为了避免有吃亏或占便宜的情况,我们可以制定以下的规则:

(一)每个人都拥有相同的基本自由。个人的自由只能因为涉及其他人自由的缘故而加以限制。

(二)社会和经济上的差异必须符合如下条件:

1. 所追求到的富裕必须也能为最弱势者带来最大可能的好处。

2. 存在公平的机会均等。一切物资原则上必须是开放给所有人的。

您相信或至少同意以上所描述的吗？倘若如此，您就是美国哲学家约翰·罗尔斯（John Rawls）（这套模式的原创者）的知音了。罗尔斯在成为哲学家之前有过一段非常精彩而丰富的人生。他在家中排行老二，有两个兄弟在一年内相继死于白喉；其中一个是他的幺弟，而他是被约翰传染后死亡的。罗尔斯的父母都热衷政治：母亲积极参与妇权运动，而当律师的父亲则是活跃的民主党党员。罗尔斯就读于昂贵的私立中学，之后则进入享誉盛名的普林斯顿大学。然而就在此时，美国宣布加入第二次世界大战战局；罗尔斯被征召入伍，到太平洋地区的新几内亚和菲律宾担任步兵。美军在广岛和长崎投下原子弹之后，罗尔斯来到日本，并在广岛亲眼见到原子弹造成的可怕后果。这时军方给他提供了晋升军官的机会，他却因震撼太大而辞去职务。他回到大学里完成关于道德哲学的博士论文，主题为"人类性格批判"。作为哲学家之后的罗尔斯一帆风顺。1964 年他来到马萨诸塞州的波士顿附近，在著名的哈佛大学担任政治哲学的教授。然而他不是杰出的演说家，说话结巴，面对人群时显得羞怯，但在同事、学生和朋友面前则是个文雅的绅士，总是态度谦逊且专注倾听。人们在他的办公室里看到他脱了鞋把脚放在沙发上,大腿上摆着一本笔记本。与人谈话时他总会不断做笔记,更将谈话内容加以整理并送给对方。他从不觉得自己是个大哲学家,而只是个把探讨哲学视为与他人共同思考的人罢了。1995 年起他经历了好几次中风,这也严重影响了他的工作。罗尔斯于 2002 年去世,享年 81 岁。

虽然罗尔斯写了四部著作以及数量丰富的论文,却只有一本书会与他共同在哲学史留名。这本书也许是 20 世纪后半叶最著名的道德哲学作品:《正义论》(*A Theory of Justice*)。书名虽然听起来平凡无奇,却是现代道德哲学的伟大尝试。其背后的基本原则极为简洁明了:凡对所有人都公平(fair)的,就是正义的。而一个社会若是符合自由且平等的人们所设想的,那么它就是公平且正义的社会。换句话说,如果每个人在知道自己的社会位阶以前都赞同某个社会制度,那么该制度便是正义的。

其首要原则是:在一个自由的国家里,所有人民都享有相同的基本自由。然而,由于人们的天赋和需求各异,因此在这个国家里便自然会逐渐产生社会和经济的差异。有的人比其他人更有能力、更有商业头脑或只是运气更好,而这便足以让他比别人更富有,这是难免的。为了使国家继续依循着公平的基本准则,罗尔斯又定了第二个原则:社会和经济的差异虽然无可避免,只有在符合"最弱势者仍能从中享受最大可能之好处"的前提下才能被接受。

　　罗尔斯后来表示，该书其实只是写给几个朋友看的，没想到造成了极大的轰动。它被译为 23 种语言，在美国其销量超过 20 万册。这个成功让罗尔斯坚定地继续修改他的理论。他花了 30 年的时间修正这个模型，不断加以补充和增订。从哲学史的角度来看，这个模型背后的想法其实已经有很长的历史。希腊哲学家伊壁鸠鲁（Epikur）（见"远方的花园"）就曾经希望国家建立在一个共同合意的契约之上：一个理想的国家，就是其社会成员在心智完全健康的情况下自愿以契约来建立的国家。英国哲学家霍布斯（Thomas Hobbes）和洛克（John Locke）于 17 世纪便撷取了这个想法，并设计出精心琢磨的契约论；连卢梭也写了《社会契约论》。相对的，契约理论在 20 世纪却已陈腐过时。维特根斯坦甚至尝试将道德伦理从哲学里整个剔除掉；关于人类应该如何生活的言论，对他来说都显得不合逻辑而无意义。因此，当罗尔斯于 20 世纪 60 年代末重拾社会契约这个古老的传统时，让人倍感惊讶。

　　从政治上来看，他的理论在那个不稳定的时局里并没有什么人买账。1971 年，越战到了最胶着的状态，也造成国内反政府的大规模示威抗议。西方世界到处都有关于国家和财产制度、公民权和个人自由的激烈辩论，资本主

我是谁？

义和社会主义形成水火不容的对峙情势，而双方都在越南和捷克各自露出丑陋的面貌。就在这样的背景下，罗尔斯的著作完全不经意地出现，成为一个大和解的尝试。然而，他那套强调社会衡平的系统对右派人士而言过于左倾；对左派人士而言他却是畏首畏尾的自由派。如此具争议性的敌友界线，使这个极为缜密的正义理论成为哲学界的震撼弹。

保守的批评者喜欢诟病说，罗尔斯所设想的初始状态并没有多大意义。卢梭早知道那只是个幻想，而罗尔斯当然也清楚这一点。关于他们的认知价值其实见仁见智。但批评者认为，每个人都知道在真实世界里的一切并非如此，而且这还有个很好的理由：正义和公平根本不是人类真正的动力。罗尔斯所谓以初始状态建构正义的要求，在现实中其实远不如他所描述的那么明显。比正义更重要的是自私以及对自由发展自我的要求，而这个动力可以在所有社会里观察得到。18 世纪的道德哲学家亚当·斯密（Adam Smith）不就曾剀切地指出，引领社会向前的（无论在经济或是道德领域）并不是正义，而是自私吗？"我们不会期待肉店老板出于善心给我们食物，而是为了他自己的利益给我们。"为了得到好处，肉店老板必须以尽可能公平的价格来卖肉，不是卖得价格比其他店家低，就是至少要考虑到其顾客的经济能力。如此便产生了一个运作的群体，也就是一个"自由的市场经济"。

根据亚当·斯密的《道德情操论》，财产的追求就像"一只隐形的手"一般引导我们，并"在不经意中，也就是我们不知情的情况下，促进社会的利益"。亚当·斯密在 20 世纪的信徒——其中首推罗尔斯在哈佛的同事诺齐克（Robert Nozick）——都以这个方式来为社会的现状辩护，因为每个社会都是人类真实动力下形成的不同结果。而其他的动力则不是像建筑师在制图板上规划出来的那样。因此诺齐克认为，罗尔斯想以公平原则找到群体的规范是大错特错的，因为社会并不需要这种基本准则。为什么人类在竞争有限的天然和社会资源时，就不能理直气壮地享受他自然拥有的才能、平白获得的天赋以及幸运得到的起跑点优势呢？为什么他的成功总是必须要为其他人带来好处呢？若是他的成功大体上也有利于他人，这难道还不够吗？对诺齐克来说，罗尔斯是个完全低估人类真实天性的假社会主义者。

罗尔斯是个社会主义者？这个看法在真正的社会主义者当中只会引来尖酸的笑声，而他们的批评点也是那虚构的"初始状态"。他们认为就算人类在"无知之幕"的背后再无知，也都还是自由的人格。把"人"的意志设定为正义理论的起点并非毫无问题。众所周知，在社会里并非所有人都是完全自决和自由的，例如儿童以及重度智障者，他们因为懵懂无知而不能参与决定。如果单纯考虑成年人的需求和利益的话，那么人们大可以将他们（至少是孤儿以及无亲属之重度智障者）排除在外。如此看来，就算是在虚拟的结构里，"所有人都均等"仍是个困难的起点。也许所有人在原则上都具有"相同的需求"，但光凭这一点却不会使他们变成"相同"的。

如果我们把罗尔斯的初始状态理论应用在不同的国家或地区的话，这个平等问题将变得特别棘手。虽然"相同的需求"能让社会繁荣和进步，但是它难道不会使这个社会将其他社会排除在外吗？彼得·辛格（见"香肠和干酪以外"）解释说，富裕国家的人民可能会在考虑所有人的利益后达成协议，将利润在国内加以分配，却不会分享给其他国家的人民。也就是说，"世界上所有人都具有相同的需求"远比罗尔斯所认为的困难得多。再者，关于财产的问题也是莫衷一是。诺齐克觉得过于左派的，在左派批评者眼中仍然太过右倾。"财产所有权"对罗尔斯来说还是属于政治上的基本自由。财产权让人们成为独立的个人，并有助于建立自尊心。只有尊重自己的人才有能力尊重他人，也就是做符合道德的行为。对若干左派的批评者而言，财产权在罗尔斯的理论里非常重要，有些人甚至太倚赖它了。关于这一点是很有争议的，虽然罗尔斯并不乐意在这一点上争论；《正义论》书末有个完备而仔细的索引，其中却独缺"财产"和"所有权"。

尽管罗尔斯非常努力地寻找一个政治上无偏见的并且让每个人都能接受的基本原则，但是他仍然无法让所有人满意。不过这并不稀奇，因为不曾有一本哲学著作能够让所有人赞同。就算有人要写这样的书，也必定无甚重要性可言。如果我们不带任何左派或右派的政治视角来检视三个对罗尔斯理论最重要的批评的话，我们可以说：

造成意见分歧的第一点就是社会模型，也就是建立在虚拟结构（初始状态）上的价值问题。这个初始状态（与其他契约理论不同）并不是自然状态，而是社会状态，因为传统自然状态（例如霍布斯）中所有的性质在这里都找不到，如暴力、无政府状态和无法治状态。罗尔斯的初始状态比较像是很文明的合作；其物质的基础（足够每个人使用的物资）比较令人联想到瑞士，而非撒哈拉沙漠或 17 世纪霍布斯所处的贫穷而悲惨的英国；另外，一切大自然的困难和匮乏都被排除，好让人类发挥善良天性并顺其发展。倘若罗尔斯的初始状态充斥着灾难和匮乏，那么在无知之幕下的"团结一致"也不会持久：一个即将发生洪水的地方，没有人会讨论机会均等的问题，而是为自己争取船上的位子。

第二点是：正义是否真的如罗尔斯所言，是社会中如此关键的因素？初始状态里排在第一位的是自由，自由会被第二优先的正义所限制，而正义又是由机会均等和社会衡平决定的。排第三位的是效率和富裕。正义的高位值使得罗尔斯受人尊敬，让人喜欢他的理论。像科威特如此独裁却富裕的国家，在他眼中的价值并不如一个贫穷的民主国家。他的批评者则把其他的"物资"，如无限制的自由、稳定或效益等看得比正义更重要；他们宁可要一个富裕、稳定却无正义的国家，也不要一个公平却贫穷的社会。然而，当功利主义者将富裕所带来的快乐总额放在天平上（见"贝莎姑妈不应该死"）时，罗尔斯却坚持正义的总额。功利主义者的准则是："对众人而言是好的，也就是正义的。"罗尔斯却坚持："合乎正义的，对众人而言才是好的。"讨论得再多，这两个"价值"依然不会有绝对的高低之分。也许有一些比较讨喜或不讨喜的价值，但是价值的天性正在于它们是主观而不是可以客观证明的。即便是像罗尔斯如此缜密的理论，也无法摆脱这个问题。

第三点是"理性"的问题。罗尔斯的哲学家立场刚好符合制宪者的立场。他理性、衡平、逻辑且公平地设计出一个普遍适用的秩序，这个秩序几乎考虑到所有男人和女人的需求（可惜排除了重度智障者）。他同时认为自己的基本原则也适用于其他所有人，不过重点在于是否每个人都像罗尔斯一样明智、坚定而理性呢？"感觉"和"情绪"这两个关键词和"财产"与"所有物"一样，都未见于索引。虽然《正义论》还是经常提到"财产"问题，"感觉"问题却几乎不受重视。这一点尤其令人感到惊讶，因为整个理论可以说都是以一个感觉为基础，也就是"正义感"！在无知之幕下的初始状态中，这个正义感的来源是自私。我自己的风险会引发恐惧感，因此我寻找能够减轻恐惧感的普遍性规则，因为这些规则可以保护每个人。如此说来，正义感就是被疏导过的恐惧感啰？我们无从得知，因为罗尔斯不谈感觉。

他在理论中并没有交代一个具体的感觉，而只是提出了一个"对正义的感知"，也没有清楚解释其心理学背景。因此其他类似的感觉，如醋意和嫉妒，也会面对类似的问题。罗尔斯尤其苦恼的是，弗洛伊德关于正义的理论正是建立在感觉的基础上：只有吃亏的人才会大声疾呼要求正义！而罗尔斯却和马克·豪瑟（见"站在桥上的那个人"）的看法接近，觉得道德感是人类的天性。只不过罗尔斯并没有深入探讨被他视为基础的这个本能。这可能也因为他和康德一样，都非常传统地视之为先天的理性法则，而不是一种感觉。

正义或富裕何者更为重要，这个问题是罗尔斯与功利主义的分水岭（见"贝莎姑妈不应该死"）。如果像边沁和穆勒（John Stuart Mill）等功利主义者提出"如何从每

我是谁？

个自由之个人的快乐需求产生出一个正义的社会"这个
问题，那么罗尔斯就必须展示一个正义的社会如何能够为
所有人带来自由以及快乐。对边沁和穆勒来说，国家是
"必要之恶"；罗尔斯则认为它是个有道德的立法者。这
条线划分了迄今为止政治的阵营。正义究竟是国家的责
任，还是个人的自我道德责任？边沁和穆勒认为，如果只
涉及个人的利益，且其行为不至过分限制或影响社会其他
成员的话，国家并没有插手的余地；国家扮演的角色应该
像个夜巡者，只有在发生火灾时才启动警铃。罗尔斯却认
为国家应在许多地方注意利益的衡平，它比较像是明智的
领导者和尽心尽力的教育学家。个人生活形态的多元性
（罗尔斯去世前关心的最大主题）不能威胁整体社会的多
元性。他认为一个对所有不同政治、世界观或宗教团体都
无限包容的国家，很容易毁坏自己的运作基础。换句话
说，当私人的多元性危害到政治的多元性，也就是它终止
的时候。

　　这两个理论都反对齐头式的平等，例如国家社会主
义。一个一味追求平等的社会是违反人类天性的，将会停
滞不前或走下坡。就连其精神领袖马克思和恩格斯在
《共产党宣言》里也承认："个人的自由发展是所有人自
由发展的基础。"

　　有趣的是，每个关于正义的理论（包括罗尔斯的在

内）都认为正义是幸福的基础，虽然正义在关于幸福的哲学里似乎并不是最重要的。尤其是罗尔斯以他诚恳而客观的态度来定义快乐："人的幸福定义为在合适的情况下最理性而长远的人生计划；当一个人在实行这个计划时有些成就，那么他就会感到幸福。简而言之，善就是理性需求的满足。"罗尔斯在总结里用"善"这个词取代了"幸福"，如此理所当然的做法颇令人惊讶，因为"善是幸福"是对人类天性极为荒唐可笑的看法。从心理学来看，《正义论》当然还有修正的空间；然而，如果幸福并不是源自善，那么其中还缺了什么呢？

第 32 章

幸福之岛：
快乐人生是什么？

世界上最快乐的人们生活的地方没有柏油路，也没有什么值得称道的地下资源。他们没有军队；居民都是些农夫、渔夫或餐馆的工作人员；他们的沟通颇有障碍，因为他们生活的国家有世界上最高的语言密度：20 万居民使用 100 多种不同的语言；这些最快乐的人平均寿命偏低，约 63 岁。一位当地报纸的记者说："这里的人们很快乐，因为他们要求不多且容易满足；生活围绕着群体、家庭以及互助合作。这是一个人们不必担心、烦忧的地方。"他们唯一害怕的就只有热带风暴和地震。

如果我们采信"新经济基金会"（New Economics Foundation）在 2006 年公布的"快乐星球指数"（Happy Planet Index），那么瓦努阿图（Vanuatu）便是世界上最快乐的国家。"瓦努……什么？"没错，这个国家确实存在。它是位于南太平洋上默默无闻的岛国，老一辈的人也许在学校里的世界地图上还曾看过"新赫布里底群岛"这个旧名。调查里问及对生活的期待、一般的满意度以及人们和生存环境的关系。根据这项调查，最适合人类的环境就在一个火山岛上，人口密度约为每平方公里 17 人；温和、阳光充足的气候，茂盛的植被；在宗教上融合了自然宗教、新教、英国国教、天主教和基督复临会；简朴却实在的工作，且有许多是自由职业者；政治上采用国会民主制，有个权力很大的总理、一个无实权的总统和英式的法律制度。不过，这项调查的发起者，包括环境组织"地球之友"（Friends of the Earth），根本不想知道得如此详细。他们原本只是想知道人类必须干预大自然并破坏环境到何等严重的地步，才能创造出让自己快乐的条件。而最后优胜者瓦努阿图提供的答案是：要获得快乐并不需要以破坏环境为代价！

与这些火山岛相较，工业化世界中的富裕国家，那些先进、平均寿命很高的国家以及具有无限消费、休闲和娱乐可能性的地区，它们的快乐因子可以说是少得可怜：德国的排名在 81 位，是欧洲第四快乐的国家，只排在意大利、奥地利和卢森堡之后，不算太糟：广受赞誉的北欧国家如丹麦（112）、挪威（115）、瑞典（119）和芬兰（123）则全都排在这份名单的下半部；中国、蒙古和牙买加等国家比它们都还快乐得多；生活品质感受最糟的则是所谓"自由的国度以及强者的故乡"美国（150）、宝石与油矿丰富的科威特

(159) 以及卡塔尔（166）——这些国家的公民都享有政府年金而不必工作。在 178 个国家中，几个可怜的倒数国家包括了俄国、乌克兰、刚果、斯威士兰和津巴布韦。

我们暂且先不去想瓦努阿图快乐的日子其实也所剩无几了，因为全球变暖和上升的海平面在不久的将来大概也会把这座"亚特兰蒂斯"（Atlantis）给冲毁。我们更想知道的是：究竟有什么是我们可以向南太平洋这群快乐的人学习的呢？他们给我们上的第一课很简单明了，而且也肯定是调查者所要达到的目的，即财富、消费、权力和长寿并不能让人快乐！特别是当前，即使在富裕的西方国家中，民众的平均所得也不再增加的时候，这个信息更显得有趣。我们推测，正因为如此，聪明的经济调查中心如"新经济基金会"才会研究金钱究竟能带来多少快乐，而收入和财产是否真的适合用来测量一个社会的快乐与成就。"快乐经济学"（Happiness Economics）在这方面是个很有助益的新兴研究领域，而得到的认知结果也非常重要。比如说，快乐经济学家透过问卷调查发现，美国人的实际收入和生活水平从 20 世纪 50 年代至今增长了一倍；而自认为快乐的比例却并没有相对增加，反而在过去 50 年内呈现了几乎不变的状态。另一项研究的精确计算得出，人均年收入约从两万美元起，快乐的程度就不再随收入增加的比例提高。对于这个"快乐增长不足"的现象，一个根本的解释是："获取"本身虽然可以（短暂地）带来快乐，"占有"却不能（见"鲁滨孙的废油"）。某个要求一旦被满足，马上就会产生新的要求，因为人们很快就会习惯所拥有的东西并视为理所当然。因此，财富是相对的概念，人们的富有程度总是依据自己的主观感觉，而其周遭的人则通常提供比较的标准。例如，一个在德国领取失业救济金的人，就算能以这些钱成为加尔各答的财主，也不会觉得自己很富有。

奇怪的是，我们的生活对于这个研究结果几乎无动于衷。"有足够的财富而不必工作"至今仍是工业国家中人们最普遍的生活梦想。正因为如此，我们辛苦干活并投入生命中最多的时间，即使我们大部分的人永远都无法达到真正"自由"的境界。财富和声望处在我们个人价值体系的最高位阶，甚至超越了家庭和朋友。这并不让人讶异，因为快乐经济学家列出的价值等级表正好与其相反。他们认为，没有什么能比与他人的关系（家人、伴侣、孩子和朋友）带来更多快乐；第二位是在考虑个人健康和自由状况下，觉得自己能对社会做些有用的事。如果我们相信这个指标的话，那么富裕的西方世界里的大多数人都有着错误的金钱价值观。他们"有系统地"做着错误的决定，追求一个可能永远达不到的安全感；他们为了更高的收入而放弃自由和自主权；他们购买自己不需要的东

我是谁?

西,为的是吸引他们不喜欢的人的目光,用的是不属于他们自己的钱。

这个错误看法的问题在于:不仅我们的心性,同时还有我们的整个社会体系,大体上都建立在这个物质定位上。早在 20 世纪 50 年代,作家伯尔(Heinrich Böll)有一篇短篇小说《职业道德沉沦轶事》 (*Anekdote zur Senkung der Arbeitsmoral*):在一个地中海的港口,正午的艳阳下躺着一名无所事事的贫穷渔夫。有一位观光客对他说话,并试着说服他应该去捕鱼。"为什么呢?"渔夫想知道。"好赚得更多的钱啊!"观光客回答。他迫不及待地计算着,多少次的额外渔获就可以让这名渔夫变成一位富人和拥有众多雇员的老板。"目的何在呢?"渔夫又想知道。"为了拥有足够的财富,好悠闲地躺在阳光下享受宁静的生活呀!"观光客解释说。渔夫听了之后回答说:"但是这件事我现在就可以做了啊!"接着继续倒头睡去。

我回想起这个故事,是因为我在中学时就必须读。这篇故事收录在我们的德文课本里,然而我当时的那位年轻女老师对这篇文章却颇不以为然。我大部分的同学很快就接受了这个故事给我们的教训,"乖乖地"冷却自己的学习热情。但老师仍不断质疑为什么一篇态度如此消极的故事竟会出现在课本里,而且被视为有教育意义。她支持故事里的那位观光客,并努力说服我们:渔夫如果有更多钱的话就可以负担更好的医疗保险，退休金也将更有保障。不过这篇小说毕竟是伯尔而不是 AOK 保险公司写的。伯尔真的会想要主张确保稳定的资产阶级生活、避免不必要的风险吗？

可以确定的是，比起我那位德文老师对于保障的渴望，快乐经济学家们应该更欣赏渔夫的态度。他们认为一个国家的离婚率和失业率比国民生产总值更能说明国家的幸福程度。而他们也有意付诸实行：他们不以国民生产总值来测量人民的满意度和政府的成效，现在需要的是一个"国家满意指数"，而这确实是当下应该做的思想改变。在这方面特别积极投入的是英国伦敦政治经济学院（London School of Economics and Political Science）的经济学家理查·莱亚德（Richard Layard）。莱亚德十分确定：生活中除了不断想要拥有一切之外，还有更多能够带来快乐的事物。不停追求（比他人）更多财富和地位的人，会表现出病态上瘾行为的症状。追逐物质会造成永远不满足的状态，以至于不会再有持续的快乐产生。

这么说来，所有工业国家致力达到的经济成长并不能为人们带来快乐。恰恰相反的是，人们将为这个成长付出很高的代价，也就是更不快乐。就算我们今天拥有更多的食物、更大的汽车，可以随性就搭飞机到马尔代夫去玩，我们的心灵状态也不会随着购买力增加而变得更好，无论

我是谁？

我们多么沉醉于这个幻想。莱亚德认为这只有一个逻辑的结果：由于人们对损失的恐惧大于获利带来的快乐，因此工业国家的政策必须做出思想的改变，也就是充分就业以及社会和谐比国民生产总值的增长率更重要。所以，应该追求的是众人的快乐，而不是经济的成长。

莱亚德的主张是否合乎现实，这点是见仁见智。我们也不打算在这里争论，不过其中的道理却很清楚：决定我们是否快乐的，并不是富裕和金钱，甚至不是年纪、性别、外貌、聪明才智和教育程度；更重要的是性生活、孩子、朋友、饮食和运动；而最重要的是社会关系。根据"世界价值观"调查（World Values Survey）（对全球人类社会文化、道德、宗教和政治价值最大规模的统计），离婚对于幸福造成的负面效果等于损失 2/3 的收入。有趣的是，报告也证明：对快乐的期望非常有助于快乐本身，因为几乎每个人对于快乐都有个完全属于自己的想象和渴望。对快乐的梦想伴随着我们，即便它只是一个由我们的挂念、心痛或匮乏混合而成的想象。

撇开所有关于快乐的统计数据不谈，快乐也总是非常个人的事情。有一句广为流传的俗谚说：我必须找到我自己的快乐。犹太裔德国哲学家马尔库塞（Ludwig Marcuse）于 1948 年在《快乐的哲学》（*Philosophie des Glücks*）里说："我的快乐是当我与自己达到最深层的和谐的那一刻。"然而这所谓的和谐究竟指的是什么呢？它听起来非常像罗莎莉的论调（见"行动、存在、行动、存在、行动"）。若是真的没有一个"我"存在，而只有八个不同的我的状态，那么何谓和谐呢？在这里谁和谁和谐呢？快乐的状态是否比我的其他状态更"接近本质"呢？当我快乐的时候，我真的就更接近我自己吗？

　　现在该是再次求教于脑部研究、回想几个老朋友的时候了：血清素和多巴胺（见"斯巴克先生恋爱了"和"一个再平凡不过的不可思议"）。每个躺在阳光下放松身心的人，对于"快乐和身体化学有关"这个说法都不会感到惊讶。阳光能提高兴致，用神经生物学的理论来说，也就是阳光能导致释出血清素。难怪生活在瓦努阿图的人比我们更容易露出笑容，因为气温决定脾气。此外，关于产生快乐的机制的脑部研究，经常被严重简化：有好的感觉时左脑会活跃，而不好的感觉则与右脑有关。这有点让人想起 19 世纪初期粗略的脑部分区图。其实那是感觉和意识、边缘系统和前额叶皮质之间颇为复杂的交互作用。其实有某些物质如咖啡因、酒精、尼古丁和可卡因的作用，才可以如此简单解释。这些物质都能提高"兴奋传输器"多巴胺（有时候也包括血清素）的产量，导致短暂的兴奋和满足感。对于复杂和长时间的快乐状态却仍没有任何解释。相对来说，追求简单的快乐——以享受一顿美食为例——视觉、嗅觉和味觉都有其个别的重要性，甚至连餐厅气氛、对食物的期望和期待，对于快乐的感觉都很重要。

　　大部分的快乐情况，例如调情、性爱、饮食、旅游或运动，其背后的刺激点都是期望和实现两者的作用。大多数神经化学的快乐理论在这里就结束了，虽然真正有趣的才正要开始：巧克力能带来快乐，因为吃它的时候能释放血清素，光是它的香味就能让身体产生对抗疾病的物质。基本上好的气味都能促进血清素的制造，不过众所周知的是，更多的巧克力、长期服用的毒品和持续散发的花香，却不足以使人快乐。因此我们必须接着来看下一个观点，也就是：期待。一个跑步者偶尔会有亢奋状态，因为长跑会释放脑内啡，所谓的"跑者愉悦感"（Runner's High）。但是当他打破自己的纪录或在一次赛跑中获胜时，他将又会体验到完全不同的快乐感受。这个"额外的快乐"并非来自身体在跑步时的自然反应，而是由于前额叶皮质，因为只有它知道纪录的数字。所达到的成就会褒奖选手，为他带来快乐，因为一个期待被实现甚至被超越了。

　　难怪今日脑部学者都致力于探究感觉和意识如何精确而缜密地交互作用，因为快乐的感觉经常不只是单纯的情绪而已。"笑"能够让某些忧郁的患者开朗起来，今天甚至出现了"笑治疗师"这个行业，那是不能用"简单的反射"来解释的。研究显示，光是想到不好的经历就能导致实验对象免疫系统的削弱；相反的，若是唤醒他美好的回忆，能立刻改善情绪并增强抵抗力。

快乐的感觉是非常复杂的事。它一方面代表正面的情绪、强烈的喜悦、兴奋和欣喜，也更加敏感，感官也更清醒、敏锐而开放；另一方面也有很大的意识作用：对事物与环境抱持正面的看法，以及正面的认知与回忆。在坠入情网或有重大成就时，一切都似乎突然显现美好的光彩。和谐、一致、强烈、统一、自由和意义等抽象的想象，都混合在这个印象中。自我满意度会瞬间升高，自我价值感会膨胀，有时甚至到了令人晕眩的程度。一个处在快乐状态的人，会因为其引人注目的行为而吸引人，表现出友善、热情、冲动、灵活和创造性。在自己的眼里，他的能力甚至大到能够移山。

不过众所周知的是，这样陶醉的和谐状态并不能持久，而这也可能是好的。太多的血清素会让人变得冷漠，过量的多巴胺则会导致精神错乱、权力欲望、自大狂和疯癫，因为短时间之后，脑中的感受器会对这些化学武器迟钝而麻木，而神奇效果就会减弱。想用人为方式延长这种短暂状态的挣扎结果终告失败，而以染上毒瘾、病态渴求爱情和成功收场。

没有人可以在持续与自己处于绝对和谐的状态下生

我是谁?

活。持续专注于当下,把时间和周遭一切抛诸脑后,安住于此时此地,这是东方哲人的美好想法,但从心理学来看,这是苛求。从神经化学来看,他们是把例外视为一般的状况。强烈的快乐感觉是我们生命海洋里的"幸福岛屿"。但是这样的状态当然不是一个成功人生的普遍药方,反而更像是一个不切实际的期待。

只有当期待符合现实时,才有可能达到持续的快乐,若是快乐和痛苦状态根本上是"自制"的话,那么它们只是一个与自我相处的问题;换句话说,也就是与自己的期望态度相处的问题。唯有如此,才能解释处于艰难环境的人可能比享有特权者更快乐这件事。马尔库塞希望"与自己和谐",也就意味着:与自己的期待达成一致,并且包含我所期待的"他人的期待"。用卢曼的话说,也就是"对期待的期待"。

一般都知道,与自己的和谐状态,如果没有同时和周遭的人和谐相处,那就没有太大的意义了。这也是为什么有些远东地区的生活理想在寺庙之外就很难实践的原因。

我在20世纪80年代中期服兵役时,遇到一位社会工作者。他当时说了一句挑动了我情绪很久的格言。他的目标(如果我没理解错误的话,他认为那也是对所有人来说最好的人生目标)是从自己的期待中解脱出来。我的天啊!这是一个多么过分的期待!那也许是我对于生活所有想象得到的期待里最大也最不可能的期待，因为一个没有期待的人生是不可能的。问题并不在于我们如何摆脱它们，而是我们如何为自己剪裁出自己的期待。还有一句智慧的格言是这么说的：总是尽可能降低期待的标准，这样才能避免失望。我们的确可以这么看，但这并不是个诱人的想法。因为低标准的期待透露出了两件事：一是对生活的强烈恐惧；二是在面对失望时有着明显的困难。这么说来，不是更应该学习如何有效克服失望吗？因为一个期待很少的人，在他身上多半也不会有太多事情发生。

即使如此，这种提倡知足寡欲的道德格言还是能得到许多大哲学家的支持。因为快乐和生活乐趣很少是他们偏爱的主题。因此，他们有不少人顶多只关注"满足"这个持续性较高的快乐前身。康德即为一例，对他来说，唯一符合现实的快乐就是满足其道德义务。然而，就这样把义务和快乐画上等号，可以说是一个拙劣和胆怯的尝试；相对来说，歌手艾迪·皮雅夫（Edith Piaf）把它们区分开来，就让人耳目一新："道德就是以完全没有乐趣的生活方式活着。"因此，将康德无趣的后半生拿来当作快乐生活的典范，其实也并不是那么合乎情理的。

快乐和满足感并不相同。我们应该小心别让自己把"追求乐趣"直接转换成为"避免痛苦"的策略。当然，这两者都是生活的一部分，而每个人在生活的丰富性里也

我是谁?

都有他自己的着重之处。我们应该不难将周遭的人及朋友归类为"追求乐趣者"或"避免痛苦者",因为这样的方向认定无疑与教育和性格有关。然而,虽然与"追求快乐"相比,许多宗教和哲学家更拥护"避免痛苦",但那是没有根据的。而备受歌颂的"知足常乐"都是老人们的想法,这个生活智慧几乎无法引起年轻人的兴趣。

这至少是费城宾夕法尼亚大学著名的心理学家和快乐研究学者马丁·塞利格曼(Martin Seligman)的看法。对他来说,每个理论都有个中道理:快乐是"个人的享受""人所怀抱的希望"以及"达成几个值得追求的目标"。真正的快乐是由这一切组成的,其中包含舒适的生活(即享受)、好的生活(即对个人渴望的投入与实现)以及有意义的生活(实现某些目标)。这些听起来都很有说服力,但问题是:人们该如何完成这样的人生呢?我可以自由地形构自己的快乐吗?如果有的话,我又该怎么做呢?

第33章
远方的花园：
快乐学得来吗？

对某些人来说，他是所有哲学家中最有处世经验的一位，某些人则认为他是"那头最不道德的猪"。伊壁鸠鲁出生于公元前341年希腊的萨摩斯岛（Samos）。他在世的时候就是个传奇人物，死后传奇性更是有增无减。然而，关于他的生活至今仍有许多不解之谜，因为我们所知的关于他的一切几乎都来自单一的资料来源，而其传记作者的生活年代比伊壁鸠鲁晚了500年。据说伊壁鸠鲁18岁时来到雅典，当时的统治者是亚历山大大帝。亚历山大死后，雅典人起义失败，于是伊壁鸠鲁随着父亲来到位于今日土耳其的以弗所（Ephesos）。35岁时，他再次回到雅典并买下一座花园——著名的克波斯（Kepos）。这座花园很快便成为雅典重新绽放的民主的中心。社会各阶层的人都聚集到伊壁鸠鲁那里，一个形同教派的秘密社团过着财产共有的群体生活。这个花园也欢迎妇女和奴隶，因而惹恼了许多

我是谁？

雅典人。人们议论着这位大师和他的怪异行径，狂欢纵欲和集体性交的谣言不胫而走。然而真正到过伊壁鸠鲁的花园的人都知道，入口的小门上写着一句话："进来吧，陌生人！一位友善的主人将以丰富的面包和饮水款待你，因为你的渴望在这里不是被激起，而是被满足。"直到他于公元前270年去世为止，伊壁鸠鲁维持了他的花园将近30年。而后克波斯成为一个机构，且继续存在了近500年。

我们只能从侧面间接得知伊壁鸠鲁究竟在他那神秘的花园里做了并教导了些什么，因为这位大师的著作里只有少许断简残篇。反而是他的众多信徒和同样为数众多的反对者的作品保存了详尽的记录。由于门生和敌对者勾勒出的形象差距极大，因此很难分辨何者为真。后世（尤其是那些疑神疑鬼的基督教徒）更进一步将伊壁鸠鲁的名声扭曲至荒诞的地步。

伊壁鸠鲁思想的极端性和超越时代性，在于它以一个在哲学里少见的方式，完全只信赖感官可经验的生活。伊壁鸠鲁拒绝一切超感官的事物，神与宗教对他来说毫无意义。他认为，就连"死亡"的意义也不应该在日常生活里过度强调："你要习惯去相信死亡对我们而言并无价值。因为一切善的和一切恶的都是感知的问题。……只要我们存在，死亡就不存在；但如果死亡来到的话，我们也就不存在了。"对伊壁鸠鲁来说，唯有以经验的方式才能认识世界；他虽然很看重逻辑的理性，但是他认为我们所有的想法都和我们的感官认知理解有关，而不愿意探究经验世界以外的领域。伊壁鸠鲁不想像许多希腊哲学的前辈一样，去设想一个世界本质、存在和状态的总体计划。事实上他根本不想完整解释任何事，因为他随处都能发现知识的漏洞和解释的不足。他没有简单地解答，而是提出以下问题：在人类有限可能性的框架里，什么是成功的人生呢？伊壁鸠鲁的聪明才智足以让他知道，这个问题并没有简单的答案。他必须考虑人类矛盾的天性。

人类生来就是要享受"乐趣"的。乐趣是好的，而无趣是不好的。从每个小孩子的身上都能看出人类的情绪，对乐趣的追求就像"火产生温暖、雪是冷的、蜂蜜是甜的"一样，是毫无争议的。成年人也同样追求乐趣，然而大多数的乐趣，性爱、美馔、醇酒，都不能持续很久。幸福的小岛无法扩建成为一块大陆。这些东西并不适合作为长久快乐的基础，虽然我们还是应该去享受它们，却绝不能高估它们。此外，伊壁鸠鲁也不相信过度的乐趣，过度的享受总会很快失去价值。细细品味一小块干酪，可能比一顿盛筵的乐趣更多。为了持续提高生活乐趣，我们应该克制如孩子般的贪得无厌。换句话说，我们必须节制需求，让乐趣能够长久维持下去；不过那唯有借助理性才能做到。这个认知帮助我们发展出可靠而稳定的策略，使我们避免持续依赖短暂而快速的刺激。

我是谁?

　　其中一个方法,是提高感官的敏锐度,不仅享受重要的时刻,就连生活中许多片刻也同样用心去感受。另一个方法在于逐渐消除恐惧。既然强烈的乐趣无法经常发生,那么我们至少可以试着降低无趣的感觉:如减少对未来不必要的恐惧、抑制野心、限制对金钱和财产的需求;因为上述种种所带来的乐趣不多,反而会造成有害的依赖:"我们也把不依赖外在事物视为是非常有益的……因为我们坚信,那些沉溺无度的人所需要的其实是最少的;而一切自然的东西都很容易取得,无意义的东西则很难取得。"伊壁鸠鲁认为,能带来长久快乐的不是财富,而是社会关系:"人生快乐幸福的智慧提供的一切中,友谊是最重要的。"

　　如果我们接受伊壁鸠鲁的思想,那么一名"伊壁鸠鲁信徒"就是个平和稳定的人,他能从生活中的许多小乐趣里找到快乐,克服内心恐惧并且与他人和睦相处。直到他后来的反对者,尤其是基督教徒,才把不信神的伊壁鸠鲁歪曲成道德败坏的大师,并将他的观点扭曲得面目全非。然而从心理学来说,伊壁鸠鲁已远远超越基督教的思想;因为他发现了身体和精神、肉体和心理之间不可分的交互作用,并以它作为自己哲学思想的中心。他教导世人的,我们今天还可以在"正向心理学"(尤其在美国甚为普遍的现代研究方向)的看法里找到。正向心理学的代表们寻找让人快乐必须满足的条件，他们设计一些可训练人们变得快乐的方法，因为心理学家和伊壁鸠鲁都认为，快乐是可以也必须去积极创造的，快乐不会自行产生。光是没有疼痛、压力和烦恼并不足以构成快乐。有许多人生活无虞，却一点也不快乐，反而感到无聊。换句话说：快乐虽好，但仍需付出代价。研究快乐的学者把这些代价整理成一系列实际的规则，在此请读者不必太过严肃，容我为大家一一介绍。

第一个规则叫作"积极性"。我们的脑部渴望被操练。脑力停滞会让人情绪不佳，我们只要休息一天，就会有大量的神经元死亡。不动脑会造成智力减退，而这个过程一般会产生无趣，因此慵懒无力会很快发展成忧郁症。我们的荷尔蒙会因为多巴胺供应不足而受到不良影响。我们虽然不需要一刻也不停地积极活动，但是过于慵懒对快乐是没有助益的。比方说，运动就是很好的事，因为大脑会以建造新的神经元来奖励身体的锻炼。兴趣也会提高生活的乐趣。例行公事虽然有时可能是有意义的，长久下来却不会使人快乐。不同的调剂和新花样可以是快乐的来源。由于维特根斯坦对追求快乐抱持着怀疑的态度，因此他遵奉的信条完全相反："吃什么根本无所谓，所以只要总是吃一样的就行了，"这可以说是不快乐的指导原则。

我是谁？

第二个规则叫作"社会生活"。伊壁鸠鲁无论在私人生活或是公共生活上都并不汲汲于成为焦点。但是他发现，几乎没有什么快乐泉源比社会关系更持久。友谊、伴侣和家庭能够创造出让我们很舒服的氛围，和伴侣、朋友或是孩子共同经历一些事情，可以提高快乐的经历。男人在觉得安全的时候，其体内会释出催产素，女人则会释出抗利尿激素，也就是前面曾提到的平原田鼠荷尔蒙（见"一个再平凡不过的不可思议"）。生活在紧密社会关系中的人，也就不会独自面对烦恼和困境。难怪一个好的伴侣关系和比较频繁的性爱，对于生活乐趣来说比金钱和财产更为重要。

第三个规则叫作"全神贯注"。伊壁鸠鲁花了很多时间来教导他的学生们如何享受当下：花朵的香气、万物形体的美丽、一块干酪的滋味；专注的享受能够提高生活乐趣，这不仅适用于事物，也适用于人际关系。我们与某人的交往越密切，我们的感觉和同理心也就越深刻；从脑部研究的观点来说，就是要尽情享受你的意识状态，至少是那些对你有益的意识状态。无论我们做什么事，我们都应该全心全意去做。一个在享受美食时想着自己会变胖或是在谈话间不断看表的人，会错失许多体会。偶尔想一想未来，可能是有必要的，但是不断想着未来，却会破坏当下。生活是什么呢？就是人们面对当下事物，却热切想着别的计划。

第四个规则叫作"切合实际的期待"。能否快乐视我们的期待而定。经常出现的错误是过高或过低的自我要求，而这两者都会导致不满意：对自己苛求的人必然会有压力；自我要求过低的人则会因缺乏多巴胺而"缺少动力""漫不经心"，而缺乏热情可能又会造成自我要求过低的恶性循环。

第五个规则叫作"正面的思想"。这可能就是最重要的规则了。伊壁鸠鲁和正向心理学都同意快乐的感觉并非偶然，而是"正确"思考和感觉的结果。他们认为正确的思考可以产生乐趣、避免无趣。心理学家有个特别的窍门，也就是要求："假装你自己是快乐的，那么你就会变得快乐！"这说来容易，然而我若是过得不好的话，我将很难提起劲来假装自己的心情很好。俄国作家、同样也是敏锐的心理学家陀思妥耶夫斯基（Fjodor Dostojewski）曾经一针见血并语带诙谐地说明这个正面思考的道理："一切都是好的。一切！人之所以不快乐，是因为他不知道自己是快乐的，仅此而已！就是这样，没错！谁能够认清这点，就会立刻快乐起来，而且是马上，就在当下。"

认真说来，重点是我至少可以自由评价我生命里的事件。当然，这个自由的程度有多大，是见仁见智的。在自

我是谁？

己的生命之书中，我宁可逗留在美丽的抑或是悲伤和无趣的篇章？有些人能找到人生比较积极正面的部分，有些人则相反。有一条可能的道路，就是在评价自己感觉时了解知性所扮演的角色。为什么我要陷在负面情绪里这么久呢？虽然我无法自由选择事物给我正面或负面的感受，但是我仍然多少可以自由"评价自己的感受"，而且这是我可以努力得到的自由。要在感受当下或是在随后整理自己的情绪，是一门很伟大却可以习得的艺术（见"行动、存在、行动、存在、行动"）。

有个方法是，当负面感觉出现时，立刻把它写下来。这些负面感觉会一开始就被脑部皮质彻底透视而有所减弱。写下一些相反论点可能也会有所帮助，正向心理学家还鼓励我们写一本快乐日记，就可以学习记得美好的事物。另一个快乐心理学的智慧格言是："别太严肃看待自己，要能跳脱出来笑你自己！"不过这也是知易行难。我们难道不是得先具备这个能力，才能将其付诸执行吗？不过这句格言总是让我想起我的朋友路兹。在一次管理训练营中，心理训练师要求所有学员更随性一些；这时我朋友的一名瑞士同事果真掏出了圆珠笔，在他那画有格线的笔记本上认真记下："要更随性些！"学会笑自己是个很有益却又非常有挑战性的目标，也是对自己很高的期待。避免某些不快乐的来源，则比较容易习得。最常见的来源是

"和人比较"。而在此有个不变的定律是：你一旦开始去比较，就注定输了！我看起来不像杂志里的模特（也许她"本人"也不是长这样）；我的收入不如事业成功的同学；我不像许多其他人那么风趣；或者更糟糕的：我不像我的兄弟姐妹那么快乐。只要你是这么想的，你就不会快乐。

第六个规则是"不要过度追求快乐"。泰然面对不幸是很高超的艺术。在许多不幸当中也还是有些好事。有些生重病的人说，他们自从有了病痛之后，反而活得更深刻。危机、困难，甚至厄运，也可能是有益的；有些危机可能是个转机，而我们常常不知道"它们的好在哪里"。一般人总会抱怨无法改变的事，而快乐心理学家特别要我们避免如此。

最后，第七个规则是"乐在工作"。它与第一个规则"积极性"关系密切。工作能够使我们积极主动，而大部分人都需要这个压力，好让自己有足够的事做；当然，这并非适用于每一种工作，不过却经常是这样的。工作是最好的心理治疗，而失业的痛苦正是在心理上缺乏自我治疗。不工作的人容易觉得自己一无是处、颓废、萎靡不振，也就是多巴胺和血清素都过少。对此弗洛伊德也有相同的看法；他认为快乐在于"能够爱和工作"。

以上是快乐的七个规则。当然，关于其中一两个规则

我是谁？

还有它们的功效，我们可能会有所争议，因为这些规则并非如此简单，只将它们点出来并不够。快乐心理学家至今忽略得最严重、同时也是最有趣的问题是：我自己个人的游戏空间究竟有多大？虽然正向心理学充分利用脑部研究的每一项新的研究结果，但是"我可以要我想要的吗？"这个基本议题却经常被避而不谈。如果我没有实践的自由，那么再聪明的格言对我来说又有什么用处呢？这个问题似乎仍然是个非常值得探讨的领域。

关于快乐的问题就这样说清楚了吗？在哲学上也许是的，在心理学上却还有许多事情有待发现。为什么有些人过着如此一成不变的生活，让人很难相信他们不是已经这样过了好几辈子了？为什么有些人总是知道做什么会让自己感到舒服？为什么大多数人似乎只是懵懵懂懂、不明所以地随波逐流？也许这不是因为有些人比其他人更懂得快乐，因为生活一成不变的人并不总是比较快乐的人。快乐被我们高估了吗？快乐的人生和成功的人生，两者最终是否根本不是同一回事呢？是否存在比快乐更重要的东西呢？

第34章

母体:
人生具有意义吗?

我要告诉你为什么你会在这里。你在这里,因为你知道些什么,一些你无法解释的事,但是你感觉到了,你的一生都感觉到这个世界有些不对劲。你不知道它是什么,但它存在,而且就像在你的脑中有一块碎片般让你感到发狂。是这个感觉把你带到我面前的!

"这个世界有些不对劲",不过请你别在关于哲学史的著作里找这几句话,因为你找不到的。说出这几句话的人是墨菲斯(Morpheus),安迪与赖瑞·沃卓斯基(Andy & Larry Wachowski)兄弟执导的电影《黑客帝国》(*Matrix*)中的一个角色。这部影片是 2000 年的卖座强片,而且它的成功可以说是实至名归。在过去,很少有哲学性这么高的、

我是谁？

探讨存在与不存在的电影，它令人联想到让·谷克多（Jean Cocteau）1949 年的作品《奥尔菲》（*Orphèe*）。

《黑客帝国》讲述的是计算机黑客尼奥（Neo）的故事。他从前面提到过的墨菲斯那里得知他以及所有其他人类自以为所生活的世界其实并非真实世界。那是个虚幻的世界，一个由网络化计算机"母体"（Matrix）创造出来的虚拟空间。当人类把地球破坏到无法居住的地步后，计算机就掌握了世界控制权。它们取得指挥权，创造出母体，并利用人类作为能量的来源。为了能充分榨取人类，它们将人类放在装满营养液的容器中，并对他们灌输虚假的幻梦人生。受到墨菲斯的鼓动，尼奥终于从母体中解脱出来，最后他成为基督的化身、人类的救世主。

这部电影中有许多其他作品的影子，特别是波兰科幻小说家斯坦尼斯拉夫·莱姆（Stanislaw Lem）的小说《星球日记》和《哥林如是说》。而"生活在虚拟不真的世界"这个题材，也可以在美国作家丹尼尔·加洛耶（Daniel Galouye）两次被翻拍成电影的小说《异次元黑客》中发现。此外，这部电影还尝试处理法国哲学家让·鲍德里亚（Jean Baudrillard）的思想，并使用了一系列来自基督教诺斯替派（Gnosis）的题材。不过"地球上的一切存在都只是虚假的存在"的智慧财产权既不属于沃卓斯基兄弟或加洛耶，也不属于莱姆或鲍德里亚，它应该归给希腊哲学家柏拉图。

公元前 370 年左右，柏拉图在其重要著作《理想国》（*Politeia*）卷七那著名的"洞穴譬喻"中描述了一个奇特的场景：有一群人自小就生活在地底洞穴，他们被锁链固定在岩壁上，头和身体都无法动弹，眼睛只能看见位于前方的洞壁，所有的光线都来自一堆在他们身后燃烧的火。在火与他们的身体之间会有人扛着塑像和物品经过，而这些物品的影子便投射到洞壁上。这些囚犯只能看到物品、他们自己以及其他囚犯的投影。就算那些扛物品的人说些什么，听起来也像是影子们在说话一样。住在洞穴里的人并不知道身后那些他们感受不到的事物，因此将影子视为唯一真实的世界。没有拯救者让他们脱离这个存在。如果其中有一名囚犯获释而来到阳光下，那么他虽然了解洞穴里发生的一切是怎么回事；却无法让其他的囚犯也明白；因为他所说的超乎他们想象的范围。这名顿悟的人将受到讥讽和嘲笑，人们会说他"是从上面带着受到毁坏的眼睛回来"。为了避免自己也遭受同样的命运，他们从现在起打算预先处死任何想拯救他们的人。

柏拉图在写这个寓言时压根儿没想到要写成科幻电影或心理惊悚片的剧本。他只想指出哲学的理解必须一步步摆脱感官事物，才能进入事物的本质。柏拉图对感官认知能力的重视程度明显低于抽象的理性。尽管如此，他还是以他的

我是谁？

"洞穴譬喻"成了《黑客帝国》的想象世界之父，因此我们应该再多花点时间来谈谈它们。在《黑客帝国》中，虽然尼奥在虚幻的生活里显然过得并不差，但他还是选择跳出来。这究竟是为什么呢？我们甚至可以比电影所呈现的更进一步，把人类在母体的生活塑造成天堂。当人与母体联结时，他可以自由选择想要过的生活；他可以选择自己是乔治·克鲁尼（George Clooney）或斯嘉丽·约翰逊（Scarlett Johansson）享受着精彩奢华的生活，或是以罗纳尔迪尼奥（Ronaldinho）或卡卡（Kaka）的身份射进人生的球门，并每天在梦想的伴侣身边入眠。不过和电影情节不同的是，在我们的例子里，与母体联结的人知道自己希望的是什么。虽然这个世界感觉起来完全像真的一样，他却知道这个世界并非真实的。你认为人们会想要持续生活在这种状态下吗？

也许你刚开始会觉得这是个颇令人兴奋的经验，一种不带风险且全身心投入的第二个人生（Second Life）。但是要这样过一辈子吗？一个总是处于成功经历的人生会是怎样的人生呢？当中的一切都呈现待命状态，就只为了随时让人感到快乐，这将是多么可怕的人生啊！

显然有些东西比快乐更重要，因为一个附带保证书的快乐将使我们觉得极度乏味。生活中的一切都是因为反差才有价值的，我们可以期望得到很多快乐，却不能期待一个永恒持续的快乐。爱尔兰诗人兼剧作家、同时也是位聪明哲学家的萧伯纳（George Bernhard Shaw）早就认识到了这一点：“快乐一辈子？没人可以承受它！那将会是人间地狱。”然而，生活在母体内之所以令人如此毛骨悚然，并不只是由于单调快乐的恐怖而已，更严重的是要去想象我们不能够决定自己的人生。“自我决定”是个非常重要的资产，因此由他人决定的快乐对大部分人来说并不是个诱人的想法。也就是说，快乐必须由自己创造和争取，平白送上门的快乐则会失去价值。如果不是因为存在着失败的可能性，胜利又有什么意义呢？而如果我们在看书的时候都知道一定会如心中期待的有个圆满的结局，那会多么无聊啊！这么说来，正如俄国作家托尔斯泰（Leo Tolstoi）所说的：“快乐并不在于你能够做你想要做的事，而在于你总是想要你所做的。”

我不知道你是否认同，不过对我来说，托尔斯泰的回答非常接近人们常说的“人生的意义”。不过今天有许多哲学家拒绝认真探讨这个问题，因为他们认为那只是市井小民的警语或肤浅的迷信。人生意义的问题从前像是一种“严肃音乐”（E-Musik），而今却变成了一种“休闲音乐”（U-Musik）。不过，它曾经是非常受重视的。当 2400 多年以前希腊人建立了今日被称为“西方哲学的基础”时，他们所尝试的正是解答这个问题，虽然古希腊并没有直接符合德文的“人生的意义”（Sinn des Lebens）的词语。不过基本上问题是一样的：什么是重要的？何者的重要性较高,何者较低?

我们在书里认识了许多哲学家,他们都各以自己的方式为这个问题提供一个直接或间接的答案。就像一场舞台剧结束时所有演员鞠躬谢幕一样,我们也应该请他们其中几位再出来简短说几句话。

近代以前的哲学家如笛卡儿并不关心这个问题。对他来说,世界的普遍意义并非人的问题,而是一个上帝已经提出的答案。也就是说,中世纪、文艺复兴以及巴洛克时期的人们不必烦恼人生意义的问题。教会已告诉他们上帝对人的想法和意图是什么,而这样就够了。直到"我们以自己的意识取代上帝所创造的宇宙秩序而成为世界中心",我们才直接面对人生意义的问题。对人生意义的探讨其实是 18 世纪和 19 世纪之交才开始的。

对康德来说,人生的使命在于履践道德义务。如前所述,这个说法颇为单薄。卢梭则认为人生的使命是能够且依照自己的本性生活,人类应该可以不必去做任何他不想做的事;边沁却认为,人生使命在于获得对自己和别人最大可能的乐趣;而裴利眼中的人生使命则是尽可能"造福大众"。

这个问题的探讨在 19 世纪中期达到高潮。康德、费希特和黑格尔之后的哲学家,在面对前人留下的巨著时只能彷徨地耸耸肩。哲学在之前自我吹嘘得如此严重,声称自己能解释一切的人生问题,但事实上我们却仍然看不出

究竟什么是成功的人生，这些雄伟的思想建筑全都建立在
对实际生活看法的薄弱基础上。

叔本华、克尔凯郭尔（Sören Kierkegaard）、费尔巴哈
（Ludwig Feuerbach）都试着以自己的方式重新回答这个问
题，甚至马克思也曾间接尝试过。叔本华坚决否认人的存
在是"为了快乐"。由于人是意志的奴隶，因此没有所谓自
由而且更高层次的意义。唯有艺术，尤其是音乐，可以带
给人更高层次的乐趣。尼采和弗洛伊德也以此为出发点，
对他们来说，"人生的意义是什么"的问题本身已经是身体
或精神软弱的表现，因为一个健康的人并不需要更高的人
生意义；他想快乐的话，只需要（尼采认为的）音乐或
（弗洛伊德认为的）爱与工作。马赫认为，"人生的意义为
何"这个问题随着"我"的瓦解也同时消失了。如果蝴蝶
和飞蛾不再拥有相同的"自我"，而小孩和老人的也不同，
那么我们也不值得为所有的生命套上一个共同的意义了。
而对于真正重要问题的感觉，马赫称之为"思维经济"
（Denökkonomie），并不会浪费时间去思考"人生意义"。

20 世纪大思想家的特别之处，就是他们拒绝给出清
楚的答案，并声明这不属于自己的权责范围，尤其是维特
根斯坦。他认为"人生意义为何"这个问题是"无意义
的问题"，而这个问题的先天本质也使它不会有正面的答
案。"因为即使是经过长久怀疑而最后明白生命意义的

人,也无法说出这个意义在哪里。"萨特则认为人生意义在于透过行动来实现自我。由于整体来说世界并无意义,所以我有创造我个人意义的自由,且这个"持续进行的工作"(work in progress)随着每个个人的出生至死亡而产生、维持、最后结束。对彼得·辛格来说,这种意义的创造却是对社会有害的。他认为重点是要把"善的石头"往前方滚动,让世界"成为一个更美好的地方"。

演化生物学虽然也有其对生命意义的解释,不过我们最好避而不谈。对美国生物哲学家丹尼尔·丹奈特(Daniel Dennett)来说,"适应与突变"这两个演化原则也适用于人类文化的一切问题:自然的意义同时也是人类的意义。然而,对卢曼这样的社会学家来说,这根本是胡说八道,因为"意义"是透过沟通才产生的;而意义是人类独有的复杂演化成就,因为语言的符号沟通并不能追溯到追求"强健"和延续健康后代的基因。人类并不单纯只是"自然",否则他大概也将没有能力以科技破坏他自己的生存基础,这与生物学普遍生存原则的适应理论明显矛盾。

显然脑部研究也无法解答人生意义的问题。"意义"并不是个科学的测量单位、对象或电生理学的过程,因此意义是看不见自己本身的,或者换句话说,就像磅秤一样,磅秤也不会显示出自己的重量。

关于人生的意义问题，我们只能够主观地回答：我在我的人生里看见了什么意义。原因很简单："意义"并不是世界或自然的性质，而是典型的"人的构思"。"意义"是脊椎动物脑部的想法和需求，因此我们不可能在世界里找到一个"意义"，我们必须为我们自己赋予意义，而意义问题也就是"一个人"的问题。即使是我们在探究自然界的客观意义，也总是以人类的想象去思考，而人的想象又取决于我们的意识，也就是人类的逻辑和人类的语言。

我们之所以渴望意义，大概是因为知道"我们有一天会死"。每一天、每个小时、每一秒都渐渐走向死亡，这对脑部来说并不是个美好的念头。某些古人类学家正是将这个认知作为动物和人类的界限。

也就是说，探询人生意义的问题，便是人类特有的预感。而这个问题就和所有人类的认知一样，是视个人的经验而定的。因此，我们最多也只能找到我们自己的人生意义而已。但是为什么当我们在谈论这个话题时，总是喜欢只是笼统地说"人生意义"呢？人生为什么就应该只有这一个意义而已呢？不过，对于这唯一意义的需求其实也很符合人性。我们对"人生意义"问题的思考，显然多过"究竟为什么要寻找人生意义"以及"根据哪些标准来寻找人生意义"。换句话说：我们研究一切，却独独漏

我是谁?

掉了我们的"寻找"。有些聪明的诗人觉得这十分有趣。刘易斯·卡罗尔(Lewis Carroll)在《爱丽丝梦游仙境》里说:"当其中没有意义时,就为我们省了许多事,因为我们也就不需要去找寻意义了。"而处世经验丰富的英国格言家阿什利·布瑞安(Ashleigh Brilliant)更进一步地说:"宁可人生是无意义的,也不要有一个我无法赞同的意义。"

因此,"人生有个特定的意义"也许不是个美好的想法,而且,对人生意义的寻求也经常会在年事已高时有所改变。年轻人还会找寻客观的意义、一个人生目标,年纪大了则往往会问:我这一生到目前为止有意义吗?换句话说:我是否正确地度过了我的人生?而这时对意义的探求已无法满足其原本抱负宏伟的认知要求。原本是哲学的思考,变成了心理学的总结,甚至可能是自我辩护。而重点其实不是"意义",而是"实现":我是否在我的人生里成就了什么曾经让我高兴,而且至今依然让我欣慰的事?

许多生物学家肯定会赞同:生命的目的就是去生活。若是大自然能够思考的话,它显然也会是这么想的。不过蛋白质和氨基酸这类物质与"意义"的性质不同,因此英国科幻小说家道格拉斯·亚当斯(Douglas Adams)的小说《银河系漫游指南》大概提供了一个最好的自然科学的答案。在这本书中,外星人构思出了一台名为"深思"

（Deep Thought）的计算机，只为解答"人生、宇宙和一切其他"这个终极问题，于是计算机开始计算。"深思"在计算了 750 万年以后说，你们不会喜欢这个结果的。它不情愿地吐出了"42！"这个终极答案，这个答案确实令外星人感到失望，然而"深思"却为自己辩护。它虽然不认识维特根斯坦，却也不约而同地说这个被输入的问题是个无意义的问题。如果问题本身已经语焉不详了，答案对他又有什么意义呢？为了避免冲突和不愉快，"深思"建议由它自己设计一台更大的计算机，从那个答案回溯找出正确的问题。于是计算机设计好了，并开始找寻问题。这个找寻的过程就是：地球。然而地球却从未能找到那真正的问题。最后，就在这个程序即将结束之际，因为一个"超空间迂回轨道"的交通计划，地球被炸毁了。

也许真的只有作家和格言家才能认清事实。物理学家兼文学家乔治·利希腾贝格（Georg Christoph Lichtenberg）曾说："我相信人类最终是个自由的本质，以至于他有权利成为他所相信成为的那个人。"而这也完全适用于意义的问题。在我最喜爱的青少年读物——罗伊德·亚历山大（Lloyd Alexander）的《派典传奇》（*Prydain Chronicles*）里，年迈的魔法师达尔本（Dalben）对他那企图探索意义的养子泰伦（Taran）解释说："寻找答案的过程经常比答案本身来得重要。"还是儿童和少年的我就像泰伦一样，

我是谁?

对这个答案感到有些不悦,它给我一种胆怯、畏缩的印象;虽然这个答案出自一位年老而有智慧的魔法师之口,但我当时总觉得那是个借口。然而今天的我却认为达尔本的话并没有错,至少是在像探寻人生意义这么巨大的问题上,因为唯一真正知道人生意义为何的,是蒙提·派森(Monty Python)。他们在自己的同名电影中说道:"现在,我要来告诉各位什么是人生的意义了;其实,那真的没什么特别的,你只要试着对别人友善、别吃太油腻的食物、偶尔阅读一本好书、让朋友来探望探望你,并且与其他所有种族和国家的人和谐共处就好了。"而如果你问我的话,我的回答是:保持好奇求知的心,让你的好主意付诸实现,用生命来丰富每个日子,而不是用日子来堆砌生命。

图书在版编目（CIP）数据

我是谁：如果有我，有几个我？ /（德）普列斯特（Precht, R. D.）著；钱俊宇译.—北京：社会科学文献出版社，2016.1（2019.8 重印）

ISBN 978 – 7 – 5097 – 7589 – 9

Ⅰ.①我… Ⅱ.①普… ②钱… Ⅲ.①哲学 – 研究 Ⅳ.①B

中国版本图书馆 CIP 数据核字（2015）第 124168 号

我是谁？
——如果有我，有几个我？

著　　者 /［德］理查德·大卫·普列斯特（Richard David Precht）
译　　者 / 钱俊宇

出 版 人 / 谢寿光
项目统筹 / 段其刚　董风云
责任编辑 / 段其刚　白　雪

出　　版 / 社会科学文献出版社·甲骨文工作室（分社）（010）59366527
　　　　　　地址：北京市北三环中路甲 29 号院华龙大厦　邮编：100029
　　　　　　网址：www. ssap. com. cn
发　　行 / 市场营销中心（010）59367081　59367083
印　　装 / 三河市东方印刷有限公司

规　　格 / 开本：889mm × 1194mm　1/32
　　　　　　印张：13.25　字数：230 千字
版　　次 / 2016 年 1 月第 1 版　2019 年 8 月第 11 次印刷
书　　号 / ISBN 978 – 7 – 5097 – 7589 – 9
著作权合同
登 记 号 / 图字 01 – 2014 – 3499 号
定　　价 / 62.00 元